Los
Números *del*
amor

Si este libro le ha interesado y desea que lo mantengamos infor-
mado de nuestras publicaciones, escríbanos indicándonos cuáles son los temas de su interés (Astrología, Autoayuda,
Esoterismo, Qigong, Naturismo, Espiritualidad, Terapias
Energéticas, Psicología práctica, Tradición...) y gustosamente
lo complaceremos.

Puede contactar con nosotros en
comunicación@editorialsirio.com

Título original: *Love by the numbers: how to find great love or reignite
the love you havethrough the power of numerology*
Traducido del inglés por Miguel Portillo
Diseño de portada: Editorial Sirio, S.A.

©   de la edición original
    2009, Glynis McCants

©   de la presente edición

EDITORIAL SIRIO, S.A.	EDITORIAL SIRIO	ED. SIRIO ARGENTINA
C/ Rosa de los Vientos, 64	Nirvana Libros S.A. de C.V.	C/ Paracas 59
Pol. Ind. El Viso	Camino a Minas, 501	1275- Capital Federal
29006-Málaga	Bodega nº 8,	Buenos Aires
España	Col. Lomas de Becerra	(Argentina)
	Del.: Alvaro Obregón	
	México D.F., 01280	

www.editorialsirio.com
E-Mail: sirio@editorialsirio.com

I.S.B.N.: 978-84-7808-762-4
Depósito Legal: B-4.490-2011

Impreso en los talleres gráficos de Romanya/Valls
Verdaguer 1, 08786-Capellades (Barcelona)

Printed in Spain

Glynis McCants

Los
Números *del*
amor

editorial Sirio, s.a.

Dedico este libro a mi padre, John McCants, que falleció el 8 de septiembre de 2008. Con su ejemplo me enseñó que si me mantengo concentrada no hay nada que no pueda conseguir. Gracias a él supe que podía elegir un camino único para ayudar a los demás y me convertí en numeróloga. Te quiero, papá, y te siento a mi lado todos los días.

Agradecimientos

Gracias a mi madre, Gwen McCants, que es realmente asombrosa. Siempre me ofrece su ayuda a la hora de escribir y elegir la palabra adecuada. Mamá, eres una bendición y me siento muy afortunada por tenerte en mi vida. Siempre has sido una inspiración para mí y desde muy joven me enseñaste que podía realizar una contribución muy positiva para el mundo.

Gracias, también, a mi maravilloso esposo, Charlie Youngblood. Eres un apoyo constante y la persona más encantadora de mi vida. Me atrevo a decir que si estuviese atrapada en una isla y sólo estuviésemos tú y yo, me sentiría como si realmente viviese el cielo en la tierra. Que Dios te bendiga, y que nuestro amor verdadero gracias a los números inspire a todo el mundo a no conformarse con menos. ¡Te quiero, Charlie!

También me gustaría darle las gracias a la fabulosa Louise L. Hay, autora del libro *Tú puedes sanar tu vida*. Hace 20 años que es mi libro de cabecera, y siempre que lo releo aprendo algo que necesitaba saber. He tenido la suerte de trabajar con Louise y te puedo decir por experiencia propia que es una mujer que practica lo que predica. Gracias, Louise por ser un ser humano tan fenomenal y ayudar a millones de personas, entre ellas a mí, a realizar sus sueños.

1

Introducción a la
Numerología

*Llegamos a amar, no encontrando a una persona
perfecta, sino aprendiendo a ver perfectamente a
una persona imperfecta.*

SAM KEEN

En mi anterior libro, *El poder de los números*, tenía que tratar tantos temas que sólo incluí un capítulo sobre el amor. Me prometí que el siguiente libro estaría dedicado al amor, porque creo que no hay nada más importante para nuestro bienestar.

Llevo más de 21 años practicando la Numerología, y uno de mis mayores placeres es juntar a dos personas y ayudarles a encontrar el amor para siempre gracias a los números. Cuando compartimos nuestras vidas con cariño y consideración, ayudando a que los demás logren sus sueños, es una bendición. La misma satisfacción me produce aconsejar a parejas casadas cuyos matrimonios han perdido el norte. La Numerología les ayuda a entenderse, a empezar a trabajar a través de sus diferencias, y a volver a enamorarse.

Desarrollar una impresionante carrera profesional y lograr éxito tras éxito, si no tienes a nadie con quien compartir tus triunfos, no tiene la misma gracia. Creo sinceramente que Dios no nos puso en un planeta con otros miles de millones de personas para acabar condenándonos a vivir nuestras vidas en soledad. Lo único que tiene sentido es que Él quisiera que fuésemos capaces de compartir nuestras vidas con la persona adecuada. Si buscas el amor duradero, puedo ayudarte a encontrar a tu pareja a través del poder de la Numerología. Si ya tienes una relación pero sabes que no es saludable, ¡la ayuda ya te viene en camino!

CÓMO FUNCIONA

La ciencia de los números tiene 2.500 años de antigüedad. Fue creada por el matemático griego Pitágoras. Pitágoras creía que al nacer entramos en este mundo con vibraciones muy concretas. Esas vibraciones tienen una influencia directa sobre nuestro carácter y sobre el propósito de nuestra vida. Pitágoras adscribió un número a cada vibración, utilizando los números del 1 (los principios) al 9 (la finalización). Si conoces el nombre y el apellido de una persona y su fecha de nacimiento, puedes descubrir exactamente quién es, utilizando el sistema numerológico pitagórico.

Hay tres Números que llegan con el nombre (el Número del Alma, el Número de la Personalidad y el Número del Poder del Nombre), y tres números que salen de la fecha de nacimiento completa (el Número del Día de Nacimiento, el Número de la Trayectoria de la Vida y el Número de la Actitud). Seguidamente describo lo que cada uno de estos números nos dice sobre la persona.

El Número del Alma: define qué realizará tu alma.
El Número de la Personalidad: define cómo te percibe la gente.

El Número de Poder del Nombre: define la fortaleza del carácter.

El Número del Día de Nacimiento: define cómo te percibe la gente cuando te conocen por primera vez.

El Número de la Trayectoria de la vida: define el sentido de tu vida. Este es el número que mayor impacto tiene sobre tu vida.

El Número de la Actitud: define tu perspectiva general sobre la vida.

Cuando los seis números anteriores se juntan tienen este aspecto:

93345*/7 Actitud

Al hacer un patrón numerológico, la disposición de los números siempre tendrá este orden exactamente, de izquierda a derecha. El primer número será el **Número del Alma (9)**, el segundo el **Número de la Personalidad (3)**, el tercero el **Número del Poder del Nombre (3)**, el cuarto el **Número del Día de Nacimiento (4)**, el quinto será el **Número de la Trayectoria de la Vida (5)**, y el sexto el **Número de la Actitud (7)**. Siempre coloco un asterisco (*) junto al **Número de la Trayectoria de la Vida**, porque es el número más importante cuando se trata de relaciones amorosas. Sin embargo, aunque tu número de la Trayectoria de la Vida realmente sea un desafío, no te preocupes, pues en el Capítulo 14 te diré cómo lidiar con ello.

Cuando hayas averiguado los seis números para ti y para tu pareja, dispondrás de la información necesaria para crear un cuadro comparativo y ver si vale la pena proseguir esta relación o si es mejor finalizarla y seguir adelante. Este libro te ayudará a hallar una respuesta a esta pregunta. Si estás en un matrimonio desgraciado, y tu relación es tóxica pero no obstante quieres salvarla, tal vez porque tienes hijos o porque no crees en el divorcio, en este libro hallarás información que te proporcionará las herramientas necesarias para sanar tu relación.

En un cuadro comparativo cada número interactúa con los demás de tres formas distintas:

- **Un Número de Pareja Natural** significa que tenéis una relación instantánea y que se da una comprensión fácil entre vosotros.
- **Un Número Compatible** significa que os las arregláis bien la mayor parte del tiempo y que podéis aprender a estar de acuerdo en que no lo estáis.
- **Un Número de Desafío** significa que digas lo que digas, te malentenderán. La comunicación se romperá en la mayoría de las ocasiones, lo cual puede sentirse como muy tóxico y hacer que la relación sea muy difícil.

Hablaremos de cada uno de ellos en el Capítulo 3.

Con el paso del tiempo, hay parejas en las que un miembro cree que ha dejado atrás al otro, mientras otras parejas dicen sentirse mucho más cerca con el paso de los años. Esto tiene que ver con el **Número de la Madurez** (lo que logras en la madurez) y el **Número del Destino** (hacia dónde te diriges), que son dos vibraciones que se revelan más tarde en la vida. Aunque estos dos números no forman parte de los seis utilizados en tu estudio numerológico, también os ayudarán a comprenderos mejor. Aprendiendo lo que son y significan, puedes prepararte para ellos con tu pareja; o si estás saliendo con alguien que te parece tóxico, puede que quieras reconsiderar la relación.

Examinando tu Patrón Numerológico y el de tu pareja, puedes aprender una nueva manera de comunicarte, de forma que ésta pueda *escuchar* realmente lo que estás diciendo... tal vez incluso por primera vez.

En todo el libro, cuando hable de las características numerológicas de una persona, utilizaré las palabras **Número, Energía** y **Vibración** para referirme a ellas. Estas tres palabras son intercambiables.

Las palabras **Número de Desafío** y **Número Tóxico** también son intercambiables.

Un ejemplo:

Su **Vibración** 2 es un **Desafío** para su **Energía** 5.

También lo podía haber escrito así:

Su **Vibración** 2 es **Tóxica** para su **Número** 5.

CONEXIÓN CON EL ALMA GEMELA

En este libro también hablo de las relaciones entre Almas Gemelas. La Conexión con una Alma Gemela sucede cuando se comparten tres de los seis números principales (sin contar el número de la Actitud). Sorprendentemente, ser Alma Gemela de alguien no siempre es una buena noticia. A veces la conexión supone aprender una lección difícil, y la relación no es una experiencia positiva. No obstante, te enseña a no volver a repetirla.

Luego hay otro tipo, más conocido, de Alma Gemela: la que a ti te gusta y que representa una bendición en tu vida. En cualquier caso, sentirás atracción por una Alma Gemela, y este libro te enseñará a reconocer la diferencia entre la buena y la mala relación.

La conexión con una Alma Gemela, tanto si es buena como mala, no termina nunca. Así que, si se trata de alguien con quien rompiste hace mucho, debería hacerte sonreír el hecho de que de vez en cuando te venga a la mente. Es a causa de la conexión de Alma Gemela. Una vez que lo saben, mucha gente es capaz de liberarse mentalmente de una mala relación pasada. Si tienes una conexión tóxica con un Alma Gemela, deberás concentrarte en las «Afirmaciones» que aparecen en el Capítulo 21, a fin de descubrir maneras de convertirla en una relación sana.

NOTA ESPECIAL

Si la persona a la que amas abusa de las drogas o del alcohol, sea lo que sea lo que aparezca en el Cuadro Comparativo, la relación no es saludable. En Numerología una relación funciona cuando cada una de las personas vive en el lado Positivo de sus Números. Consumir drogas, abusar del alcohol o ser adicto al juego o al sexo, no es precisamente vivir en el lado positivo de nada, sobre todo de la vida. Implica que estás invirtiendo tu tiempo en el Dr. Jekyll y Mr. Hyde, sin que nunca sepas con cuál tratarás hoy. No estoy a favor de permitir que uno de los componentes de la pareja sea adicto. O bien se le anima a buscar ayuda o uno ha de continuar con su vida y dejar esa situación atrás. *Te mereces mucho amor*, y si tu pareja no quiere hacer ningún esfuerzo por mejorar, significa que tú ocupas el último puesto, y eso puede provocarte un daño y una infelicidad tremendos. Sé que a todos nos espera un gran amor, ¡y que nadie debería conformarse con menos!

MI HISTORIA DE AMOR

A continuación aparecen los seis Números de mi esposo y mi Patrón Numerológico. Los escribo aquí para así contarte mi historia de amor. En el siguiente capítulo aprenderás exactamente cómo hallar tu Patrón Numerológico.

Glynis McCants: 87633*/2 Actitud
Charlie Youngblood: 96664*/6 Actitud

En 2002 salía con lo que llamaba los «expedientes X»: hombres con los que había terminado pero con los que seguía manteniendo la amistad. Salíamos de vez en cuando. No me sentía feliz, y sabía que tenía que haber alguien especial para mí. Lo más gracioso es que llevaba años emparejando a otras personas a través de los números, pero nunca lo había hecho conmigo misma. Finalmente, decidí que iba a dar un paso adelante para atraer una maravillosa relación amorosa a mi vida.

Me apunté a un servicio de citas, y la cabecera que escribí para mi perfil fue: «¡Numeróloga busca a un hombre en el número adecuado!». Luego escribí lo que quería del amor, y lo que quería de la persona con la que pudiera compartir mi vida. Mi frase favorita del perfil era: «Busco a un hombre que sepa que una relación es para *vivirla*, no para *tenerla*». También añadí el hecho de que soy numeróloga y que por favor me enviasen su fecha de nacimiento completa.

Fueron muchos los hombres que contestaron al anuncio, probablemente porque envié una foto en *topless* (¡es broma!). El primer hombre que conocía a través de dicho servicio mintió acerca de su fecha de nacimiento. Fue gracioso, porque había cosas en su personalidad que no tenían sentido, partiendo de los números de la fecha de nacimiento ficticia. No dejaba de pensar: «¿Cómo pueden equivocarse tanto los números?». Cuando por fin me contó la verdad, no pude evitar reírme. Desde entonces somos amigos.

Volví a intentarlo. Y entonces llegó Charlie Youngblood. Como puedes ver más arriba, tiene un Número del Alma 6, un Número de la Personalidad 9 y un Número del Poder del Nombre 6. Nació un día 6, con un Número de la Trayectoria de la Vida 4 y un Número de la Actitud 6.

El complemento Natural para mi Número de la Trayectoria de la Vida son el 3, 6 y 9, por ello me emocionó mucho comprobar estos números en su Patrón Numerológico.

Su Trayectoria de la Vida 4 es un Desafío para mi Trayectoria de la Vida 3. Sin embargo, cuando un número se repite en tu Patrón Numerológico, sin ser tu Número de la Trayectoria de la Vida, ello tendrá un impacto bastante notable en el tipo de persona que seas.

Observar los cuatro 6 en su Patrón Numerológico me hizo sentir muy optimista, pues la Vibración 6 es armónica respecto a mi Trayectoria de la Vida 3.

Supe que la química física sería asombrosa, así que decidí no encontrarme con él en persona. Nos limitamos a hablar por teléfono durante más de cuatro meses. Me llamaba por la mañana, al mediodía y por la noche. Me telefoneaba para decir justo «buenos días», o «Espero que hayas comido bien. Te llamaré esta noche». Cada noche hablábamos unas dos horas, y supe que me estaba enamorando de él.

Esta situación me resultaba cómoda porque conocía sus números, pero claro, él no sabía nada de Numerología, ¡ni de lo que yo me traía entre manos! Sin embargo, como mujer, fui lo bastante lista para mantener ocultos mis sentimientos hacia él en esa etapa de la relación. Después de todo, las relaciones necesitan cierto tiempo, y uno no debe apresurarse nunca demasiado, sobre todo si lo que se busca es un amor perdurable, como ciertamente era mi caso.

Así que la primera vez que nos vimos en persona yo estaba con un grupo de amigos en un bar, junto a una adorable chimenea. ¡Me sentía tan nerviosa! Pero en cuanto le vi supe que era «él», y que había sido bueno ir despacio.

Como habíamos hablado tanto por teléfono, conocía a todos mis amigos por su nombre, además de varios detalles sobre ellos. Todos se quedaron muy impresionados. Una hora después, mis amigos se marcharon y cuando nos quedamos solos, dije en plan de broma: «Hay algo que he querido decirte toda la noche».

«¿Qué es?», preguntó. Y entonces lo besé. ¡Ese beso duró 45 minutos!

La siguiente ocasión en que nos encontramos, me preparó una cena alucinante. Pensé en lo sensible que era y en cuantos hombres se consideraban demasiado "machos" para meterse en la cocina. De fondo se escuchaba música de Frank Sinatra, porque Charlie sabía cuánto me gustaba. Tenía el champán metido en hielo (otro de mis favoritos). Me quedé colgada de él desde esa noche. Ya han pasado siete años, y para mí, desde entonces, ha sido como un cielo en la tierra.

Cuando muera, lo primero que haré será darle las gracias a Dios por Charlie Youngblood. Su consideración hacia mí nunca deja de sorprenderme. Antes de Charlie, yo siempre era la que más se esforzaba en una relación. El hombre se limitaba a recibir cómodamente y luego parecía sorprenderse de que yo quisiera algo a cambio. Con Charlie ambos respetamos y consideramos diariamente las necesidades del otro.

Como dije antes, este Trayectoria de la Vida 4 es un Desafío para mi Trayectoria de la Vida 3, así que de vez en cuando me dice: «Glynis, mi 4 necesita decir algo». Entonces respiro hondo y me preparo para lo que va a seguir. Al avisarme, me está diciendo que lo que está a punto de decir puede parecer Tóxico, pero que necesita decirlo. Ese tipo de consideración es lo que mantiene nuestro amor vivo.

Quiero que todos vosotros aprendáis a comunicaros con los Números, de manera que no os toméis personalmente todo lo que dice vuestra pareja. Así, conseguiréis reforzar vuestra relación amorosa. Y quienes busquen una nueva relación, deberían saber que la Numerología es una herramienta que puede ayudarles *¡desde el principio!*

2
Descubre tu patrón
Numerológico

Te quiero, no por lo que eres, sino por lo
que yo soy cuando estoy contigo.

ROY CROFT

Ahora que ya conoces el Patrón Numerológico, es hora de pasar al Cuadro Comparativo. Mientras aprendes exactamente cómo obtener cada Número, te sugiero que tomes papel y lápiz y realices tu propio Cuadro mientras continuamos.

Como dije en el Capítulo 1, tu Patrón Numerológico consiste en seis Números: Número del Alma, Número de la Personalidad, Número del Poder del Nombre, Número del Día de Nacimiento, Número de la Trayectoria de la Vida y el Número de la Actitud. Esos Números se extraen del nombre, apellido y fecha de nacimiento de una persona.

Como ya mencioné en el Capítulo 1, también está el **Número de la Madurez**, que se revela en la mediana edad. Es un número que vale la pena explorar para así comprender los cambios

¿QUÉ NOMBRE HAY QUE UTILIZAR?

Muchas personas preguntan si el Nombre de su Certificado de Nacimiento es más importante que el nombre que usan a diario. La Numerología tiene muchos niveles, y el nombre que usas a diario contiene las Vibraciones que emites cuando te encuentras o conoces a alguien. Aunque es cierto que el Nombre del Certificado de Nacimiento te proporciona el Número del Destino (del que hablamos en el Capítulo 11), no deja de ser verdad que el nombre cotidiano es más importante a la hora de realizar una Cuadro Comparativo con otra persona.

El **Número del Destino** es otro nivel, pero no sentirás esa Vibración tanto como la de los Números del nombre que una persona utiliza corrientemente. Si decides que se trata de alguien de quien lo quieres saber todo, entonces te convendría conocer también el Número del Destino, ya que eso te indicará hacia dónde se dirige su vida.

que puede experimentar tu pareja en esa época. El Número de la Madurez lo veremos en el Capítulo 12.

EL SISTEMA PITAGÓRICO

En Numerología, también hemos de saber cómo descomponer los números de los nombres. Para ello, utilizaremos el Sistema Numérico Pitagórico, que asigna un número a cada letra del alfabeto.

SISTEMA NUMÉRICO PITAGÓRICO

1	2	3	4	5	6	7	8	9
A	B	C	D	E	F	G	H	I
J	K	L	M	N	O	P	Q	R
S	T	U	V	W	X	Y	Z	

EXCEPCIÓN:

A veces la **Y** es consonante, y a veces es una vocal. Así es como puedes saber cuándo actúa como una u otra:

Si la **Y está junto a una vocal** (A, E, I, O, U) entonces se considera consonante.

Si la **Y está junto a una consonante o entre dos consonantes**, se considera **vocal**.

Ejemplo:

Lynn: la **Y** es **vocal** porque está **entre las dos consonantes** L y N.

Judy: la **Y** está **junto a la consonante** D, y por ello se la considera **vocal**.

Joy: la **Y** está **junto a la vocal** O, y por ello, en este caso, la Y es consonante.

Nota: si tu nombre lleva un sufijo, como Jr., Sr., III, no debes incluirlos al descomponer el nombre.

Ejemplo:

Si eres John Smith III, sólo descompones John Smith.

LOS SEIS NÚMEROS MÁS IMPORTANTES

En *Los números del amor* nos concentramos en seis números que describen los rasgos de carácter más importantes. Como dije en el capítulo anterior, estos números proceden de dos fuentes: el nombre que utilizas cotidianamente y tu fecha de nacimiento. Estos números son:

1) EL NÚMERO DEL ALMA: este número se obtiene juntando todas las vocales de tu nombre y reduciéndolas a un dígito.

2) EL NÚMERO DE LA PERSONALIDAD: este número se obtiene añadiendo todas las consonantes de tu nombre y reduciéndolas a un dígito.

3) EL NÚMERO DEL PODER DEL NOMBRE: obtienes este número añadiendo todas las consonantes y todas las vocales juntas y reduciéndolas a un dígito.

4) EL NÚMERO DEL DÍA DE NACIMIENTO: es el número del día en que naciste. Si tiene más de un dígito, entonces redúcelo a uno.

5) EL NÚMERO DE LA TRAYECTORIA DE LA VIDA: es la suma de los dígitos de la fecha de nacimiento, incluyendo el mes, el día y el año, reducido todo a un dígito.

6) EL NÚMERO DE LA ACTITUD: es la suma de los dígitos del día y mes de nacimiento, reducidos a un dígito.

Antes de ver lo que dice sobre ti cada uno de estos Números, vamos a descomponer algunos Números juntos. Empecemos con Paul Newman y Joanne Woodward.

Paul Newman y **Joanne Woodward** forman un fascinante Cuadro Comparativo que explica su maravillosa historia de amor. Utilizaré primero los datos de Paul Newman para mostrarte cómo descomponer los números, y luego te explicaré la potente historia de amor de estos dos personajes tan famosos.

$$1+3 \qquad +5 \qquad +1 \qquad =10=1+0= \textbf{Número del Alma 1}$$

```
P  A  U  L    N  E  W  M  A  N
```

$$7 \quad +3 \quad +5 \quad \quad +5 \ +4 \quad +5 \ =29=2+9=11=1+1=\textbf{Número de la}$$
$$\textbf{Personalidad 2}$$

Número del alma (1) + Número de la Personalidad (2) = 3 Número del Poder del Nombre

LOS TRES NÚMEROS DEL NOMBRE:

Primero tomaremos el nombre que utiliza, Paul Newman, y luego (encima del nombre) añadiremos las vocales del nombre y las reduciremos a un dígito para obtener el **Número del Alma.** Su **Número del Alma** es **1.**

A continuación sumamos las consonantes y las reducimos a un dígito (debajo del nombre), para obtener su **Número de la Personalidad.** Su **Número de la Personalidad** es un **2** (quienes sepáis de los Números Maestros os habréis fijado en que he reducido el Número Maestro 11 a un 2. Para saber más sobre los Números Maestros 11 y 22, ver el Capítulo 9).

Luego, sumamos ambos y obtenemos el **Número del Poder del Nombre,** que es un **3.**

Esos son los tres primeros Números de su Patrón Numerológico.

LOS TRES NÚMEROS DEL DÍA DE NACIMIENTO:

Ahora vamos a por los otros tres números de su fecha de nacimiento completa. **Paul Newman** nació el **26 de enero de 1925.** El **día** en que naciste es importante, **2+6 = 8,** así que quiere decir que Paul tiene un **8** como **Número del Día de Nacimiento,** y ese se considera su número de apariencia.

Luego para obtener su **Número de la Trayectoria de la Vida**, tomamos su fecha de nacimiento completa y la reducimos a un dígito.

FDN: 26/1/1925
2+6+1+1+9+2+5 = 26
2+6 = 8

Paul Newman tiene un **8** de **Trayectoria de la Vida**.

Para descubrir tu **Número de la Actitud**, tomamos el mes y el día, y lo reducimos a un dígito:

26/1
2+6+1 = 9

El número **9** es su **Número de la Actitud**.

Así pues, ya tenemos su Patrón Numerológico, que sería así:

12388*/9 Actitud

(Recuerda, el * señala el Número de la Trayectoria de la Vida)

Cuando observo este patrón, lo primero que veo es el 1, 2 y 3. Siempre digo que si tienes los números 1, 2 y 3 has de decir alto y fuerte: «Mi vida es tan fácil como 1, 2, 3», porque 1, 2, 3 es una configuración muy afortunada. El 1 es ambición, el 2 es capacidad para amar, y el 3 es sentido del humor.

Paul Newman nació un **día 8**, teniendo un 8 como **Trayectoria de la Vida**. Cuando el Número del Día de Nacimiento y el Número de la Trayectoria de la Vida coinciden, eso significa que las apariencias son ciertas. Este hombre fue una persona honesta, y también muy dotado para los negocios, que es una de las principales características de la Vibración 8. Su Actitud 9 era su parte filantrópica, y si has visto las películas de Paul Newman, sabes de qué hablo. Fundó una empresa de alimentación, la Newman's Own, cuyos beneficios eran íntegramente destinados a obras de beneficencia. Al morir, el 26 de septiembre de 2008, había donado 250 millones de dólares a diversas causas. Fue un hombre fenomenal.

Ahora echemos un vistazo a **Joanne Woodward:**

| 6+1 | +5 | +6+6 | +1 | =25=2+5= **Número del Alma 7** |

```
6+1    +5    +6+6    +1      =25=2+5= Número del Alma 7
 ||     |     ||      |
JOANNE  WOODWARD
 |   ||    |     ||   ||
 1  +5+5  +5   +4+5  +9+4   =38=3+8=11=1+1=Número de la
                                            Personalidad 2
```

Número del alma (7) + Número de la Personalidad (2) = 9 Número del Poder del Nombre

LOS TRES NÚMEROS DEL NOMBRE:

Primero tomaremos el nombre que utiliza, Joanne Woodward, y sumaremos las vocales (encima del nombre), reduciéndolas a un dígito para obtener el **Número del Alma.** Su **Número del Alma** es **7.**

A continuación sumamos las consonantes (debajo de su nombre) y las reducimos a un dígito, para obtener su **Número de la Personalidad.** Su **Número de la Personalidad** es un **2** (quienes de vosotros estén familiarizados por los Números Maestros os habréis fijado en que he reducido el Número Maestro 11 a un 2. Para más información sobre los Números Maestros 11 y 22, ver el Capítulo 9).

Luego, sumamos ambos y obtenemos el **Número del Poder del Nombre**, que es un **9.**

Esos son los tres primeros Números de su Patrón Numerológico Personal.

Los Tres Números del Día de Nacimiento:

Ahora veamos los otros tres números de su fecha de nacimiento completa. **Joanne Woodward** nació el **27 de febrero de 1930**. El **día** en que naciste es importante. Ella nació el 27, **2+7 = 9**, así que Joanne tiene un **9** como **Número del Día de Nacimiento,** y ese se considera su número de apariencia.

Luego para obtener su **Número de la Trayectoria de la Vida** tomamos su fecha de nacimiento completa y la reducimos a un dígito.

FDN: 27/2/1930
2+7+2+1+9+3+0 = 24
2+4 = 6
Joanne Woodward tiene un **6** de **Trayectoria de la Vida.**

Para descubrir su **Número de la Actitud,** tomemos el mes y el día, y reduzcámoslo a un dígito:

27/2
2+7+2 = 11
1+1 = 2
El número **2** es su **Número de la Actitud.**

Así pues, ya tenemos su Patrón Numerológico, que sería así:

72996*/2 Actitud

Ahora juntemos sus números y compongamos su Cuadro Comparativo.

LA PAREJA

Paul Newman: 12388*/9 Actitud
Joanne Woodward: 72996*/2 Actitud

CUADRO COMPARATIVO	Paul Newman	Joanne Woodward	Conexión numérica
NÚMERO DEL ALMA	1	7	Pareja Natural
NÚMERO DE LA PERSONALIDAD	2	2	Pareja Natural
NÚMERO DEL PODER DEL NOMBRE	3	9	Pareja Natural
DÍA DE NACIMIENTO	8	9	Desafío
TRAYECTORIA DE LA VIDA	8	6	Compatible
NÚMERO DE LA ACTITUD	9	2	Compatible

Joanne Woodward dijo que cuando se enamoró locamente de Paul, no tuvo ningún problema en dejar en un segundo plano su carrera artística a fin de ocuparse de sus hijos. No es infrecuente que una mujer con Trayectoria de la Vida 6 sienta mucho cariño por sus hijos, no obstante pudo seguir actuando y pudo ganar premios gracias a su talento. Los números 3, 6 y 9 alientan la buena actuación y el rendimiento, y tanto ella como Paul contaban con números de esa categoría que además los hacen pareja natural.

Ahora que ya tenemos sus seis números, podemos pasar a evaluarlos como pareja. Puedes ver que comparten el número 2, que trata del amor físico. Joanne dijo que cuando se conocieron, sintieron tal deseo y tan ardiente que no podían quitarse las manos de encima. En otras ocasiones se peleaban y eran duros, pero siempre había un amor enorme entre ellos. Puede verse en su cuadro.

El número 9 implica ese instinto humanitario compartido por ambos, preocupándoles mucho «¿cómo dejar el mundo mejor de lo que lo encontramos?». Y la verdad es que como pareja, han tenido éxito en el empeño.

Durante su carrera artística, Paul Newman ganó el Oscar por su actuación en la película *El color del dinero* (1986) de Martin Scorsese, tres Globos de Oro, un *Screen Actors Guild's Award*, un Emmy y otros muchos premios honoríficos. También ganó varios campeonatos nacionales como piloto en el *Sports Car Club of America*, y su equipo ganó diversos campeonatos de la fórmula Indy. Creo que su Número del Alma 1 es el que le proporcionó su pasión por las carreras y por ganar.

Pero lo más significativo fue su amor fenomenal con Joanne Woodward. La Numerología muestra que si vuestros números como pareja son saludables, deberíais ser capaces de lograr mucho juntos, así como por separado, y estos son dos buenos ejemplos de ello.

Paul Newman también demostró su fortaleza frente a las adversidades. Tuvo un hijo de un matrimonio anterior, Scott, que murió de una sobredosis. En medio de su pesar, Paul creó un centro para prevenir el consumo de drogas en memoria de su hijo. Está claro que Paul eligió no ser víctima. Respondió a la tragedia haciendo el bien: evitar que otros muriesen a causa de las drogas.

Se trata de un hombre que abrazó realmente la vida, y que cuando murió, había vivido la vida al máximo.

Como dije antes, Joanne tuvo tres hijas con Paul y fue feliz como madre. Como prueba de compatibilidad, pudieron trabajar juntos: algo nada fácil, como pueden atestiguar tantos actores. Hicieron diez películas, entre ellas, los clásicos: *El largo y cálido verano* (1958), *Un marido en apuros* (1958) y *Con el agua al cuello* (1975).

En 1958, Joanne Woodward ganó un Oscar a la mejor actriz con *Las tres caras de Eva*. También fue nominada como mejor actriz en *Deseos de verano, sueños de invierno* y *Esperando al señor Bridges*. Ganó el de mejor actriz en el Festival de Cannes de 1974 por su actuación en *El efecto de los rayos gamma sobre las margaritas*, y también dos Emmys como mejor actriz.

Al igual que Paul, Joanne también produjo y dirigió. Es directora artística de la Westport Country Playhouse. Joanne Woodward ofreció a su marido el puesto de director de escena en una reposición de *Our Town*; la obra se estrenó en Broadway, donde Newman ganó su primera nominación al Tony en 2003.

¿Cómo lograron esos dos trabajar juntos en un campo tan competitivo –el mundo del espectáculo, nada menos– sin competir entre sí? La respuesta está en los Números. Cuando mantenéis una relación saludable, os animáis el uno al otro, y os entusiasmáis cuando la persona que amáis lo hace bien.

Al estudiar su Numerología, pudimos comprobar que ambos tendrían una vejez muy vigorosa y que estarían juntos hasta el final, literalmente, «hasta que la muerte los separe».

Su 50 aniversario tuvo lugar el 29 de enero de 2008. Se trataba de dos actores de enorme éxito. Nadie en Hollywood superaba en atractivo físico a Paul Newman. Su amor por su esposa y la devoción de ella por él, deberían ser fuente de inspiración para todos nosotros. Superaron todos los obstáculos.

En una ocasión, al preguntarle qué es lo que había conseguido que su relación fuese tan larga y duradera, Paul Newman contestó: «Es la cantidad correcta de deseo y respeto». Y tiene gracia, pero al pensar en la Vibración 2, pensaría en deseo; y la Vibración 9 les proporciona ese respetable equilibrio. ¡No podría pedirse más!

En el siguiente capítulo, verás cómo interpretar exactamente un Cuadro Comparativo para ti y tu pareja.

3

¿Encajamos en el amor?
Cómo interpretar tu
Cuadro Comparativo

En la vida sólo hay una felicidad:
amar y ser amado.

GEORGE SAND

A estas alturas del libro tenemos que echar ya un vistazo a los seis Números que os corresponden a ti y a la persona que te interesa. Ahora verás si cada par de números muestra que sois pareja natural, si hay compatibilidad, neutralidad o un desafío.

Ten en cuenta que aunque la ubicación de un Número pueda cambiar, la definición real del Número seguirá siendo la misma. Lo que determinará el significado del Número será su situación en el cuadro. Por ejemplo, un Número del Alma 3 tiene las mismas características que un Número de la Trayectoria de la Vida 3, pero realmente notarás las características de la Vibración 3 cuando alguien es una Trayectoria de la Vida 3 porque ese número tiene que ver con el propósito en la vida. Tener un Número del Alma 3 es más sutil. Hace referencia a cómo la persona se siente interiormente y no siempre resulta obvio.

Abajo aparece la lista sobre cómo cada Vibración se lleva con las demás. Eso es aplicable a cada Número del Patrón Numerológico. Por ejemplo, en Numerología, el 7 y el 8 son un Desafío, por lo que si tienes una Trayectoria de la Vida 7 y tu pareja tiene una Trayectoria de la Vida 8, vuestros Números de la Personalidad muestran un desafío.

Te sugiero que señales esta página, para que siempre puedas remitirte a ella a fin de ver cómo se llevan los números. Esta información es absolutamente esencial al ver un Cuadro Comparativo.

Vibración 1

Números que son Pareja Natural: 1, 5 y 7

Números Compatibles: 2, 3 y 9

Números de Desafío: 4 y 6

Número Neutral: 8

Vibración 2

Números que son Pareja Natural: 2, 4 y 8

Números Compatibles: 1, 3, 6 y 9

Números de Desafío: 5 y 7

Vibración 3

Números que son Pareja Natural: 3, 6 y 9

Números Compatibles: 1, 2 y 5

Números de Desafío: 4, 7 y 8

Vibración 4

Números que son Pareja Natural: 2, 4 y 8

Números Compatibles: 6 y 7

Números de Desafío: 1, 3, 5 y 9

Vibración 5

Números que son Pareja Natural: 1, 5 y 7

Números Compatibles: 3 y 9
Números de Desafío: 2, 4 y 6
Números Neutrales: 8

Vibración 6
Números que son Pareja Natural: 3, 6 y 9
Números Compatibles: 2, 4 y 8
Números de Desafío: 1, 5 y 7

Vibración 7
Números que son Pareja Natural: 1, 5 y 7
Número Compatible: 4
Números de Desafío: 2, 3, 6, 8 y 9

Vibración 8
Números que son Pareja Natural: 2, 4 y 8
Números Compatibles: 6
Números de Desafío: 3, 7 y 9
Números Neutrales: 1 y 5

Vibración 9
Números que son Pareja Natural: 3, 6 y 9
Números Compatibles: 1, 2 y 5
Números de Desafío: 4, 7 y 8

EL NÚMERO DE LA TRAYECTORIA DE LA VIDA

La Trayectoria de la Vida es el Número más importante de tu cuadro, porque si ese número no se colma, ni tú ni tu pareja seréis muy felices. Si encuentras a una persona a la que sientes que puedes amar, y esa persona no cumple la misión que ha sido llamada a cumplir en la vida, existen muchas posibilidades de que experimentéis mucha frustración. Puede que incluso te des a la bebida, las drogas, el sexo promiscuo o a cualquier cosa que ayude a acabar con el dolor.

Recuerda que las palabras Vibración, Energía y Número son intercambiables a lo largo de todo el libro.

LOS NÚMEROS DE PAREJA NATURAL

Cada uno de los nueve Números de la Trayectoria de la Vida puede catalogarse como un Número Mental, un Número Creativo o un Número de Negocios. Los números de cada una de estas categorías se denominan Números de Pareja Natural.

1, 5 y 7   son **Números Mentales, siempre están pensando**
2, 4 y 8   son **Números Orientados hacia los Negocios, siempre ocupándose de negocios**
3, 6 y 9   son **Números Creativos, siempre creando**

Cuando conoces a alguien que es una Pareja Natural para ti, estableces una relación inmediata. Existe una comprensión instantánea, y puede ser muy emocionante conocer a alguien que es Pareja Natural. En el preciso momento en que conoces a una Pareja Natural, puedes sentir lo que el otro piensa y sentirte inmediatamente en contacto. Cuando empiezas a hablar sobre tu vida, incluso puedes descubrir que habéis pasado por las mismas experiencias.

Pero con frecuencia ocurre que esa Pareja Natural no es buena. Puede que te fijes en cómo vive y te digas: «Oh, eso no es lo que yo quiero», o «No me parece bien». Eso significa que esa persona está viviendo en el lado Negativo del Número y que seguramente tú lo estás haciendo en el Positivo. Así que confía en tu instinto sobre esa persona, digan los Números lo que digan.

LOS NÚMEROS MENTALES: 1, 5 Y 7

Este es un grupo de gente cerebral. Pasan mucho tiempo pensando, y siempre están procesando la vida mentalmente. Lo interesante de cada Categoría de Pareja Natural es que cualquiera de los tres Números comprenderá perfectamente las características de los otros dos. Los 1, 5 y 7 sólo quieren encontrar alguien intelectualmente semejante a ellos; quieren sentirse estimulados con tus ideas y tu conversación. También disfrutan del movimiento y la aventura. Si lo que te gusta es estar en casa sin hacer gran cosa, es mejor no ir tras una Trayectoria de la Vida 1, 5 y 7. Probablemente no son para ti. Si lo que deseas es aventura y quieres explorar el mundo, la Energía de la Vibración 1, 5 y 7 te encantará.

LOS NÚMEROS ORIENTADOS HACIA LOS NEGOCIOS: 2, 4 Y 8

Son gente con mentalidad comercial. Se preocupan mucho de crear una sólida base económica. Así que si te enamoras de alguien con una Trayectoria de la Vida 2, 4 u 8, deberías saber que las preocupaciones económicas constituyen una parte muy importante de sus vidas.

Nota sobre la Vibración 2:

Aunque estos tres números pertenecen a la Categoría de Números Orientados hacia los Negocios, la 2 se diferencia algo de las Trayectorias de la Vida 4 y 8. La 2 hace «negocios con el corazón». Este Número es esencialmente un "cuidador". Siente la necesidad de rescatar y dar la cara por todo el mundo. La Trayectoria de la Vida 2 también se lleva bien con más Números de la Trayectoria de la Vida que cualquier otro Número.

LOS NÚMEROS CREATIVOS: 3, 6 Y 9

Esta gente creativa es feliz cuando tiene un auditorio. Tienden a ser actores, asesores naturales y profesores. Lo que he hallado en las Trayectoria de la Vida 3, 6, 9 es que atraen personas que actúan más como pacientes que como parejas.

Los 3, 6 y 9 se sienten atraídos hacia personas a las que erróneamente creen poder «arreglar». En realidad, uno no puede «arreglar» a nadie. Si eres Trayectoria de la Vida 3, 6 o 9 y te sientes atraído hacia alguien que está afligido emocionalmente, que está siempre en busca de trabajo o que sufre de depresión crónica, por favor, no caigas en la trampa de querer rescatar a esa persona. Confundir esa sensación con amor es autodestructivo.

LOS NÚMEROS COMPATIBLES

Un Número Compatible no te proporcionará la comprensión inmediata de la que disfrutan los Números de Pareja Natural, no obstante, os sentiréis atraídos de inmediato. Con un Número Compatible, aprenderás el arte de estar de acuerdo en el desacuerdo.

Hay ocasiones en las que funcionaréis de maravilla, y en otras no. Pero con un Número Compatible no es necesario pelearse continuamente. Sólo has de recordar: «Amo a esta persona y en general nos llevamos bien, así que mantendré la paz». Con un Número Compatible siempre puedes tomar esa elección.

LOS NÚMEROS DE DESAFÍO

Los Números de Desafío son complicados. Un Número de Desafío es cuando conoces a alguien que, digas lo que digas, no lo entiende. Es como si hablaseis idiomas distintos. Un Número de Desafío pudiera preguntar: «¿Pero de qué estás hablando?», o mirarte y decir: «Ya sabes a qué me refiero», y tú tener que contestar: «Pues la verdad es que no».

Resulta frustrante, pero lo interesante es que un Número de Desafío puede generar una ardiente pasión. No es insólito que los Números de Desafío acaben acostándose, porque sus cuerpos parecen hablar el mismo lenguaje apasionado. Tras conocer a un Número de Desafío te sugiero que sigas con la ropa puesta. Más adelante, con más tranquilidad, podrás decidir racionalmente si realmente te interesa el duro trabajo que va aparejado con este tipo de relación.

LOS NÚMEROS NEUTROS

Cuando de lo que se trata es de una relación amorosa, he descubierto que los números neutros muestran interesantes excepciones a la regla. Hay algunos Números que podrían considerarse un Desafío para ambas partes, pero he conocido a muchas parejas que han conseguido que funcionase.

La idea de un Número Neutro tiene que ver básicamente con el Número 8, y cómo se lleva con las Vibraciones 1 y 5, respectivamente. He visto llevarse bien una Trayectoria de la Vida 1 y otra 8, y me ha parecido que al principio puede ser fantástico pero luego tornarse volátil. Eso también sucede con la Trayectoria de la Vida 8 y la 5. Son relaciones que pueden chisporrotear o convertirse en gélidas.

He descubierto que si esas parejas tratan su amor como un asunto de negocios, gestionando el tiempo que pasan juntos, porque ambos están muy ocupados, también puede funcionarles románticamente.

Las Vibraciones 8 y 5, así como la 8 con la 1, están muy ocupadas en sus propias órbitas y han de disponer de tiempo para estar juntas. Si están casadas, deberían hacer una pausa y decir: «Bueno, pues vamos a buscar la manera de salir a cenar juntos una vez a la semana y ponernos al día». Este tipo de planificación resulta de gran ayuda para estas parejas.

CÓMO INTERPRETAR VUESTRO CUADRO COMPARATIVO

Ahora toca echar una mirada de cerca a *vuestros* números. Una vez ya tienes tu Patrón Numerológico y el de la persona que te interesa, compara vuestros seis Números utilizando un cuadro como el de abajo. Para descubrir la Conexión Numérica, remítete a las descripciones de cada Vibración, al principio de este capítulo.

CUADRO COMPARATIVO	Nombre	Nombre	Conexión numérica
NÚMERO DEL ALMA			
NÚMERO DE LA PERSONALIDAD			
NÚMERO DEL PODER DEL NOMBRE			
DÍA DE NACIMIENTO			
TRAYECTORIA DE LA VIDA			
NÚMERO DE LA ACTITUD			

¿Qué has descubierto? Echa un vistazo a vuestros Números de Desafío. Si descubres que tenéis **cero Números de Desafío** en vuestro Cuadro Comparativo, puedo decirte *¡que tenéis mucha suerte de haberos conocido!* La única manera en que no estaría tan bien es si tu pareja vive en el lado Negativo de tus Vibraciones y no puede aceptar el amor que podríais tener. De ser ese el caso, te recomiendo que vayas al Capítulo 21 y realices algunas Afirmaciones positivas. Si vuestro caso no fuera así, entonces ¡es algo estupendo!, ¡en serio!

Si resulta que aparecen **uno o dos Números de Desafío** en vuestro Cuadro Comparativo, no es gran problema. Contáis con muchas maneras de llegar a un acuerdo, porque lo positivo supera en mucho a las negatividades de vuestra relación. Pero esta regla tiene una excepción. Si alguien consume drogas, entonces el asunto pinta pero que muy mal. Por muy bien que aparente estar el Cuadro Comparativo, se verá distorsionado a causa de las adicciones.

Si ves **tres Números de Desafío** en el Cuadro Comparativo, esta relación va a requerir de un trabajo constante. Si te comprometes a intentar entender en qué sois diferentes y hallar una manera de aceptar verdaderamente ese hecho, la relación puede ir sosegándose con el paso de los años.

Si lo que aparece en tu Cuadro Comparativo son **cuatro o más Números de Desafío**, deberías preguntarte: «¿Vale realmente la pena?». A menos que seáis ermitaños viviendo en una montaña y carezcáis de preocupaciones en la vida, esta relación será tumultuosa. Me parece que tiene sentido la comparación de que os sentisteis atraídos como la polilla a la llama. Los Números de Desafío casi siempre alientan una química irresistible. Sin embargo, cuando la vida te traiga algo inesperado, tu pareja con cuatro Números de Desafío te mirará pasmado y no tendrá ni idea de lo que esperas de ella. He conocido a parejas con cuatro o más Desafíos. Si ambos viven en el lado Positivo de sus

Vibraciones, pueden lograr que la cosa funcione respetándose mutuamente. Sin embargo, son casos raros.

Estudia este capítulo con cuidado y memoriza la **Pareja Natural**, la **Compatibilidad** y los **Números de Desafío**.

¿VIVES EN EL LADO POSITIVO O NEGATIVO DEL NÚMERO?

Al leer estos capítulos, ten en cuenta que descubrirás un lado Positivo y otro Negativo en todos los Números. Así que estudia ambos lados con interés, y luego pregúntate a ti mismo si la persona que te interesa vive en el lado Positivo del Número. Cuando se trata de relaciones amorosas esta respuesta implica una gran diferencia.

4

El Número del Alma: el número secreto

*En los labios del amante el alma
encuentra otra alma.*

PERCY BYSSHE SHELLEY

Al Número del Alma lo llamo «el Número Secreto» porque no es algo que puedas ver al conocer a alguien. Este número colmará al alma de la persona. Ya sabes que tu alma está contenta cuando no puedes dejar de sonreír, y sientes que la vida es justo como tiene que ser. En la segunda parte de este capítulo definiré cada Número del Alma para que te hagas una idea de qué es lo que completará al alma de la persona que te interesa.

Pero antes te daré algunos ejemplos de Números del Alma con nombres de famosos para que puedas reconocer la situación, así como un avance sobre cómo hallar el Número del Alma. Verás también lo que sucede cuando tu Número del Alma es Compatible o, por el contrario, cuando el Número del Alma es un Desafío para la otra persona del Cuadro Comparativo.

CÓMO HALLAR EL NÚMERO DEL ALMA

Para hallar tu **Número del Alma**, utilizamos las vocales de tu nombre. Súmalas y redúcelas a un dígito

Vamos con **Lucille Ball**.

3 +9 +5 +1   =18=1+8= **Número del Alma 9**

LUCILLE BALL

Suma las vocales y redúcelas a un dígito.

Gracias al Sistema Numérico Pitagórico (*ver* página 23), sabemos que U es 3, I es 9, E es 5 y A es 1

Lucille Ball tiene un **9** como **Número del Alma**

Ahora vamos con su primer marido, **Desi Arnaz.**

5 +9+1   +1   =16=1+6= **Número del Alma 7**

DESI ARNAZ

Suma las vocales y redúcelas a un dígito: E es 5, I es 9, A es 1 y A es 1.

Desi Arnaz tiene un **7** como **Número del Alma**

LA PAREJA DESAFÍO

En Numerología, el 9 y el 7 se consideran un Desafío entre sí, y cuando uno se fija en la historia de Lucille Ball y Desi Arnaz, esta conclusión, por desgracia, se ajusta perfectamente a la realidad.

El Número del Alma de Lucille Ball era el 9, lo que significa que su familia sería extremadamente importante para ella.

La idea de la familia –estuvo siempre muy cerca de su madre, hasta que ésta murió–, matrimonio, un compromiso para toda la vida, la completaría como persona. Le resultó difícil quedarse embarazada y quedó prendada al concebir su primer hijo. El Número del Alma 9 está satisfecho rodeándose de familia, pero también puede sentir graves problemas de abandono cuando la familia no está cerca.

Empezaron a vivir juntos cuando Desi era líder y cantante de un grupo. Casi siempre estaba de gira, viajando y actuando. Ella dirigía su programa de televisión, y eso permitió que Desi fuese el coprotagonista, para así poder pasar más tiempo juntos. Ella temía que si no hallaban la manera de trabajar juntos, sus separaciones destruirían la relación.

¿Y qué pasaba con Desi? Su Número del Alma es un 7, y el 7 es un Número que gusta de ir a sitios y hacer cosas. Alguien con un Alma 7 está encantado cuando está de camino hacia la próxima aventura. El Alma 7 también gusta de la paz y la tranquilidad, así como de evitar los conflictos. Cuando se vive en el lado Negativo del Número, puede escapar a través de las drogas, el alcohol, los viajes, el trabajo o el sexo. Desi Arnaz era un conocido adicto al trabajo, un bebedor empedernido y un famoso mujeriego, pero eso no impidió que Lucille hiciera todo lo posible para mantener viva la relación.

En su caso, también tenía un 5 en su Trayectoria de la Vida, lo cual implica un deseo de escapar, así que con un 7 de Número del Alma y un 5 en la Trayectoria de la Vida, su necesidad de variar no hacía sino aumentar. Si hubiera visto su Cuadro Comparativo sin saber de quien se trataba, sus conflictivos Números del Alma me hubieran indicado que esos dos tendrían muchos problemas en su relación.

Un gran logro para el Número del Alma 9 de Lucille hubiera sido tener a la familia toda junta en la misma casa, disfrutando de la vida. La satisfacción para el Número 7 del Alma de Desi hubiera sido: «¿Adónde vamos ahora? ¿Cuál es el próximo y maravilloso sitio al que vamos a ir?».

Disfrutaba de la belleza de la naturaleza y celebraba su vida, pero no necesariamente cuando estaba en casa. Lo que hacía era salir por ahí y buscar aquello que deseaba. El 7 también tiene hambre espiritual, y si no logra satisfacerla, se lanza a los vicios. Sus Cuadros Comparativos muestran que hubo problemas, y que esos problemas acabaron llevando al divorcio, aunque quienes les conocían creen que siempre estuvieron muy enamorados.

Ahora vamos a ver qué ocurre con una pareja cuyos Números del Alma son Pareja Natural: **Bill Gates** y **Melinda Gates**.

Bill Gates

Suma las vocales y redúcelas a un dígito.

$$9 \quad +1 \ +5 \quad = 15 = 1 + 5 = \textbf{Número del Alma 6}$$

BILL GATES

Bill Gates tiene un Número del Alma 6

Melinda Gates:

Suma las vocales y redúcelas a un dígito.

$$5 +9 \quad +1 \quad +1 \ +5 \quad = 21 = 2 + 1 = \textbf{Número del Alma 3}$$

MELINDA GATES

Melinda Gates tiene un Número del Alma 3

LA PAREJA NATURAL

El Número del Alma de Bill Gates es el 6 y el de Melinda el 3. Son una Pareja Natural.

Un Alma satisfecha, en el caso de Bill Gates, se sentiría como el señor del castillo, con una bella esposa, hijos y siendo un triunfador en los negocios. Bueno, pues nadie puede disputar el nivel de éxito alcanzado por Bill Gates. Su Alma está encantada con ello, y cuando regresa a su bonita casa, esposa e hijos, tras haber realizado alguna tarea humanitaria, su Número del Alma 6 está satisfecho.

El Número del Alma de Melinda es el 3. Este número tiene más que ver con la comunicación, con mantener las cosas ligeras, con descubrir formas de mantener el sentido del humor, dando fiestas para ayudar a causas humanitarias y también inspirando a otros a alcanzar el éxito. Cuando le ofrece consejo a Bill y éste lo acepta, su Número del Alma 3 está encantado. Quienes conocen a la pareja dicen que Bill tiene un enorme respeto por lo que Melinda dice y se sabe que sigue sus consejos. Estoy segura de que su Número del Alma 3 se alimenta con esta relación.

Cuando un Número del Alma forma una Pareja Natural con el Número del Alma de la otra persona, la pareja puede alcanzar el éxito junta. Estos dos han formado un equipo, y nadie lo ha hecho mejor que Bill Gates en el mundo de la informática y los negocios. En parte, porque contó con la pareja adecuada para animarle y ayudarle a concentrarse en el objetivo. También son conocidos ambos por su legendaria generosidad, y el mundo debe mucho a su lema: «Toda persona en la tierra merece una vida sana y productiva».

LOS NUEVE NÚMEROS DEL ALMA

Ahora te daré una breve definición de cada Número del Alma, del 1 al 9, y debes tener en cuenta que en el Capítulo 3 ya mostré de qué manera se llevan los Números entre sí: tanto si son Compatibles, un Desafío o una Pareja Natural. Así que cuando hagas tu propio Cuadro Comparativo, remítete al Capítulo 3 para ver cómo se relacionan entre sí vuestros Números del Alma.

SI LA PERSONA QUE TE INTERESA ES UN NÚMERO DEL ALMA 1:

El **Número del Alma 1** se siente satisfecho cuando obtiene una victoria personal, cuando gana algún tipo de competición, cuando siente que todo lo que hace es respetado y cuando tiene el coraje de ser lo que es y ser aceptado por ello. Si no se siente validado en su relación, puede amargarse.

SI LA PERSONA QUE TE INTERESA ES UN NÚMERO DEL ALMA 2:

El **Número del Alma 2** se siente satisfecho cuando está enamorado, o se encuentra en un entorno armonioso. Es de naturaleza intuitiva y confía en sus instintos. Cuando las cosas van bien se siente feliz. Enviar a un Número del Alma 2 una tarjeta especial especificando cuánto lo quieres, significa para él mucho más de lo que imaginas. Cualquier esfuerzo especial por tu parte, como prepararle una taza de café por la mañana o cualquier gesto cariñoso, hará que su Número del Alma 2 ronronee de felicidad.

SI LA PERSONA QUE TE INTERESA ES UN NÚMERO DEL ALMA 3:

El **Número del Alma 3** se siente satisfecho cuando puede reír y mantener una buena conversación con la persona que más le importa. El Número del Alma 3 nunca se muestra reticente a la hora de ofrecer consejo, y si lo aceptas, verás gratitud en su mirada. No hay ni que decir que sabe de lo que habla, así que tomarse en serio sus sugerencias es inteligente por tu parte. Las amistades duraderas también son muy importantes para el Número del Alma 3.

SI LA PERSONA QUE TE INTERESA ES UN NÚMERO DEL ALMA 4:

El **Número del Alma 4** está satisfecho cuando se siente seguro. Tanto económicamente como en sus relaciones. Le gusta saber que todo está en orden. Si eres su pareja y puedes dar con una manera de ayudar a que su dinero aumente en el futuro, su Número del Alma 5 estará feliz. Contar con un plan sólido y saber exactamente hacia dónde se dirige, es crucial para él. Si discutes con un Número del Alma 4, puedes estar seguro que no dará su brazo a torcer, y que lo mejor que se puede hacer es concluir el conflicto. El Número del Alma 4 es muy fiel, y si tú también lo eres, no habrá nada que no haga por ti.

SI LA PERSONA QUE TE INTERESA ES UN NÚMERO DEL ALMA 5:

El **Número del Alma 5** se siente satisfecho cuando vuelve a estar de viaje, viendo el mundo y divirtiéndose. El Número del Alma 5 es feliz cuando honra a alguien. Lo importante es compartir sus pensamientos y sus ideas. Le encanta la información y la buena conversación. Mentir a un Número del Alma 5 es una pérdida de tiempo. Le encanta escarbar en busca de la verdad, y acabará enterándose de lo que sucedió exactamente. Si amas a un Número del Alma 5, has de saber que engañarlo significa la ruptura.

SI LA PERSONA QUE TE INTERESA ES UN NÚMERO DEL ALMA 6:

El **Número del Alma 6** se siente satisfecho cuando tiene hijos. Si no tiene hijos, puede tener un gato, un perro o cualquier cosa que les ame incondicionalmente. El entorno le importa mucho. Si vive en una casa bonita es feliz y se siente bien. Al Número del Alma 6 también le encanta dirigir una gran empresa con responsabilidad y con el respeto ajeno. La gratitud le importa mucho. No le importa trabajar duro y hace todo lo necesario para llevar a cabo una tarea, pero necesita que alguien le diga. «Gracias». Si amas a alguien que es un Número del Alma 6, ofrécele tu ayuda y asegúrate de estar a la altura. Si confía en ti lo suficiente para encargarte una de sus tareas pendientes y cometes un error, al Número del Alma 6 le resultará difícil perdonarte, y lo lamentarás.

SI LA PERSONA QUE TE INTERESA ES UN NÚMERO DEL ALMA 7:

El **Número del Alma 7** se siente satisfecho cuando puede huir de todas las locuras que trae la vida. Puede ser tan sencillo como sentarse en la playa y mirar al mar. Es feliz cuando viaja, cuando hace una excursión, o cuando está a solas en la naturaleza. Una hermosa puesta de sol puede dejarlo sin respiración. Su alma también se ve reforzada intentando responder a las cuestiones profundas de la existencia. Cuando siente que ha hallado algo que parece verdadero, se torna eufórico. Es como: «¡Eureka, lo encontré!». Si amas a un Número del Alma 7 y puedes contribuir a su búsqueda, el 7 te lo agradecerá. Al Número del Alma 7 le entusiasman los descubrimientos y el viaje suele hacerlo en su interior.

SI LA PERSONA QUE TE INTERESA ES UN NÚMERO DEL ALMA 8:

El **Número del Alma 8** está satisfecho cuando trabaja duro y se siente bien compensado. Cuando se le ocurre una idea empresarial que acaba dando dinero, está encantado. Tiene opiniones sobre muchas cosas, y cuando se le valora por ello y ve que la justicia prevalece, su Número del Alma 8 está satisfecho. Aprecia una casa bonita, un coche de lujo, colecciones impresionantes (piensa en las joyas de Elizabeth Taylor) y todo tipo de cosas que le recuerden el pasado. Cuando la persona que ama le ayuda a crear entornos bellos y seguros, su Número del Alma 8 se siente sereno.

SI LA PERSONA QUE TE INTERESA ES UN NÚMERO DEL ALMA 9:

El **Número del Alma 9** se siente satisfecho cuando se olvida de lo que sucedió en su pasado, y cuando halla una manera de olvidar y perdonar. Entonces su Alma 9 se queda en paz. El 9 también está satisfecho cuando tiene cerca a la familia y se siente abrazado por un entorno cariñoso. Devolver a la sociedad a través de obras benéficas también satisface al Número del Alma 9. Si la persona con un Número del Alma 9 ha afectado profundamente a otra gente y ha mejorado sus vidas en algún sentido, se siente agradecido. Si amas a alguien con un 9 de Número del Alma, no dejes de preguntar si puedes ayudar a que su vida sea más fácil, porque nunca lo esperará y ¡se sentirá agradablemente sorprendido!

COMPRENDER LOS NÚMEROS DEL ALMA

Ten en cuenta que el Número del Alma no es algo que veas cuando conoces a alguien, sobre todo si el Número del Alma está en conflicto con su Número de la Trayectoria de la Vida o de la Actitud. A menos que en el Patrón de una persona existan otros números iguales a su Número del Alma, no podrás captar su Vibración la primera vez que te la encuentres.

Por eso es importante descomponer el nombre y apellido que la persona utiliza en el día a día. El Número del Alma que obtienes a partir de ese nombre te ayudará a entenderlo mejor.

Como ya dijera antes, algunos numerólogos creen que el Nombre que figura en el Certificado de Nacimiento te proporciona el Número del Alma de alguien. Pero a mí no me lo parece. He estudiado esa cuestión en profundidad y creo que el nombre que utiliza una persona a diario revela su Número del Alma real y más importante. El Número del Alma cambia cuando utilizas un nombre distinto. El Nombre del Certificado de Nacimiento te proporciona tu Número del Alma original, pero esto cambia cuando alteras el nombre. Las características del Número del Alma original no serán tan intensas como el Número del Alma corriente, que es el nombre que utilizas a diario. En algunos casos, la gente se dará cuenta de que el nombre que se utiliza normalmente tiene el mismo Número del Alma que el Nombre del Certificado de Nacimiento, pero no es muy común. Lo que hace que el Nombre del Certificado de Nacimiento sea importante es que con él se forma tu Número del Destino, que es un Número que nunca puede cambiar. El Número del Destino te empuja subconscientemente hacia adelante a fin de alcanzar algunos objetivos antes de que tu vida llegue a su fin. El Capítulo 11 estudia en profundidad los Números del Destino.

5

Los Números de la Personalidad:
¿Te llevas bien o chocas?

El amor es amistad encendida.

JEREMY TAYLOR

Si quieres hacer un Cuadro Comparativo con alguien que es tu pareja, o un candidato a serlo, puedes estar seguro de que necesitas aprender a descubrir su Número de la Personalidad. Saber cómo se llevan vuestros Números de la Personalidad os ayudará a comprender mejor la relación. El Número de la Personalidad es uno de los seis Números que componen el Patrón Numerológico, y procede de las consonantes del nombre que utilizas, sumadas y luego reducidas a un dígito.

Este Número te dice qué pareces desde fuera; es decir, cómo te ve el mundo. No es tan importante como los tres números extraídos de la fecha de nacimiento, pero te proporciona una valiosa comprensión sobre el carácter de la persona.

Veamos dos parejas distintas y sus Números de la Personalidad, uno de ellos es una Pareja Natural y el otro un Desafío.

Utilizaremos a **Will Smith** y a **Jada Pinkett Smith** como ejemplo del **Número de la Personalidad** de una Pareja Natural.

Will Smith

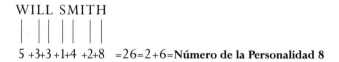

WILL SMITH

5 +3+3 +1+4 +2+8   =26=2+6=**Número de la Personalidad 8**

Tomemos el nombre Will Smith y sumemos las consonantes del nombre: 5 para W, 3 para L, 3 para L, 1 para S, 5 para M, 2 para T, y 8 para H. Suman 26 puntos. Luego hay que reducir 26 a un dígito, convirtiéndose en 8.

Will Smith tiene un Número de la Personalidad 8.

Jada Pinkett Smith:

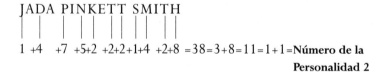

JADA PINKETT SMITH

1 +4   +7 +5+2 +2+2+1+4 +2+8 =38=3+8=11=1+1=**Número de la Personalidad 2**

De nuevo, suma las consonantes bajo el nombre: J es 1, D es 4, P es 7, N es 5, K es 2, T es 2, T es 2, S es 1, M es 4, T es 2, H es 8. En principio suma 38. Reducido a un dígito es 2.

Jada Pinkett Smith tiene un Número de la Personalidad 2

LA PAREJA NATURAL

El Número de la Personalidad 8 de Will Smith me dice que es alguien orientado hacia los negocios. Lo cierto es que ha realizado una carrera asombrosa. Puede decirse que casi todas las películas que ha hecho se han convertido en un éxito de taquilla. Jada Pinkett Smith tiene como Número de la Personalidad un 2. El 2 tiene que ver con el amor y fomenta el idilio. Me atrevería a pensar que ella hace lo que puede por mantener vivo el amor en la relación. Jada también es una persona orientada hacia los negocios. La seguridad económica es importante para ambos. Recuerda que los números 2, 4 y 8 pertenecen a las personas orientadas hacia los negocios en la categoría Pareja Natural.

Ambos son tan dinámicos, atractivos y hacen tan buena pareja, que todas las miradas los siguen siempre que aparecen en público. Sus Números de la Personalidad explican por qué la gente se siente atraída hacia ellos.

Ahora sé que en su Cuadro Comparativo completo hay algunos Números de Desafío, pero que su Número de la Personalidad es uno de los que dan fortaleza a la relación y les anima a ser buenos compañeros y buscar maneras de permanecer juntos y que su relación prospere.

Para leer el Cuadro completo de Will Smith y Jada Pinkett Smith, ver el Capítulo 23.

Ahora echemos un vistazo a los Números de la Personalidad de **Julia Roberts** y **Danny Moder**.

Julia Roberts:

JULIA ROBERTS
| | | | | |||
1 +3   +9 +2 +9+2+1 =27=2+7=**Número de la Personalidad 9**

J es 1, L es e, R es 9, B es 2, R es 9, T es 2, S es 1, y sumado da 27 que reducido es 9.

Julia Roberts tiene un Número de la Personalidad 9.

Danny Moder:

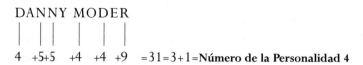

DANNY MODER

4 +5+5 +4 +4 +9   =31=3+1=**Número de la Personalidad 4**

LA PAREJA DE DESAFÍO

En este caso, sus Números de la Personalidad 9 y 4 representan un Desafío, lo cual no me sorprende en absoluto. Fijémonos en la relación. En primer lugar, es muy privada. Muy poca gente conoce la relación de Julia Roberts y Danny Moder. De vez en cuando surgen rumores acerca de problemas en el matrimonio. He observado que cuando Julia acude a los estrenos de películas importantes, lo suele hacer, la mayoría de las ocasiones, sin Danny. A veces, va con el productor o el director de la película, o con amigos, pero no con Danny.

La personalidad de Julia es 9, lo cual implica una luz radiante, y por eso te fijas en su enorme sonrisa y en sus ojos chispeantes, y es un rostro que parece acoger al mundo. No tiene más que abrir los brazos y la gente sólo quiere amarla. Su Número de la Personalidad fomenta ese rasgo, mientras que su Trayectoria de la Vida 7 necesita privacidad.

El Número de la Personalidad de Danny es un 4, y la Vibración 4 mima su privacidad. Las masas pueden hacer que se sienta incómodo. Danny Moder evita las ocasiones públicas porque su Número de la Personalidad 4 no desea toda esa atención, pero estará esperando a Julia cuando ésta llegue a casa. Él se ocupa de la familia y gusta de estar en pareja, pero nunca pondrá una gran sonrisa en su cara si no es eso lo que siente. Ella, por su parte, con su número de Personalidad 9 está encantada cuando toca «¡espectáculo!». Tanto si ella lo siente como si no, lo cierto es que puede encenderlo cuando es necesario. Creo que el choque de sus Números de la Personalidad ha causado cierto estrés en su relación.

A lo largo de los años me han pedido varias veces que estudie la relación Julia Roberts/Danny Moder, y soy consciente de que en su Cuadro Comparativo tienen muchos Números de Desafío. Los Números de Desafío siempre fomentan una gran química, pero eso no quiere decir que la comunicación resulte fácil.

Una pareja puede tener Números de Desafío y no obstante conseguir que su relación funcione. El Número de la Personalidad 9 quiere mantener a la familia junta, y el Número de la Personalidad 4 está también muy comprometido con su familia. Julia Roberts también trabaja lo suyo en esta relación y lo cierto es que quiere que dure. Quiere ser una buena madre para sus hijos y una amante esposa para su marido. Pero se trata de gente muy distinta, y sus diferencias se reflejan con claridad en sus Números de la Personalidad.

DESCRIPCIONES DE NÚMEROS DE LA PERSONALIDAD

SI LA PERSONA QUE TE INTERESA ES UN NÚMERO DE LA PERSONALIDAD 1:

A la gente no le pasa desapercibido el **Número de la Personalidad 1**. Tienen un aire de confianza que hace que se les vea bien. En una relación quieren tener éxito, ser apreciados y valorados. Aportan mucho y pueden ser un valioso activo en tu vida. Si creen tener razón no abandonarán su postura. Este puede ser un gran Número de la Personalidad porque esas personas ¡están muy vivas! La Personalidad 1 pregunta: «¿Qué hacemos ahora? ¿Qué pasa?».

La Personalidad 1 es polivalente, e intenta conseguir mucho en muy poco tiempo. Si eres un poco perezoso, has de saber que la Personalidad 1 no lo tolerará. Te lo hará saber y conseguirá que sigas adelante, ¡tanto si te gusta como si no! Cuando la

Personalidad 1 se siente como si fuese alguien importante en esto que llamamos vida, es feliz.

SI LA PERSONA QUE TE INTERESA ES UN NÚMERO DE LA PERSONALIDAD 2:

La gente con un **Número de la Personalidad 2** es más suave y relajada. Son personas que valoran la armonía, la tranquilidad y el amor por encima de todo. Hacen amigos con facilidad. Una vez que te entregan su amistad, son totalmente leales. No son agresivos, a menos que los obliguen otros números de su Patrón Numerológico. Si un Número de la Personalidad 2 tiene como pareja en su relación amorosa a alguien fuerte, hará lo que sea para ayudar a triunfar a su pareja. Eso vale en especial si el empeño ayuda a mucha gente a la vez. La Personalidad 2 se preocupa mucho por sus semejantes. Esta vibración puede ser demasiado sensible y necesita calibrar su implicación emocional en las desgracias ajenas, pues a menos que mantengan una distancia emocional, son incapaces de prestar ayuda de manera eficaz.

SI LA PERSONA QUE TE INTERESA ES UN NÚMERO DE LA PERSONALIDAD 3:

El **Número de la Personalidad 3** tiene un sentido del humor que te llamará la atención. Por lo general sobresalen y te fijarás en sus ojos, su voz o su cálida sonrisa. En el amor, intentan mantener la relación animada, y si se torna demasiado seria, la Personalidad 3 expresará su disgusto.

Cuando alabas a la Personalidad 3 o le haces merecedora de cumplidos, tipo: «Me gusta tu vestido», «tienes un aspecto estupendo esta noche», o «Hueles bien», verás esa sonrisa tan típica dibujarse en su rostro. Tiene mucho que decir, y cuando se enfada, no le dura mucho. Todo lo que le hace falta para volver a ser feliz es escuchar la música adecuada o ver un rostro amigo. La Personalidad 3 es feliz sobre todo cuando consigue toda tu atención.

SI LA PERSONA QUE TE INTERESA ES UN
NÚMERO DE LA PERSONALIDAD 4:

El **Número de la Personalidad 4** es serio y sensible. Los 4 son inteligentes y siempre están aprendiendo. Es un Número que quiere ser el mejor en lo que hace. Puedes contar con personas con un Número de la Personalidad 4, y además se enorgullecen al hacer un buen trabajo.

En el lado Negativo, la Personalidad 4 puede tener dificultades a la hora de dormir. Les resulta muy difícil relajarse y a veces, para poder descansar pueden echar mano del alcohol o los medicamentos. Una de las cosas que puedes hacer como pareja del 4 es ayudarle a aprender a tomarse las cosas con calma, mediante métodos que le beneficien, como sumergirse en una bañera de agua caliente o que le den un buen masaje. La Personalidad 4 siempre te dirá lo que piensa; son directos y muy sinceros. Si no eres sincero con ellos, ¡estarás cometiendo el mayor error de tu vida!

SI LA PERSONA QUE TE INTERESA ES UN
NÚMERO DE LA PERSONALIDAD 5:

El **Número de la Personalidad 5** es un remolino de energía y no te será difícil notar su vitalidad. Puede que le sientas inquieto sin saber exactamente de qué se trata, pero podrás observar la intensidad en sus ojos. Si eliges amarlo, apriétate el cinturón de seguridad porque no habrá ni un momento de aburrimiento. El Número de la Personalidad 5 tiene tantas ideas dándole vueltas por la cabeza que a la Vibración 5 suelo llamarla «la Máquina Humana de Palomitas». Siempre aparece con una idea nueva, o con un plan, para el siguiente y emocionante proyecto.

Si el Número de la Personalidad 5 no se lo pasa bien, puede caer en el modo de mártir. Puedes conocer a un Número de la Personalidad 5 que se lamente de que la vida es injusta. Has de saber que esos 5 viven en el lado Negativo de la vibración. Son la excepción, no la regla. Si lo que quieres es una vida estimulante, no tienes que seguir buscando más allá del Número de la Personalidad 5.

El **Número de la Personalidad 6** suele tener buena apariencia. Viste ropa atractiva y se enorgullece de su apariencia. La gente con la personalidad 6 tiene magnetismo, y los demás se sienten atraídos hacia ellos. Les gusta tomar el mando y acabar las tareas. Son responsables, pero no obstante han de aprender que pedir ayuda no es nada malo, y que nadie tiene por qué hacer las cosas solo.

Si estás enamorado de alguien con un Número de la Personalidad 6, alabar a esa persona y dejar que sepa cuánto aprecias todo lo que hace, obrará maravillas en vuestra relación. A ese tipo de personas les gusta que su casa esté bien cuidada y que resulte acogedora. Una Personalidad 6 es una Energía dinámica. Se implican, y les gusta que tú también lo hagas. El Número de la Personalidad 6 siempre hará más de lo que le toca cuando hay que realizar alguna tarea, pero si quieres ganar puntos a sus ojos, facilítale la vida. Puede ser algo tan sencillo como recoger la ropa de la lavandería, preparar una cena inesperadamente o sorprenderle llevándole a su restaurante favorito. La personalidad 6 siempre aprecia ese tipo de atenciones.

El **Número de la Personalidad 7** es un enigma. Te costará cierto tiempo llegar a conocer a este Número de la Personalidad. Los 7 son observadores y al principio no se sienten necesariamente inclinados a contarte lo que piensan o sienten. Una vez que creen poder confiar en ti, se abrirán y te explicarán qué tienen en mente. Sienten una intensa necesidad de privacidad, y si invades su espacio ello podría acabar con la que hubiera podido ser una buena relación. La Personalidad 7 es fascinante. Me parece que los demás se sienten atraídos hacia la Personalidad 7 porque no es un libro abierto, y entonces se convierte en un objetivo a descubrir «¿qué puedo hacer para conocer la combinación que abra la caja?».

Los Números de la Personalidad 7 aman la naturaleza y necesitan tiempo para sí mismos. No siempre pueden mostrarse sociables con los demás. Si tienen fe, escucharlos hablar de ello puede resultar hipnótico. Si no es así, se muestran amargamente sarcásticos, y eso puede provocar cierto pesar en quienes les rodean. Si eres consciente de su necesidad de soledad y a veces te sientes excluido, no te lo tomes como una ofensa personal. Es simplemente la manera en que el 7 funciona.

SI LA PERSONA QUE TE INTERESA ES UN
NÚMERO DE LA PERSONALIDAD 8:

Al **Número de la Personalidad 8** lo llamo el «Número Político». Eso no quiere decir que los 8 se metan en política, sino que mantienen convicciones muy profundas acerca de lo que creen y lo que piensan. Puedes estar seguro de que te las contarán, y sin mucho esfuerzo, acabarán convenciéndote. Serán directos y sin pelos en la lengua. Si tienen éxito con el dinero y ahorran para el futuro, la Personalidad 8 apreciará esa cualidad en ti. No obstante, no te muestres demasiado frugal con ellos. De vez en cuando les encanta un regalo lujoso procedente de su pareja.

El lado positivo de la Personalidad 8 es que son increíblemente trabajadores y quieren ganarse bien la vida. Si la Personalidad 8 vive en el lado Negativo de la Vibración, el dinero se le puede escapar entre los dedos. Si estás enamorado de una Personalidad 8 que pertenece a esta última categoría, asegúrate de encargarte tú de la economía familiar. También les gusta tener buen aspecto físico y esperan lo mismo de su pareja. De no ser así, algo no funciona en su vida y puede que desconecten.

SI LA PERSONA QUE TE INTERESA ES UN
NÚMERO DE LA PERSONALIDAD 9:

El **Número de la Personalidad 9** posee mucha sabiduría y es carismático, por lo que repararás en los 9 en cuanto entren en la habitación. Si quieres encargarles una labor, la cumplirán sin problemas. Son esos que siempre te parece conocer de algo. Miras a uno de ellos y piensas: «¿De qué conozco a ese tío? Esta chica me suena». Inconscientemente hay algo que hace que automáticamente los miremos.

A causa de ese poder innato, a veces cuando hablan expresando su opinión, dan la impresión de que están siendo condescendientes con el oyente. Es algo de lo que la Personalidad 9 debe ser consciente. Lo que más le gusta a un Número de la Personalidad 9 es sentir que tienen un impacto positivo en el mundo.

Si tienes la suerte de compartir tu vida con un Número de la Personalidad 9 descubrirás que se mostrará muy protector contigo y con la familia. Los 9 son conscientes de lo que sus padres hicieron mal cuando eran pequeños y harán lo que sea para modificarlo. A una Personalidad 9 no le resulta fácil pedir ayuda, por lo que si ya te has casado con uno, o te estás enamorando de una Personalidad 9, asegúrate de darle un repaso a su lado emocional. Si algo parece anómalo, no pierdas el tiempo y pregúntale cómo le va. La Personalidad 9 se sentirá muy agradecida de que te hayas dado cuenta porque, aunque realmente agradecerá tu interés, es muy bueno a la hora de ocultar su vulnerabilidad.

6

El **Número del Poder** del Nombre: ¿quién tiene el poder?

El remedio para el amor es amar más.

HENRY DAVID THOREAU

El Número del Poder del Nombre dice mucho sobre el carácter de una persona, y es el más revelador de los tres Números que salen del nombre. Estudiando este Número puedes llegar a comprender mucho acerca de tu pareja. ¿Cómo obtienes el **Número del Poder del Nombre**? Toma el **Número del Alma** y el **Número de la Personalidad** del nombre que usas, **súmalos y redúcelos a un dígito.**

Vamos a tomar a **Ava Gardner** y **Frank Sinatra** como ejemplos de cuando un Número del Poder del Nombre es un Desafío en un Cuadro Comparativo.

Desglosemos primero a Ava Gardner:

```
1    +1    +1        +5      =Número del Alma 8
|    |     |          |
A V A   G A R D N E R
 |   |   |  | |   |   |
 4  +7  +9 +4 +5     +9   =38=3+8=11=1+1=Número de la
                                          Personalidad 2
```

Número del alma (8) + Número de la Personalidad (2) = $10=1+0=$ Número del Poder del Nombre 1

Ahora desglosemos a Frank Sinatra:

```
 1        +9   +1     +1    =12=1+2=Número del Alma 3
 |         |    |      |
F R A N K  S I N A T R A
| |  | | |  |   | |   |
6 +9 +5 +2 +1  +5  +2 +9  =39=3+9=12=1+2=Número de la
                                           Personalidad 3
```

Número del alma (3) + Número de la Personalidad (3) = Número del Poder del Nombre 6

LA PAREJA DE DESAFÍO

Los Números del Poder del Nombre 1 y 6 se consideran un Desafío entre sí. Los de la Vibración 1 no quieren que nadie les diga lo que tienen que hacer. El 6 siente que debe existir cierto orden en la relación y dice, no siempre de buenas maneras: «Esto es lo que quiero». El 6 cree en el hogar, en la familia y prefiere quedarse en un sitio. La Vibración 1 disfruta con la vida aventurera. Quiere explorar el mundo y necesita sentir que nadie lo ata.

El Número del Poder del Nombre podría ayudar a explicar las tremendas dificultades que hubo en la relación Frank Sinatra-Ava Gardner. Frank estaba locamente enamorado de ella, y no obstante al mismo tiempo estaba casado con otra mujer a la que no quería herir. Tuvo que pasar por un divorcio muy difícil para estar con Ava, y se casaron inmediatamente después de ese divorcio.

Ava trabajaba en una película cuando descubrió que estaba embarazada. Decidió no tener el niño y ocultó su decisión a Frank. Cuando él lo descubrió, se le partió el corazón. La Vibración 6 es el Número Padre y normalmente quiere tener hijos, y ese era el caso de Frank Sinatra. Quería una esposa hermosa, hijos cariñosos y una casa estupenda. Lo consiguió con su primera esposa, Nancy, y también lo quiso con Ava.

Ava desafió a Frank a causa de su Número del Poder del Nombre 1, que alienta la independencia. No sólo eran tóxicos entre sí sus Números del Poder del Nombre, sino también sus Números de la Trayectoria de la Vida (Frank el 4 y Ava el 5) (*ver* el Capítulo 8 para saber acerca de los Números de la Trayectoria de la Vida). Así que lo tenían todo en contra.

El tórrido amorío de Ava y Frank demuestra hasta qué punto los Números de Desafío pueden fomentar una química imparable, pero también dificultar la comprensión de las necesidades del otro.

Ahora veamos qué ocurre con **Tom Hanks** y **Rita Wilson Hanks** como ejemplo de Números del Poder del Nombre que son Pareja Natural en su Cuadro Comparativo.

Desglosemos primero a Tom Hanks:

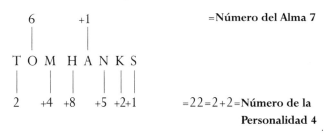

```
  6       +1                    =Número del Alma 7
  |        |

T  O  M   H  A  N  K  S
|  |  |   |  |  |  |  |
2  +4 +8  +5 +2+1          =22=2+2=Número de la
                                  Personalidad 4
```

Número del alma (7) + Número de la Personalidad (4) = 11=1+1= Número del Poder del Nombre 2

El **Número del Poder del Nombre de Tom Hanks es 2.** Eso explica por qué es tan buen actor, con tanto dominio de sus emociones, de manera que puede meterse en profundidades muy vulnerables de sí mismo para interpretar.

Rita Wilson Hanks:

Cuando Rita se casó con Tom, adoptó su apellido, así que a veces utiliza Rita Wilson y otras Rita Wilson Hanks. En este caso utilizaremos el nombre de casada porque eso les da una Conexión de Pareja Natural, y porque es mejor para su relación.

```
 9   +1   +9   +6      +1   =26=2+6=Número del Alma 8
 |   |    |    |       |
 R I T A  W I L S O N  H A N K S
 |   |    |  |  |    |    |  |  | |
 9   +2   +5 +3+1  +5 +8  +5 +2+1  =41=4+1=Número de la
                                    Personalidad 5
```

Número del alma (8) + Número de la Personalidad (5) = $13=1+3$
Número del Poder del Nombre 4

LA PAREJA NATURAL

Ahora bien, esto es lo que hace que esta sea una pareja maravillosa para la Numerología: el 4 y el 2 se consideran Pareja Natural, así que estos dos se comprenden realmente. Sólo de pasada diré que los otros Números del Cuadro también encajan muy bien.

Por ejemplo, Rita tiene un 5 como Número de la Personalidad. La Personalidad 5 es una persona con ideas propias. Tras asistir a la representación del monólogo femenino *My Big Fat Greek Wedding*, habló con Tom para realizar una inversión y convertirlo en una película. El Número del Poder del Nombre 2 escuchará a su pareja, sobre todo a una pareja orientada hacia los negocios con un Número del Poder del Nombre 4. Tom invirtió

5 millones de dólares y esa película llegaría a ser la película independiente que más ingresos ha logrado de todos los tiempos: más de 300 millones de dólares.

Rita y Tom disfrutan de una relación realmente cariñosa y respetuosa. No es que estén de acuerdo en todos los temas, pero saben cómo escucharse. Cuando Rita utiliza el apellido de Tom y se hace cargo del Número del Poder del Nombre 4, todo marcha bien para ellos como pareja. Su Número del Poder del Nombre como Pareja Natural les ha ayudado a crear una pareja fuerte. Al estudiar este capítulo tal vez descubras que tus Números del Poder del Nombre son Tóxicos, y puede que debieras considerar un cambio de nombre para que tu relación sea más compatible. Nos ocupamos de ese tema en el Capítulo 18.

DESCRIPCIONES NUMÉRICAS DEL PODER DEL NOMBRE

SI LA PERSONA QUE TE INTERESA ES UN NÚMERO DEL PODER DEL NOMBRE 1:

Quienes tienen un **Número del Poder del Nombre 1** poseen un intenso deseo de ser los mejores. Son críticos consigo mismos, y por ello son críticos con las personas que comparten sus vidas. Así que si amas a alguien con un Número del Poder del Nombre 1, has de ser bien consciente de ello. No intenta herir, lo que ocurre es que se exige demasiado a sí mismo, y trata de obtener lo mejor de todos, incluyéndote a ti.

Para el Número del Poder del Nombre 1 es importante encontrar la manera de ser respetado y no sentirse controlado. Los 1 son emprendedores y es mejor que hagan las cosas por sí mismos (o al menos creer que lo hacen). Una buena manera que tiene el Número del Poder del Nombre 1 de liberarse del estrés es interesarse en los deportes o hacer ejercicio.

Cuando el **Número del Poder del Nombre 2** se dedica a los negocios, lo hace de todo corazón, y debe ser algo en lo que cree. Los 2 no quieren ganar dinero por ganarlo, pues eso no les sería satisfactorio. El Número del Poder del Nombre 2 no tiene necesariamente que querer liderar; le encanta trabajar con otras personas.

Si conoces a un Número del Poder del Nombre 2 muy competitivo, debes saber que ese rasgo tiene su origen en su Patrón Numerológico. Por ejemplo, el Número 1 le dará más ambición y empuje que lo que se encuentra normalmente en la Vibración 2, que normalmente quiere quedarse en un segundo plano, apoyando a las personas que respetan en su entorno laboral y también en su relación amorosa. Puede captar intuitivamente qué le sucede a la gente que le rodea y siempre debe confiar en sus increíbles instintos naturales. Si se lo piensa dos veces suele acabar arrepintiéndose. Cuando le miras a los ojos ves un espíritu amable que te dice que puedes contar con él.

SI LA PERSONA QUE TE INTERESA ES UN
NÚMERO DEL PODER DEL NOMBRE 3:

De una persona con un **Número del Poder del Nombre 3** se espera que sea un comunicador a cierto nivel. Puede ser en el escenario, enseñando, trabajando en la radio, escribiendo entre bastidores o aconsejando. El Número del Poder del Nombre 3 fomenta que quienes lo poseen se expresen. En el amor, el Número del Poder del Nombre 3 hará reír a sus parejas, y también apreciará nuestro ingenio.

Un Número del Poder del Nombre 3 realizado hallará un empleo donde acabe escuchando una salva de aplausos. Los 3 necesitan a la gente, y consideran el mundo como su escenario. Si amas a alguien con el Número del Poder del Nombre 3, y no se expresa bien a sí mismo, indica que carece del apoyo que necesitó de pequeño por parte de uno o de ambos padres. Si estás dispuesto a convertirte en su audiencia, y a animarlo a dar lo mejor de sí mismo, la sonrisa que aparecerá en su rostro habrá compensado con mucho el esfuerzo.

SI LA PERSONA QUE TE INTERESA ES UN
NÚMERO DEL PODER DEL NOMBRE 4:

Si amas a alguien con un **Número del Poder del Nombre 4**, date cuenta de que se trata de alguien que prefiere la acción lógica: quiere saber cuál es el plan. Los 4 buscan conocimiento, y una vez que aprenden una habilidad, pueden enseñarte a ti cómo hacerlo. No intentes detenerlos. El Número del Poder del Nombre 4 ha de tener cuidado para no utilizar la boca como una herramienta de ataque. Estas personas pueden ser ariscas. Así que si quieres a alguien con el Número del Poder del Nombre 4, y a veces parece duro o crítico, trata de comprender que sólo trata de ser útil. Puede pensar mucho las cosas. Explícale una gran idea y empezará a señalarte por qué esa idea te resultará difícil de poner en práctica. Agradéceselo y sigue con lo tuyo. En realidad no quiere ser aguafiestas; él siente que te está dando un consejo muy valioso. El Número del Poder del Nombre 4 es una Vibración directa, y una persona responsable.

SI LA PERSONA QUE TE INTERESA ES UN
NÚMERO DEL PODER DEL NOMBRE 5:

El **Número del Poder del Nombre 5** es energía de la buena: es una persona extremadamente dinámica. Piensa con rapidez y por lo general rebosa de ideas. Cuando amas a un Número del Poder del Nombre 5, debes saber que debe gozar de libertad para ir y venir como le plazca. Si comprendes esta necesidad, vuestra relación irá mucho mejor. Si tratas de controlarlo, el Número del Poder del Nombre 5 abandonará el escenario, y pudiera ser que de manera permanente, si te muestras demasiado controlador(a).

A los 5 les encanta celebrar la vida. Pueden encontrarse allí donde hay gente reunida pasándoselo bien. Les encanta la gente y les fascinan sus ires y venires. El Número del Poder del Nombre 5 siempre busca la verdad y no queda satisfecho hasta que descubre qué sucede. Les encantan las buenas historias de amor. Son muy generosos. Les gusta hacer regalos perfectos. Deben andarse con cuidado y no dar demasiado, de manera que a la otra parte le resulte imposible corresponder. Esto puede situarlos en el modo «mártir». Cuando el Número del Poder del Nombre 5 está bien ajustado, crea un ambiente alegre allí donde va.

SI LA PERSONA QUE TE INTERESA ES UN
NÚMERO DEL PODER DEL NOMBRE 6:

El **Número del Poder del Nombre 6** es una Vibración magnética. A estas personas les preocupa su aspecto, desde la ropa a su postura. Se trata de una energía responsable, pero pueden pasarse de la raya, a causa de su temor: «Si no lo hago ahora, no lo haré nunca». En el amor, el Número del Poder del Nombre 6 debe aprender a pedir ayuda cuando la necesite. También debe aprender a confiar en que la vida está bien, que todo no tiene por qué convertirse en un drama.

Su pareja debe saber que el Número del Poder del Nombre 6 es muy bueno a la hora de «evaluar daños», así que si te metes en un lío, házselo saber. Saber que ya «ha salvado la situación» le pone de muy buen humor. Necesita sentirse útil. Si el Número del Poder del Nombre 6 tiene hijos, se obsesiona con ser un «padre perfecto» y es necesario que aprenda que tal cosa no existe. El Número del Poder del Nombre 6 es una vibración dinámica, alguien a quien no se puede ignorar.

SI LA PERSONA QUE TE INTERESA ES UN
NÚMERO DEL PODER DEL NOMBRE 7:

Cuando se trata del **Número del Poder del Nombre 7** no hay que perder el tiempo tratando de imaginar qué es lo que le hace cosquillas. Los 7 *nunca* te dirán qué es lo que hay que saber sobre ellos. Los Números del Poder del Nombre 7 necesitan sentir que no se desnudan del todo ante nadie. Es su manera de estar. Si tienes algo que ver con un Número del Poder del Nombre 7, no debes tomártelo como una ofensa personal. Sólo forma parte de su forma de ser.

El Número del Poder del Nombre 7 también es un astuto observador de lo que sucede a su alrededor. Puede ser de esos que parece tan tranquilito en la fiesta, pero que cuando acaba abriéndose, dice cosas fascinantes y sus percepciones son muy acertadas. Cuando un Número del Poder del Nombre 7 decide ser maestro espiritual, suele ser profundo. Una buena carrera para esta Vibración sería enseñar a otros lo que ellos creen en su interior, cómo alimentarse con comida sana, o convertirse en entrenador personal para dar consejos sobre cómo cuidar mejor el cuerpo. Las personas con esta Vibración se llevan bien con los animales, porque a menudo confían más en ellos que en las personas.

Si no eligen el campo de lo sagrado o del altruismo, deben andarse con cuidado para no caer en el pesimismo. Porque un Número del Poder del Nombre 7 pesimista puede llevarse por delante a sus seres queridos. Si eres pareja de un Número del Poder del Nombre 7, descubre si tiene fe, y si no la tiene, intenta orientarlo hacia el buen camino. Acabará agradeciéndotelo.

Sɪ ʟᴀ ᴘᴇʀꜱᴏɴᴀ ǫᴜᴇ ᴛᴇ ɪɴᴛᴇʀᴇꜱᴀ ᴇꜱ ᴜɴ
Nᴜ́ᴍᴇʀᴏ ᴅᴇʟ Pᴏᴅᴇʀ ᴅᴇʟ Nᴏᴍʙʀᴇ 8:
Si quieres a alguien con el **Número del Poder del Nombre 8**, ten en cuenta que son fuertes, dogmáticos y que normalmente albergan pensamientos muy concretos sobre lo que está mal en cualquier circunstancia y qué habría que hacer para solucionarlo. Cuando un Número del Poder del Nombre 8 vive en el lado Negativo de la vibración, debe evitar pensar que cuando tiene algo de mala suerte es por culpa de alguien, o que alguien se la tiene jugada.

Al Número del Poder del Nombre 8 suele preocuparle su apariencia, y por ello le gustan las cosas de calidad, no porque cuesten mucho, sino porque le atrae lo mejor de la vida. Los 8 Son responsables y muy directos. A veces no se andan con chiquitas y pueden dar la impresión de que son injustos contigo. Intentar defenderte será una pérdida de tiempo porque, en realidad no era su intención ofenderte.

Si un Número del Poder del Nombre 8 se dedica a los negocios, su prioridad será aumentar su riqueza. Si tienes que ver con alguien con un Número del Poder del Nombre 8, fíjate en cómo maneja el lado económico de la vida. Si el Número del Poder del Nombre 8 dice: «Me encanta trabajar duro y ganar dinero», se trata de un Número del Poder del Nombre 8 Positivo. Pero si el Número del Poder del Nombre 8 afirma: «En realidad, el dinero no me importa», yo me preocuparía, a menos que se trate de una persona que vive de rentas. Puede ser que se sienta muy cómodo *gastándose tu dinero.*

SI LA PERSONA QUE TE INTERESA ES UN NÚMERO DEL PODER DEL NOMBRE 9:

Si te interesa, o ya tienes que ver con alguien con el **Número del Poder del Nombre 9**, ten en cuenta que para este Número resulta natural ser compasivo e interesarse mucho por la gente que le importa en esta vida. Los Números del Poder del Nombre 9 son almas viejas, e incluso de niños dicen cosas que no corresponden a su edad.

Al pensar en el Número 9 me viene a la mente Gandhi, porque él descubrió cómo obtener la independencia para su pueblo sin violencia. Utilizó el ayuno como forma de protesta no violenta, y utilizó la inofensividad para unir a la India y acabar con el dominio británico. El Número del Poder del Nombre 9 cuenta con la fortaleza y el genio necesarios para mejorar el mundo, y le encantaría tener compañía para ese viaje.

7

El Número del Día
de Nacimiento:
¿realmente es lo que aparenta?

*La felicidad es amor ofrecido
libremente y devuelto gozosamente.*

ANÓNIMO

Cuando alguien te conoce, lo primero que nota es un reflejo de tu Número del Día de Nacimiento. Suelo referirme a él denominándolo el «número de la apariencia», porque el día en que naciste es como te percibe la gente por primera vez. El Número del Día de Nacimiento es fácil de averiguar; viene determinado por el día en que naciste reducido a un único dígito. Es importante saber que alguien puede llegar al mundo en un día que es un Desafío para su Número de la Trayectoria de la Vida. Cuando eso sucede, *lo que ves no es lo que hay*. Para darte un ejemplo de un Número del Día de Nacimiento que es un Desafío, voy a utilizar a **Brad Pitt** y **Angelina Jolie**:

Brad Pitt nació el **18-12-1963**. Reducimos su **Número del Día de Nacimiento** a un dígito:

$$1+8 = 9$$

Brad Pitt nació un día 9

Angelina Jolie nació el 4-6-1975

$$= 4$$

Angelina Jolie nació un día 4

La Pareja Desafío

Técnicamente, los Números 9 y 4 se consideran un Desafío entre sí. Pero como Brad tiene una Trayectoria de la Vida 4, cuando Brad conoció a Angelina, la miró y se vio a sí mismo. Vio algo familiar y pensó: «Vaya, sí que tenemos cosas en común».

Pero tras el Número del Día de Nacimiento 4 de Angelina hay una Trayectoria de la Vida 5. Una Vibración 5 es muy diferente de una Vibración 4. Así que Brad se dejó engañar, y de qué manera, desde el primer momento en que estuvieron juntos. Digámoslo otra vez, lo que vio cuando se conocieron fue un Día de Nacimiento 4, no la Trayectoria de la Vida 5.

Lo que Angelina observó: Brad nació un día 9. Ese es el Número humanitario. Se siente llamado a hacer algún tipo de labor humanitaria para efectuar un cambio positivo en el mundo, y las buenas obras de Angelina también son legendarias. Además, su Trayectoria de la Vida 4 tuvo un efecto aplacador en la Trayectoria de la Vida 5 de Angelina. La hizo pensar que «es alguien con el que puedo pasar mi vida, alguien que me estructurará. Seguro que quiere ser el padre de mis hijos». Este es el caso de dos personas en una relación, nacidas en días que técnicamente representan un **Desafío** para ellas, y estoy segura de que su relación requiere mucho esfuerzo y compromiso.

El siguiente ejemplo es una Combinación de Pareja Natural: **Catherine Zeta-Jones** y **Michael Douglas**.

Recuerda reducir el **Número del Día de Nacimiento** a un dígito:

Catherine Zeta-Jones nació el **25**-9-1969
$$2+5 = 7$$
Catherine Zeta-Jones nació un día 7

Michael Douglas nació el **25**-9-1944
$$2+5 = 7$$
Como ves, Michael Douglas también nació un día 7

La Pareja Natural

Catherine Zeta-Jones y **Michael Douglas** no sólo nacieron el mismo día, sino también del mismo mes. Michael declaró que en el momento en que conoció a Catherine le dijo: «Quiero ser el padre de tus hijos». Como habría hecho cualquiera, Catherine se rió ante tal comentario. Pero claro, Michael la persiguió, y poco a poco ella se dejó fascinar por él.

Acabaron teniendo dos hijos. Diría que aunque entre ellos existe una diferencia de 25 años, tienen una conexión muy especial a causa de la fecha de nacimiento compartida. Ello también explica que sea una pareja de aspecto tan dinámico.

Descripciones del Número del Día de Nacimiento

Recuerda que el Número del Día de Nacimiento es lo que determina la apariencia de una persona, y tus expectativas se verán influidas por esa percepción. A veces nos sorprende descubrir que alguien puede ser radicalmente distinto de lo que en principio creíamos. Así que para no meter la pata, lo mejor es comprobar los seis números de su Patrón Numerológico antes de dar un paso.

EL NÚMERO DEL DÍA DE NACIMIENTO 1

Si te interesa alguien cuyo Número del Día de Nacimiento es el 1, 10, 19 o 28:

Quienes tienen como número del Día de Nacimiento un **1** atraerán tu atención. Sobresalen y parecen imponer un respeto instantáneo. Les gusta que los demás escuchen sus opiniones. Cuando creen tener razón, les resulta difícil dar su brazo a torcer. Si amas a alguien nacido un día 1, y quieres pillarle con la guardia baja en medio de un debate, no tienes más que decir: «Vale, tienes razón. ¿En qué estaría yo pensando?». No se lo esperará.

EL NÚMERO DEL DÍA DE NACIMIENTO 2

Si te interesa alguien cuyo Número del Día de Nacimiento es el 2, 11, 20 o 29:

Una de las primeras cosas que notarás en las personas que tienen como Número del Día de Nacimiento un **2** es la sensibilidad de sus ojos, y cuando se sienten heridos, resulta obvio. Tienen un cierto aire de bondad y normalmente a cierto nivel ayudan a los demás. Saben escuchar y son leales en la amistad y el amor. Puedes contar con un 2 para todo, sobre todo si te quiere o eres alguien a quien considera un buen amigo.

EL NÚMERO DEL DÍA DE NACIMIENTO 3

Si te interesa alguien cuyo Número del Día de Nacimiento es el 3, 12, 21 o 30:

Los que tienen como Número del Día de Nacimiento un **3** tienden a ser animados y juguetones. Si llevan a cabo algún tipo de conferencia en público, no se olvidan del humor. Intentarán que comprendas una cuestión importante, y luego explicarán un chiste. ¿Y sabes qué? Que de repente lo entenderás. Deben sentirse libres para expresarse, así que sólo los buenos oyentes pueden ser pareja de un Número del Día de Nacimiento 3. Si ese es tu caso, te lo pasarás fenomenal.

EL NÚMERO DEL DÍA DE NACIMIENTO 4
Si te interesa alguien cuyo Número del Día de Nacimiento es el 4, 13, 22 o 31:

Cuando acabas de conocer a alguien que tiene como Número del Día de Nacimiento un **4**, notas cierta seriedad en él o ella. Se trata de la intensidad de la Vibración 4. Pueden contar con otros Números en su Cuadro Comparativo que aligeren esa circunstancia, y pueden ser muy graciosos, pero estamos hablando de una personalidad fuerte a la que le gusta mucho controlar su futuro. Nunca pierdas la confianza de alguien nacido un Día de Nacimiento 4. Su regla es la honradez absoluta.

EL NÚMERO DEL DÍA DE NACIMIENTO 5
Si te interesa alguien cuyo Número del Día de Nacimiento es el 5, 14, 23:

Experimentarás cierta carga eléctrica al conocer a alguien que tiene como Número del Día de Nacimiento un **5**. Esas personas cuentan con mentes inquisitivas y les encanta estar en el ajo... Por lo que si tienes un secreto, ándate con ojo, porque acabarán descubriendo de qué se trata. Son muy energéticos, se aburren con facilidad y les encanta permanecer ocupados. No es raro que tengan todo tipo de pasatiempos, y viajar es uno de sus favoritos. En realidad es mejor que estén ocupados, así que asegúrate de que eso conviene a tus intereses antes de perseguir a alguien así.

EL NÚMERO DEL DÍA DE NACIMIENTO 6
Si te interesa alguien cuyo Número del Día de Nacimiento es el 6, 15, 24:

Una persona que tiene como Número del Día de Nacimiento un **6** suele ser responsable y por lo general dará instrucciones a los demás sobre lo que hay que hacer, en lugar de recibirlas. El 6 también se considera el Número Cuidador, tanto en hombres como en mujeres. Si tienen hijos, se dedicarán a hacer un buen trabajo como padres. También cuidan de su pareja, pero de vez en cuando hay que darles una palmada en el hombro y decirles: «Gracias». Les gusta planificar sus jornadas, y son gente muy trabajadora. No les resulta fácil tolerar la pereza, así que si te gusta tomarte las cosas con calma, vete al tanto.

EL NÚMERO DEL DÍA DE NACIMIENTO 7
Si te interesa alguien cuyo Número del Día de
Nacimiento es el 7, 16, 25:

Hay algo en los que tienen como Número del Día de Nacimiento un **7** que resulta bastante atractivo. Uno se siente atraído hacia ellos, pero eso no significa que te dejen entrar automáticamente. Antes de expresar lo que piensan y sienten tienden a estudiar y observar lo que sucede a su alrededor. Han de tener cuidado con sus lenguas letales, porque son muy sinceros y a veces muy dispuestos a hablar, hasta el extremo de resultar rudos. Esta Vibración siempre necesita tiempo para sí, aunque no por ello dejará de amarte profundamente. Una persona del Día de Nacimiento 7 apreciará una pareja que no necesita ser constantemente tranquilizada.

EL NÚMERO DEL DÍA DE NACIMIENTO 8
Si te interesa alguien cuyo Número del Día de
Nacimiento es el 8, 17, 26:

Alguien que tiene como Número del Día de Nacimiento un **8** está típicamente orientado hacia los negocios y es eficiente. No es sorprendente ver tanto a hombres como a mujeres de este día con joyas de buen gusto, buenos trajes y vestidos... Siempre algo que demuestra que aprecian la calidad. El Día de Nacimiento 8 es extrovertido, y nunca has de preguntarte qué es lo que tendrá en mente. Estarás dispuesto a cederle el espacio cuando necesite expresar sus opiniones. Hay que ayudarle a comprender que «suceden cosas», de manera que si las cosas se tuercen, sepa que no está siendo blanco de ninguna conspiración.

Será un buen compañero para una persona que también sea naturalmente animada y le guste animar a los demás.

EL NÚMERO DEL DÍA DE NACIMIENTO 9
Si te interesa alguien cuyo Número del Día de Nacimiento es el 9, 18, 27:

Los que tienen como Número del Día de Nacimiento un **9** dan la impresión de que controlan y saben lo que hacen. El 9 no necesariamente quiere mandar, pero las personas presentes en su vida le empujan a hacerlo. Los demás asumirán que el 9 se hará cargo de lo que ocurra. La gente puede acercarse al Número del Día de Nacimiento 9 para preguntarle una dirección, y dirigirse a él en el idioma nativo del país que esté visitando, o incluso pagarle si están haciendo cola para asistir a algún evento. Lo más interesante es que el 9 asume realmente responsabilidades. Le gustaría arreglarlo todo por el bien de quienes dependen de él. Por lo general tienen una bonita sonrisa y un aire que hace que resulte difícil ignorarlos.

8

El Número de la Trayectoria de la Vida: lo que ofrece y desea en el amor cada Trayectoria de la Vida

*¿Cómo puedo amarte? Déjame que
cuente las maneras que hay...*

ELIZABETH BARRETT BROWNING

El Número de la Trayectoria de la Vida importa muchísimo en una relación amorosa, y es el más importante de los seis Números que puedes hallar en tu Patrón Numerológico. En una relación las cosas son mucho más sencillas si los dos Números de la Trayectoria de la Vida son una Pareja Natural o son Compatibles. Por otra parte, si las Trayectorias de la Vida son un Desafío, es importante comprender cómo es tu pareja para a partir de ahí, y aunque seáis personas muy diferentes, solucionar juntos los problemas. El Número de la Trayectoria de la Vida se obtiene tomando la fecha completa del nacimiento y reduciéndola a un sólo dígito. Si tu Trayectoria de la Vida se desglosa en un 11 o un 22, por favor, estudia la Trayectoria de la Vida 2 y la 4, respectivamente. Hablaremos de los Números Maestros en el Capítulo 9.

En el Capítulo 2 ya aprendiste cómo dar con tu Número de la Trayectoria de la Vida, pero lo repasaremos aquí. Vamos a buscar el **Número de la Trayectoria de la Vida** utilizando las fechas de nacimiento de **Clark Gable** y **Carole Lombard**, y veremos la influencia que ejercieron los Números de la Trayectoria de la Vida en su relación. Para hallar el Número de la Trayectoria de la Vida, hay que tomar la fecha de nacimiento completa y reducirla a un dígito.

Clark Gable nació el:
1-2-1901
1+2+1+9+0+1 = 14
                1+4 = 5
El Número de la Trayectoria de la Vida de Clark Gable es un 5

Carole Lombard nació el:
6-10-1908
6+1+0+1+9+0+8 = 25
                2+5 = 7
El Número de la Trayectoria de la Vida de Carole Lombard es un 7

LA PAREJA NATURAL
        Clark Gable   72915*/3 Actitud
        Carole Lombard   11267*/7 Actitud
        Nota: * indica el Número de la Trayectoria de la Vida

Se nos ha venido a decir, siguiendo la tradición hollywoodense, que Clark Gable estaba loco de amor por Carole Lombard y que nunca la hubiera dejado mientras vivía. Aunque era su tercera esposa, nunca había conocido a una mujer tan maravillosa y la llamó su Alma Gemela. Desde una perspectiva numerológica, ¡tenía toda la razón! Compartían tres números

(1, 2 y 7), lo que les hacía merecedores de una Conexión de Alma Gemela.

Y lo más importante: sus Números de la Trayectoria de la Vida eran una Pareja Natural entre sí. Clark Gable era una Trayectoria de la Vida 5; Carole Lombard, 7.

Sé que eso hizo que su conexión fuese muy potente. A él le encantaba su espíritu juvenil. Sólo era 6 años mayor que ella, pero lo suficiente para que se sintiese ligeramente sacudido, pero totalmente encantado, por su extroversión. El repertorio de tacos de Carole fue legendario, en una población que ya era experta en la cuestión. Decía lo que pensaba y, te puedo asegurar que, teniendo ese 7 doble en su Cuadro, (que eran la Trayectoria de la Vida 7 y la Actitud 7), no debía cohibirse ante nada.

Carole ayudó en el esfuerzo de guerra durante la segunda guerra mundial, volando por todo el país y urgiendo a la gente a comprar los Bonos de Guerra estadounidenses. Una noche, el DC-3 en que volaba se estrelló contra una montaña. El accidente sucedió el 16 de enero de 1942, y Clark Gable quedó inconsolable. No sólo había perdido a su adorada esposa, sino también a su suegra, con quien mantenía muy buenas relaciones, así como al publicista de la MGM Otto Winkler, que había sido el padrino de Gable en su boda con Lombard.

Clark Gable acabó realizando una distinguida carrera militar durante el resto de la guerra. Pero empezó a beber cada vez más. Se casó otras dos veces, la última de ellas con éxito, pero el amor de su vida fue Carole. En cierta ocasión parece que dijo: «Puedes confiar a esta cabecita loca tu vida, tus esperanzas y tus debilidades, porque nunca se le ocurrirá pensar en dejarte tirado». Ese es un elogio que nos gustaría escuchar a todos.

Lo que compartían era un 1 en su ambición, el 2 para la capacidad de amar y gran química, y un 7 por su amor hacia la naturaleza y la igualdad intelectual. Por cierto, Clark Gable apoyaba al partido Republicano y Carole Lombard al Demócrata, y no obstante no dejaron que la política interfiriera en su amor.

No sólo eso, sino que disfrutaron el uno del otro todo lo posible, probablemente pensando que el otro estaba equivocado.

Los Números de la Trayectoria de la Vida juegan un papel muy importante en una relación, porque significan que tú y tu amor estáis en el mismo camino. Es un encuentro íntegro, cuando vivís en el lado Positivo del Número.

Clark Gable fue, según todas las fuentes, un tipo muy machista. Cuando empezó a vivir con Carole Lombard, ella ganaba más que él. Sus ingresos anuales como actriz independiente superaban el salario que él cobraba de un estudio, hasta que protagonizó *Lo que el viento se llevó*. Luego acabaron ganado salarios parecidos. Es el tipo de armonización de los Números que buscamos y esperamos de la Numerología. A pesar de la tragedia final, para Clark Gable fue una bendición haber amado a Carole Lombard, y fueron los Números los que hicieron que su conexión fuese tan potente.

La Pareja de Desafío

Robert Wagner   83217*/3 Actitud
10-2-1930
Natalie Wood   11223*/9 Actitud
20-7-1938
Nota: * indica el Número de la Trayectoria de la Vida

En este Cuadro tenemos un ejemplo de Números de la Trayectoria de la Vida que se Desafían entre sí. Siempre hay que ser consciente de que si vuestras Trayectorias de la Vida son un Desafío, habrá por lo general una química ardiente, pero que suele ir acompañada de un quebranto comunicativo. Robert Wagner y Natalie Wood fueron un sólido ejemplo de ello, y no sólo se casaron en una ocasión, sino en dos.

Robert y Natalie tenían una Conexión de Alma Gemela. Cuando tienes tres números en común de un total de seis Números principales (sin contar el Número de la Actitud), se considera que existe una Conexión de Alma Gemela. Compartían los números 1, 2 y 3: el 1 por su independencia, el 2 por su química y el 3 por la comunicación. Pero, por desgracia, cuando tu Número de la Trayectoria de la Vida es Tóxico para el Número de la Trayectoria de la Vida de tu pareja, pueden surgir graves problemas. Cuando surgen tensiones resulta difícil comprenderse.

Creo que eso es exactamente lo que sucedió la noche del 29 de noviembre de 1981, cuando Natalie Wood se ahogó tras caer de su yate *Splendour* cerca de la isla Catalina. Robert Wagner y Christopher Walken pudieron haber discutido acerca de Natalie. El rumor que corría por entonces era que Robert había sentido que Natalie mantenía relaciones con Christopher Walken.

Natalie Wood expresó en repetidas ocasiones el miedo que le daba el agua. No sabía nadar, y no obstante intentó subirse al bote, la pequeña embarcación que flotaba tras el yate, cayendo al agua y ahogándose. El que estuviese dispuesta a correr semejante riesgo ha hecho que se creyese que estaba bebida.

Volvamos a repetir que cuando vuestros Números de la Trayectoria de la Vida son Tóxicos, pueden provocar conflictos emocionales. Esto es lo que he visto en la relación de una Trayectoria de la Vida 3 con una 7. El 3 es un gran comunicador, y a veces cuanto más intenta compartir o explicar las cosas, más se cierra el 7. El 7 simplemente se cierra y no quiere hablar, así que el 3 continúa insistiendo, provocándose entre sí.

En este caso se dio un trágico final, y los Números, claro está, no adivinan esto. No consulto los Números con ese propósito, pero lo que sí es cierto es que los Números me dicen que, cuando tus Números de la Trayectoria de la Vida entran en conflicto y la vida se torna difícil, mirarás a tu pareja como si hablaseis dos idiomas distintos.

Respecto a este incidente, los dos hombres que estaban a bordo del *Splendor* esperaron unos 90 minutos para pedir ayuda, tras darse cuenta de que Natalie había desaparecido. Eso me hace pensar que esa noche tuvo lugar algún tipo de riña en el barco, lo cual ayudó a provocar la tragedia.

La primera vez que Robert Wagner y Natalie Wood se casaron, ella tenía 18 años y Robert Wagner 26. Se casaron en diciembre de 1957, y cuatro años más tarde se divorciaron porque Natalie sentía que Robert se mostraba demasiado crítico con los amigos de ella. En mayo de 1969, Natalie se volvió a casar, pero luego se divorció, y cuando volvió a encontrarse con Robert se reconciliaron, volviéndose a casar en julio de 1972. No es ninguna sorpresa, teniendo en cuenta que numerológicamente tenían una Conexión de Almas Gemelas.

Creo que ambos deseaban fervientemente que esta relación funcionase. Pero cuando alguien escapa totalmente a través de una adicción enfermiza, puede hacer que vuele por los aires la mejor de las compatibilidades numerológicas. Los Números Tóxicos y las drogas crean una combinación letal.

Esa noche, en el barco, todo el mundo estaba bebido. Se cruzaron acusaciones, unos celos tremendos, y se dice que tanto Natalie como Robert se acusaron uno al otro de infidelidad. Los Números Tóxicos de la Trayectoria de la Vida alentarían esa falta de confianza. Eso no impedía que se amasen, pero lo cierto es que daba paso a una relación inestable. Es probable que si Natalie hubiera vivido, y si no se hubieran dado grandes cambios en su manera de vivir, hubieran vuelto a divorciarse.

DESCRIPCIONES DE LOS NÚMEROS DE LA TRAYECTORIA DE LA VIDA

Ahora que ya hemos repasado la Trayectoria de la Vida con ejemplos de dos parejas, te informaré a fondo de cada uno de los Números de la Trayectoria de la Vida, del 1 al 9, y luego cómo interactúan en el amor.

EL NÚMERO DE LA TRAYECTORIA DE LA VIDA 1

Cuando amamos estamos más vivos.

JOHN UPDIKE

Las personas con Trayectoria de la Vida 1 acogen a una pareja que les anime a triunfar en cualquier profesión que pudieran elegir. Es incluso mejor si podéis encontrar un trabajo en el que ambos podáis compartir los triunfos. Trayectoria de la Vida 1 se esfuerza por dar lo mejor de sí y, si te sientes deprimido, te animará a volver a ponerte en pie. El dicho: «No abandones nunca, no te rindas», pudiera muy bien haberlo dicho por primera vez un Trayectoria de la Vida 1. Cuando un Trayectoria de la Vida 1 crea en ti te sentirás totalmente amado y apoyado.

Cuando se trata de idilio, si alabas al Trayectoria de la Vida 1, te deslumbrará de una manera inimaginable. Decirle a un Trayectoria de la Vida 1 lo especial que es, sofoca la sed de su alma, como beber agua fresca en el desierto. Así que sintoniza el encanto y los halagos cuando tu Trayectoria de la Vida 1 llegue a casa. Y obtendrás todo lo que siempre deseaste de una relación amorosa.

La mayor posible dificultad de un Trayectoria de la Vida 1 es que pase demasiado tiempo procesándolo todo mentalmente. Ha de aprender a reconocer lo que sucede en su corazón y expresar el amor que siente por la gente que tiene cerca. Cuando se trata de intimidad con la pareja, los 1 pueden ser tanto fríos como cálidos. Cuando no quieran continuar una relación desaparecerán, pero prepárate si lo que quieren es que comience.

Creo que eso tiene mucho que ver con esa tendencia perfeccionista que busca que todo sea perfecto. Si existe cualquier discordancia en la relación, se puede cerrar sexualmente. Si aprende a confiar en que los contratiempos con la pareja son temporales, la relación sexual puede convertirse en una forma de curación para el Trayectoria de la Vida 1. Todo depende de cómo lidie con la vida cotidiana.

La mayoría de Trayectorias de la Vida 1 han de aprender a controlar su temperamento. Son tercos y a menudo tienen ideas muy pensadas acerca de cómo deberían ser las cosas. Así que cuando de repente explotan acerca de algo que les preocupaba, pueden resultar avasalladores y herir a sus parejas más de lo que pretendían. Los 1 pueden enfadarse y de repente pasárseles, pero sus parejas no se recuperarán con tanta facilidad. Esos arranques pueden interferir con lo que de otro modo podría ser una relación satisfactoria.

Eso resulta especialmente perturbador si el Trayectoria de la Vida 1 está con alguien que representa un Número de Desafío para él. Al menos, una Pareja Natural como 1, 5 o 7 tiene una comprensión mejor de lo que sucede con el Trayectoria de la Vida 1 porque son Números que también son muy cerebrales. Los otros Trayectoria de la Vida pueden asumir que el arranque es en parte culpa suya y preguntarse a sí mismos: «¿En qué me he equivocado?».

Los 1 tienden a ser muy intuitivos y no dudan a la hora de ofrecer consejo a los demás. Desean realmente el éxito de sus parejas, así que a veces la pareja puede sentirse criticada. Pero esa no es la intención del Trayectoria de la Vida 1. En realidad lo que quiere es que la persona que ama triunfe, y de paso, desea lo mismo para él mismo. Pueden ser hipercríticos respecto a sí mismos, y cuando uno se critica a sí mismo, ¿qué te cuesta criticar de paso a tu pareja? Pues la verdad es que no mucho.

NÚMEROS DE PAREJA NATURAL: 1, 5 y 7
NÚMEROS COMPATIBLES: 2, 3 y 9
NÚMEROS DE DESAFÍO: 4 y 6
NÚMERO NEUTRO: 8

El Número de la Trayectoria de la Vida 2

En la Tierra sólo hay un camino hacia el Cielo: lo llamamos Amor.

DAVID VISCOTT

Cuando se trata de relaciones, el Trayectoria de la Vida 2 es alguien con quien puedes contar. Son personas que quieren asegurarse de que todo el mundo se lleva bien. Por ejemplo, si en tu familia hay dos hermanos peleados, el Trayectoria de la Vida 2 hará de mediador. Por eso, a menudo se convierten en psicólogos o asistentes sociales. Sólo quieren que todo el mundo se sienta en paz. A menos que en su cuadro aparezcan números que los hagan más agresivos, seguirán a quien consideren un buen líder. Si creen que eres bueno en lo que haces, te seguirán sin problemas.

Cuando se trata de amor, o de apoyo moral, si el Trayectoria de la Vida 2 vive en el lado Positivo de este Número, puede ser el más cariñoso de todos los Números. No quiere pelearse bajo ningún concepto. También son extremadamente intuitivos. Pueden percibir la realidad de una situación, y si aprenden a confiar en esa voz interior, no tardarán en aprender la razón que suele tener dicha voz.

El lado Negativo de un 2 puede hacerlo desgraciado si da demasiado (puede ser el codependiente por excelencia) y sentirse responsable de todo el mundo. El 2 debe andarse con cuidado y no permitir que eso suceda en sus relaciones. Si amas a un Trayectoria de la Vida 2, intenta no aprovecharte de su generosidad. Pueden ser muy generosos, y tú deberías intentar corresponder, incluso cuando te sientas satisfecho con todo lo que tienen que dar.

Sorpréndelos de vez en cuando con flores o con una noche en el centro, algo que les recuerde que te importan. De otro modo, vuestra relación acabará mal. Recuerda que todo Número tiene dos lados, y cuando viven en el lado Negativo, los 2 pueden preocuparse demasiado, estresarse físicamente, y como resultado acabar agotados. Para sentirse mejor deben poder expresarse, sacarlo fuera.

Pero cuando se trata de amor, en todo mi estudio de la Numerología durante más de 21 años, he descubierto que el Trayectoria de la Vida 2 es el Número del amor. Si conoces a un 2 que se muestra altivo y distante, no será a causa del Número de la Trayectoria de la Vida. Será resultado de otros Números de su Cuadro Numerológico Personal.

Habría que señalar que sexualmente pueden ser increíblemente generosos con su pareja, haciendo exactamente lo que ésta desea, pero, a causa de su deseo innato de agradar, la pareja puede que pase por alto las necesidades de la 2. Eso puede ser causa de problemas porque lo siguiente que notarás es que la 2 se habrá cerrado, que no querrá que le toquen ni amen, y se tornará frígida porque la relación entre corazones se habrá detenido. Ahí es donde un consejero puede ayudar. Si deseas trabajar en ello con la 2, puedes volver a recuperar su amor. Ese resultado siempre es posible porque a la 2 le encanta estar enamorada, y realmente no quiere acabar y tener que empezar a buscar a otra persona.

NÚMEROS DE PAREJA NATURAL: 2, 4 y 8
NÚMEROS COMPATIBLES: 1, 3, 6 y 9
NÚMEROS DE DESAFÍO: 5 y 7

EL NÚMERO DE LA TRAYECTORIA DE LA VIDA 3

El amor es la llave maestra que abre las puertas de la felicidad.

OLIVER WENDELL HOLMES

Cuando está en una relación, el Trayectoria de la Vida 3 se muestra muy animado y apasionado. Si vive en el lado Positivo de su Número, puede comunicar fácilmente lo que siente. Sus emociones son obvias. Puedes saber lo que le sucede a través del sonido de su voz. Un 3 saludable es alguien que ríe, que tiene un estupendo sentido del humor y que ha elegido un tipo de carrera profesional en que puede expresarse creativamente y a la vez ganarse la vida.

Si se trata de un 3 morboso, puede autocompadecerse o quejarse de qué es lo que funciona mal en el mundo o de lo injusta que ha sido la vida. Pero no siempre es así. Los 3 son famosos por enamorarse de alguien totalmente. También pueden casarse o salir con alguien, y de repente obsesionarse con un actor, una figura política o un socio de los negocios. Pueden comer, dormir y respirar pensando únicamente en el objeto de su obsesión. Estate tranquilo porque ello no significa nada. Si amas a un Trayectoria de la Vida 3, has de saber que eso es lo que hace. Poseen enormes corazones y aman verdaderamente a la gente, y si consideran que alguien que les interesa están siendo maltratado, pueden obsesionarse con ello, porque realmente les perturba. Aguanta porque acabará pasando.

Su amor hacia ti es genuino. La Vibración 3 es fiel, y querrá amarte para siempre. Lo que puede cerrarlos es el temor a que no te interesen. Pudieran sentir que la mayor parte del amor procede de su parte. Eso podría causar un problema en la relación, pero si podéis contaros lo que pensáis y sentís, la relación puede ser estable.

La Vibración 3 convierte a estas personas en alguien muy atractivo, y también son buenos a la hora de lidiar con dificultades. Pueden manejar una crisis dramática porque les apetezca, y por ello su vida no tiene nada de aburrida. Si amas a un 3, no te sorprendas cuando te parezca que se pasa de dramático. Sólo es su manera de procesar su vida. Si tienes relación con un Trayectoria de la Vida 3, da pasos para mantener el idilio vivo. Un restaurante encantador con música suave es una buena idea. Si normalmente eres frugal, gastar un poco más de la cuenta en un Trayectoria de la Vida 3 será una sabia decisión. Te lo agradecerá y querrá hacer algo especial por ti, para corresponderte.

NÚMEROS DE PAREJA NATURAL: 3, 6 y 9
NÚMEROS COMPATIBLES: 1, 2 y 5
NÚMEROS DE DESAFÍO: 4, 7 y 8

EL NÚMERO DE LA TRAYECTORIA DE LA VIDA 4

Si juzgas a las personas, no tendrás tiempo para amarlas.

MADRE TERESA

Cuando los Trayectoria de la Vida 4 mantienen una relación, es importante que se sientan respetados por ocuparse de sus seres queridos. Quieren hacerlo bien, y proporcionar estabilidad económica es importante para ellos. Si no pueden hallar una manera de conseguir llegar a final de mes, ello interferirá en su relación amorosa. Los 4 son directos. Te dirán lo que piensan y sienten, y a menudo necesitan aprender el arte de la comunicación para descubrir nuevas maneras de expresar sus pensamientos, para así no herir los sentimientos de su pareja.

En el terreno de la intimidad, el éxito radica en su voluntad de soltar. Una parte de ellos es tan lógica que observan todas las emociones y saben lo que hacen, pero no por ello se rinden necesariamente a la pasión, y eso es algo en lo que un Trayectoria de la Vida 4 ha de trabajar. Cuanto más dispuestos estén a dejarse ir en el momento, mejor para ellos y su pareja. El 4 gusta que las cosas de su entorno estén ordenadas y todo en su sitio. Por ejemplo, si la casa de un 4 está desordenada, esa no es la norma del Trayectoria de la Vida 4, y nos estará diciendo que algo le perturba. Si vives con un 4 y eres un poco dejado, limpia el desorden antes de que te lo pida él. Ganarás muchos puntos y la mirada sorprendida en su rostro bien habrá valido la pena.

El 4 debe estar atento a lo que suelta por la boca (a menudo un arma letal) y pensar antes de discutir con su pareja. Debería preguntarse a sí mismo: «¿Vale la pena pelearse por eso?». Los 4 aseguran no querer discutir, pero de alguna manera siempre saben lo que hay que decir para provocar una pelea. Lo hacen porque son sinceros, y no se cortan al hablar. También es cierto que los 4 no siempre te dicen lo que sienten. A veces se cierran emocionalmente y eso es algo que deben dejar de hacer si quieren mantener una relación para toda la vida.

Puedes contar con un Trayectoria de la Vida 4. A menos que haya muchos Números en su Cuadro que indiquen lo contrario, es muy de fiar. Otro punto a su favor es que no le gusta alternar con cualquiera. Realmente quiere una pareja de por vida. Su hogar le importa mucho, y por lo general consigue hacer que todas las visitas se sientan cómodas.

A esta gente le encanta aprender. Cuanto más aprenden, más satisfechos se encuentran, y proporcionar información útil a los demás les hace sentirse valorados. Necesitan una pareja para animarse a aprovechar las oportunidades de la vida. De otro modo se quedarían en un trabajo sin salidas, sólo por la seguridad de la nómina. Un 4 recibe de buen grado ese tipo de aportación por parte de su pareja. Los ánimos de su ser amado le importan mucho.

NÚMEROS DE PAREJA NATURAL: 2, 4 y 8
NÚMEROS COMPATIBLES: 6 y 7
NÚMEROS DE DESAFÍO: 1, 3, 5 y 9

EL NÚMERO DE LA TRAYECTORIA DE LA VIDA 5

Amaos y seréis felices. Es así de fácil y así de difícil.
MICHAEL LEUNING

Si mantienes una relación con un Trayectoria de la Vida 5, o estás considerando hacerlo, esto es lo que necesitas entender. En primer lugar y sobre todo, la necesidad del 5 de sentir que tienen «libertad», y será tarea tuya ayudarlos a definir qué significa exactamente eso. Cuando viven solos, los 5 pueden pensar que no quieren hijos. También pueden cambiar continuamente de trabajo y a menudo expresar deseo de trasladarse de lugar. No obstante, en último término, lo que pudiera parecer un espíritu libre, no acaba de serlo. Cuando se apagan las luces por la noche, el 5 no se siente feliz y le gustaría tener a alguien con quien compartir su vida.

Ahí es donde entras tú. El 5 puede casarse, tener una vida sosegada con hijos y prosperar. No obstante, la cosa no es tan sencilla. A veces sentirá que tener familia, con todas sus necesidades y obligaciones le priva de su «tan necesaria libertad». Es el momento en que des ejemplo de independencia. Ayuda a conseguir que la relación dure animando al 5 a tomarse un par de días de descanso, lejos de la familia. Hay otro tipo de Trayectoria de la Vida 5 que no gusta de las obligaciones del matrimonio y la familia. Si te lo cuenta, debes escuchar. Es su verdad. Y empujar a un Trayectoria de la Vida 5 a hacer algo que no quiere es como tratar de convencer a un sordo. No funciona y te reportará muchas frustraciones. Si proporcionas a la Vibración 5 el espacio suficiente, entonces regresará corriendo a ti encantado. Unos cuantos días por su cuenta le ayudarán a recuperar el equilibrio.

El Número 5 suele estar dotado para muchas cosas. Si estás enamorado de un 5, anímalo a concentrarse en las cosas una a una, y a finalizarlas, antes de pasar a la siguiente. Si ves que se angustia y siente: «Estás tratando de controlarme», suéltalo y no tardará mucho en volver. Pero si intentas limitarlo, o le dices lo que tiene que hacer, o cómo ha de sentir, te saldrá el tiro por la culata con más rapidez que con cualquier otro Número.

NÚMEROS DE PAREJA NATURAL: 1, 5 y 7
NÚMEROS COMPATIBLES: 3 y 9
NÚMEROS DE DESAFÍO: 2, 4 y 6
NÚMERO NEUTRO: 8

EL NÚMERO DE LA TRAYECTORIA DE LA VIDA 6

Un flechazo es fácil de entender. El milagro es cuando dos personas han estado buscándose toda una vida.

SAM LEVENSON

El 6 es una Vibración intensa y capaz. Si hay algo que el 6 necesita es aprender que está bien pedir ayuda. Debe aprender a confiar y a contar con otras personas, sobre todo en el amor. Por otra parte, no es inusual que un Trayectoria de la Vida 6 idealice a su pareja, pasándose de idealista. Como resultado, la realidad de su pareja, que es humana, se hace aparente, como si de repente le quitasen las gafas de color de rosa. La nebulosa dorada en la que se metió el 6 cuando conoció a su pareja, acabará disipándose, y de nuevo decidirá que es el único que vale la pena.

Lo cierto es que si necesitas ayuda, el 6 se asegurará de que la recibes. Los 6 son buenos a la hora de gestionar las situaciones difíciles. De hecho, dan lo mejor de sí mismos cuando las situaciones se descontrolan. Pero no saben qué hacer cuando las cosas marchan bien.

El Trayectoria de la Vida 6 debe intentar encontrar una manera de dirigir o poseer una empresa. Si el Trayectoria de la Vida 6 al que amas trabaja por cuenta ajena, pudiera sentirse desgraciado. Te recomiendo que como pareja, le animes a utilizar su creatividad y a crear su propio negocio. Si lo haces, se sentirá apoyado y mejor, porque sabrá que crees en él.

En una relación soporta mal las críticas, porque se ha puesto el listón muy alto y mantiene un diálogo interior muy exigente, de manera que cuando su pareja se interpone con algo que parece negativo, ello le perturba enormemente.

La otra cosa a tener en cuenta con un Trayectoria de la Vida 6 es que sexualmente quiere satisfacer a su pareja, pero cuando es hora de que ésta corresponda, el 6 pudiera no comprender que la pareja no sabe qué es lo que él quiere. Así que un 6 debe aprender a comunicar sus necesidades y deseos en la cama, porque si queda insatisfecho, empieza a sentirse rechazado por su pareja. En la peor de las situaciones posibles, puede acabar cerrándose totalmente en lo sexual. Es importante que un Trayectoria de la Vida 6 encuentre una manera más íntima de hablar con su pareja, para así mantener vivo su amor.

NÚMEROS DE PAREJA NATURAL: 3, 6 y 9
NÚMEROS COMPATIBLES: 2, 4 y 8
NÚMEROS DE DESAFÍO: 1, 5 y 7

EL NÚMERO DE LA TRAYECTORIA DE LA VIDA 7

> *La gente cariñosa vive en un mundo cariñoso. La gente hostil vive en un mundo hostil, pero ambos son el mismo mundo.*
>
> WAYNE W. DYER

El que una relación con un Trayectoria de la Vida 7 tenga éxito realmente depende de que el 7 haya encontrado una respuesta espiritual que le colme, o que siga buscándola. Si sigue buscando, descubrirás que tiene sed de conocimiento. Tanto si es leyendo un libro, asistiendo a una conferencia *New Age* o explorando una diversidad de opciones religiosas, los 7 siempre buscan respuesta al enigma de la vida. Quieren saber por qué están aquí y qué sentido tiene su vida. Una advertencia: cuando se ama a un 7 que abusa de las drogas, del alcohol o de cualquier otro comportamiento obsesivo, no le estarás conociendo en su verdadera vertiente de Trayectoria de la Vida 7.

Cuando van en la dirección correcta y han encontrado la respuesta espiritual que buscaban, los 7 son muy cariñosos y están dispuestos a entregarse. No obstante, puede haber ocasiones en las que tengan que profundizar en sí mismos para hallar respuesta a las preguntas que se hacen, acabando frustrados en su búsqueda en pos de una verdad sagrada. Durante esas épocas puede resultar muy difícil vivir con ellos. Cuando finalmente comprenden que la capacidad de identificar la verdad está en su interior, y realizan un avance importante, son una bendición para quienes los conocen.

La naturaleza suele jugar un importante papel en sus vidas. Disfrutan de la belleza panorámica y de la serenidad que ofrece la naturaleza. Cualquier caudal de agua, sea un río, lago o mar, puede tener un efecto tranquilizante en ellos. Si como pareja vivís cerca del agua, será beneficioso para la relación.

Si encuentran una verdad espiritual en la que creer, será un gozo escucharlos hablar al respecto. A menudo, la Vibración 7 tiene una voz suave, que resulta muy agradable escuchar, y por ello los 7 suelen ser excelentes locutores de radio. Como aman tanto la naturaleza y disfrutan de su soledad, ser capitán de barco o piloto de avión también son buenas opciones profesionales para ellos. Si un 7 se siente feliz en su profesión, ello tendrá un profundo y positivo impacto en su relación amorosa. En cuanto a la relación amorosa contigo, una vez se suelte y viva en el instante, puede resultar muy estimulante. La relación sexual será satisfactoria, pero si el 7 se torna demasiado cerebral, deberás bajarlo de nuevo a la Tierra.

NÚMEROS DE PAREJA NATURAL: 1, 5 y 7
NÚMEROS COMPATIBLES: 4
NÚMEROS DE DESAFÍO: 2, 3, 6, 8 y 9

EL NÚMERO DE LA TRAYECTORIA DE LA VIDA 8

Aprecia sobre todo el amor que recibes. Sobrevivirá mucho después de que tu oro y tu buena salud hayan desaparecido.

OG MANDINO

Si buscas una relación amorosa con un Trayectoria de la Vida 8, lo primero que has de saber es que la mayoría de los

Trayectorias de la Vida 8 deben superar sus sentimientos acerca de la imagen. Suelen tener una opinión acerca de cómo las cosas han de ser y parecer, y necesitan no ser menos que sus vecinos. Eso es un problema porque la verdad es que, por muchas cosas materiales que tengan, y la mayoría de ellos se las pintan muy bien para adquirirlas, sus posesiones no les harán felices.

Hay otro tipo de Trayectoria de la Vida 8: son los que tienen un problema con el dinero y son capaces de despreciar a quienes lo tienen. Se trata de un esnobismo a la inversa. Lo primero que debes saber acerca del 8 en particular por el que te interesas es qué ocurre con la cuestión económica en su vida, y cómo se gana la vida.

Los 8 que trabajan duro y prosperan pueden ser muy generosos, pero también están los otros que son presa del pánico y corren a meter su dinero en el banco, sin querer gastar ni un céntimo. Este es también un tema que hay que averiguar en los 8.

Cuando el Trayectoria de la Vida 8 hace el amor, a veces se ve atrapado en esa obsesión de perfección acerca de lo que piensan que se supone que deben ser las cosas. Hay 8 que en esas situaciones se ven encerrados en un ciclo de ansiedad. No es el momento; no se dejan ir porque no pueden hacerlo. Eso es algo que una pareja amorosa puede ayudarles a superar. Si quieres hacer feliz al 8 de tu vida, ocúpate de tu cuerpo y esfuérzate un poco para tener el mejor aspecto posible cuando estéis juntos. Aunque no lo mencionen, *les importa mucho.* Y créeme, si te esfuerzas ese poco de más, presumirán de pareja, y le harás sentir muy orgulloso.

Un rasgo del Trayectoria de la Vida 8 es que se preocupa por su aspecto físico y si gana mucho peso o la mujer del 8 deja de utilizar maquillaje, puede acabar con la autoestima por los suelos. Los 8 pueden ser muy tercos, y ese es un rasgo que deben superar a fin de ser felices en una relación.

Si les haces saber por qué los amas, y señalas todas las cosas que te gustan de ellos, tus alabanzas conseguirán que te aprecien y te valoren. Y cuando un Trayectoria de la Vida 8 te considera un verdadero aliado, se sentirá totalmente enamorado.

NÚMEROS DE PAREJA NATURAL: 2, 4 y 8
NÚMEROS COMPATIBLES: 6
NÚMEROS DE DESAFÍO: 3, 7 y 9
NÚMERO NEUTRO: 1 y 5

EL NÚMERO DE LA TRAYECTORIA DE LA VIDA 9

*Una palabra nos libera de todo el peso y
de todo el dolor de la vida: esa palabra es «amor».*

SÓFOCLES

Lo primero que me gustaría decir sobre los 9 es que generalmente tienen mucho carisma. Su sabiduría atrae a la gente. Pero al mismo tiempo, esa misma gente puede sentir subconscientemente que los 9 son en cierto modo superiores a ellos. Es muy importante que el 9 realice todos los esfuerzos posibles para dar a entender a su pareja que la considera igual. Lo interesante es que el 9 parece ser totalmente independiente en todos los aspectos y que parece que siempre le vaya bien. No obstante, interiormente suele sentir el peso del mundo sobre sus hombros y sentir que carga con demasiadas responsabilidades. Al Trayectoria de la Vida 9 le cuesta enormemente pedir ayuda.

En una relación, el Trayectoria de la Vida 9 debe aprender a dejar que su pareja conozca cuáles son sus necesidades y deseos, de manera que ésta pueda ayudarle. Si no comparte sus pensamientos con la pareja, puede llegar el día en que el 9 diga: «Se ha acabado; no puedo más». Su pareja lo mirará aturdida y dirá: «Pero si nunca me dijiste que hubiera problema alguno. Nunca me dijiste qué necesitabas de mí, ¿y ahora te vas?».

Si el Trayectoria de la Vida 9 guarda cicatrices emocionales de la infancia, deberás estar dispuesto a escuchar y ayudarlo con su dolor. Si te das cuenta de que no se suelta, debes hallar la manera de estar juntos en el momento, viendo una comedia juntos o jugando a algo divertido. Pon algo de música y baila en la sala de estar. Si puedes ayudarle a regresar al momento y soltar el pasado, te estará muy agradecido. El Trayectoria de la Vida 9 intentará ser el mejor padre del mundo, evitando todo lo que sus padres hicieron mal. El 9 debe aprender que bastará con un esfuerzo sincero combinado con amor, y que en realidad no existe nadie que pueda denominarse el «mejor de los padres»

En el otro lado del espectro, la falta de discusión sincera y abierta resulta especialmente difícil para los Trayectoria de la Vida 9, porque en realidad tienen pendientes temas de abandono. Temen y les horroriza tanto el abandono, que a veces no se permiten conectar por completo con una pareja, y al final ésta abandona presa de la frustración. Se trata de una predicción que se cumple a sí misma: *sucede justamente lo que tanto me había temido.* Así que el 9 debe hacer frente y lidiar con esa parte de su personalidad.

El 9 es una energía adorable, y si mantienes una relación estupenda con uno de ellos, te estarás pellizcando para asegurarte de que no estás soñando, de que realmente has conocido a un ser humano tan maravilloso. Es alguien esforzado, creativo y dispuesto a hacer lo que haga falta para ayudar a sus semejantes.

NÚMEROS DE PAREJA NATURAL: 3, 6 y 9
NÚMEROS COMPATIBLES: 1, 2 y 5
NÚMEROS DE DESAFÍO: 4, 7 y 8

9

Los Números
Maestros 11 y 22

*Las cosas mejores y más hermosas del mundo no pueden
verse ni tocarse. Deben sentirse con el corazón.*

HELEN KELLER

No puede escribirse un libro de Numerología acerca de
cómo encontrar un amor gratificante sin hacer referencia a los
Números Maestros 11 y 12. Los Números Maestros son aplicables a las personas nacidas los días 11 y 22. Pero también a cualquiera cuyos Números de la Trayectoria de la Vida sumen un 11
o un 22 (antes de ser reducidos a un 2 y un 4 respectivamente).
Dos ejemplos:

Jennifer Aniston
Nacida el 11-2-1969

$$1+1+2+1+9+6+9 = 29$$
$$29 = 2+9 = \mathbf{11}$$
$$1+1 = 2$$

El 11 es el Número Maestro

Clint Eastwood

Nacido el 31-5-1930

$3+1+5+1+9+3+0 = \mathbf{22}$

$2+2 = 4$

El 22 es el Número Maestro

EL SIGNIFICADO DE LOS NÚMEROS MAESTROS

Debes enterarte muy bien de si la persona que te interesa es un Número Maestro. Pero también has de tener en cuenta que este 11 o 22 acaban perteneciendo a la Categoría de Trayectoria de la Vida 2 o a la 4, respectivamente. Reconocerás algunos de los rasgos de esos Trayectoria de la Vida (definidos en el Capítulo 8).

Cuando una persona tiene un Número Maestro en su Patrón Numerológico, tendrá unos valores increíblemente elevados. **Jennifer Aniston** es un gran ejemplo de Número Maestro 11, porque no sólo puede desglosarse su fecha de nacimiento completa hasta llegar al Número Maestro 11, sino que además nació un 11. Eso me dice que Jennifer tiene una increíble tenacidad y mucho ímpetu. Es como si tuviera un mono en el hombro que le dijese: «¿Qué vas a hacer con tu vida? ¿Qué vas a hacer a continuación? ¿Qué vas a hacer para seguir estando sensacional?».

A los Números Maestros 11 suele preocuparles su cuerpo y se esfuerzan en perfeccionarlo. Si te fijas en las primeras apariciones de Jennifer Aniston en la pantalla, verás que pesaba unos 10-15 kilos más. Perdió ese peso y estuvo claro que controlar su cuerpo formaba parte de su misión.

Estados Unidos se enamoró de ella cuando apareció por primera vez en *Friends*. El programa fue creado en principio como escaparate para Courtney Cox, pero poco después todas las miradas estaban puestas en Jennifer Aniston, que interpretaba el personaje de Rachel. Todo el mundo quería imitarla, y su peinado se convirtió en un fenómeno. La gente decía en la peluquería: «Quiero el corte de Rachel». Luego, cuando empezó a dejarse crecer el pelo, sus fans quisieron dejárselo igualmente largo.

Hoy en día no puede ir a ningún lugar sin que la fotografíen y se hable de su cuerpo. Si va al programa de David Letterman o a cualquier otro programa de entrevistas, se asegura de que nos fijemos en sus piernas, y todos hablan sobre lo estupendas que son sus piernas. Tiene esos Números Maestros, así que se somete a una tremenda presión para estar siempre joven, sabiendo que no quiere desmerecer. Aparecer desnuda en la portada de la revista *GQ* justo antes de cumplir los 40, y con un aspecto fantástico, fue su manera de demostrar que dominaba su cuerpo.

Una de las cosas que Brad Pitt dijo acerca de su ruptura con Jennifer fue que estaba listo para tener hijos, pero ella quería concentrarse en ampliar su carrera cinematográfica. Por desgracia, el Número Maestro 11 quiere hijos y un padre cariñoso con quien puedan compartir su vida. Por los números adivino lo mucho que amaba a su esposo en aquella época. Creo que necesitaba que Brad Pitt le diese un tiempo para concentrarse en esa parte de su vida, pero él eligió no esperar. Todos conocemos la historia de lo que Brad Pitt hizo a continuación. Cuando la dejó por Angelina Jolie, Norteamérica lloró con ella y sintió su dolor.

Al escribir estas líneas, Jennifer ha tenido varios éxitos importantes –*Separados, Una pareja de tres* y *Qué les pasa a los hombres*– que han obtenido, cada uno, más de 150 millones de recaudación en todo el mundo. Su carrera cinematográfica va viento en popa y creo que lo siguiente que realmente quiere es el amor. Aparece claramente en su Patrón Numerológico: quiere obtener amor pero todavía no ha aprendido cómo conseguirlo.

Clint Eastwood es un Número Maestro 22, y es un ejemplo excelente de este Número Maestro. Su carrera funciona desde hace 50 años. Resulta interesante fijarse en que de joven fue rechazado como actor porque algunos productores de Hollywood pensaron que tenía la nuez de Adán demasiado grande.

Mientras visitaba a un amigo en el estudio de CBS News, una directora de reparto se fijó en él y le sacó en la serie televisiva del Oeste *Rawhide* porque, dijo: «Parecía un *cowboy*». Esos fueron los inicios de su carrera en televisión, no obstante, tendría que trasladarse a Europa para convertirse en estrella de cine. En esa época fue la estrella estadounidense más famosa de Europa, mientras en su tierra natal seguía siendo un desconocido. Después de que los *spaghetti westerns* italianos que rodara se convirtieran en éxitos en Norteamérica, Clint Eastwood se dio a conocer como el macho por excelencia y ahora se le considera una leyenda.

No sólo tiene una asombrosa carrera de actor, sino que también ha cosechado el éxito como director. Hilary Swank, Morgan Freeman y el propio Clint ganaron Oscares por *Million Dollar Baby* en 2004. En 2003, Tim Robbins y Sean Penn ganaron Oscares bajo su dirección en *Mystic River*.

Clint Eastwood es famoso por dejar que los actores sean ellos mismos, y en lugar de decir: «Corten», o «Acción», se limita a decir: «Ok». También es famoso por conseguir que los actores den lo mejor de sí mismos en la primera toma. Se ha hecho igualmente legendario porque acaba las películas que dirige en el tiempo previsto, y ajustándose al presupuesto, algo casi desconocido en Hollywood.

Estoy convencida de que toda esa excelencia proviene de su Número Maestro 22. No sólo ha dominado su propia persona como actor, sino también la capacidad de dirigir y extraer la mejor interpretación de otros actores. Es algo muy cerebral, y resume de manera perfecta lo que es el Número Maestro 22.

En cuanto a su vida amorosa, tiene siete hijos, cinco de ellos con diferentes mujeres. Da la impresión de que al estar ocupado con su carrera, no puso demasiada atención a su vida personal hasta muy tarde. Está felizmente casado desde 1996 con Dina Ruiz, presentadora de un programa de noticias.

Cuando tienes el Número Maestro 22, lo importante es el método y acabar la tarea que tienes entre manos. Resulta difícil pensar en la vida profesional y la personal al mismo tiempo. Una parte puede sufrir y, en el caso de Jennifer Aniston y Clint Eastwood, la profesión ha sido su prioridad absoluta.

Los Números Maestros 11 y 22 tienen en común esa sensación de «¿y ahora qué?». Ello los mantiene en perpetuo movimiento y preparándose siempre para el próximo proyecto.

Jennifer Aniston todavía es joven y el hecho de que tenga un Número Maestro Doble (nacida el 11 y una fecha de nacimiento que se reduce a 11, antes de convertirse en un Trayectoria de la Vida 2), nos dice que todavía tiene mucho que ofrecer al mundo. Creo que nos sorprenderá con sus próximas interpretaciones. En lugar de encasillarse en el papel de «novia de América», saldrá con algo en lo que todavía no la hemos imaginado. Así es como operan los Números Maestros. Clint Eastwood ya es una leyenda, y sea lo que fuere lo que decida hacer a continuación, todas las miradas se posarán sobre él.

Así que repitamos de nuevo que si estás interesado en un Número Maestro 11 o 22, has de saber que esas personas ponen mucho cuidado en todo lo que hacen y se toman las cosas muy a pecho, y que por mucho éxito que obtengan, siempre escucharán una voz ansiosa interior diciendo: «Se te acaba el tiempo y todavía te queda mucho por hacer».

Te recomiendo que ayudes a tu Número Maestro a encontrar una base espiritual en la que pueda creer y que le animes a aprender a meditar. El ejercicio físico desempeña un importante papel en la vida de los Números Maestros 11 y 12. El yoga, que combina la meditación con el ejercicio, es una buena práctica para los Números Maestros porque pueden llegar a acumular mucho estrés. Deben ser conscientes de que si contienen en su interior toda la ansiedad que sientan sin lidiar con ello mentalmente, pueden enfermar físicamente. No es raro que un Número Maestro 11 o 22 enferme porque no está haciendo frente a todas sus perturbaciones mentales. Escribir un diario es una idea estupenda para los que tengan Números Maestros 11 o 22 porque pueden liberar en el papel todos los pensamientos negativos que les perturben, y luego soltarlos.

Si estás creando un Cuadro Comparativo con un Número Maestro, deberás tener en cuenta que están aquí para controlar su vida. Pero la Trayectoria de la Vida de un 2 enamorado (en el caso del 11) o de un 4 (en el caso del 22) te proporcionará la información que necesitas para comprender a la persona en cuestión. Esta Regla del Número Maestro es aplicable si has nacido el 11 o el 22 de un mes. También cuando al descomponer un nombre, hallas un 11, antes de reducirlo a un 2, o un 22 antes de reducirlo a 4.

Estudio adicional

También trato el tema de los Números Maestros en el Capítulo 14, donde interpreto ambos números antes de que la Trayectoria de la Vida se reduzca a un dígito. Comento igualmente lo que algunos numerólogos llaman los Números Maestros 33 y 44, porque es importante comprender lo que significan los números repetidos antes de reducir la Trayectoria de la Vida a un sólo dígito. Lee el Capítulo 14 para saber un poco más sobre los Números Maestros.

10

El Número de la Actitud:
¿cómo es tu actitud?

Escuchar es una actitud del corazón, un deseo
genuino de estar con otro que atrae y cura.

J. ISHAM

El **Número de la Actitud** es la postura que una persona presenta ante el mundo. Puede confundirte en tu búsqueda de la pareja perfecta. Por ejemplo, la persona que te interesa pudiera tener un **Número de la Actitud 3** y parecer extrovertida y divertida, alguien a quien le gusta la gente y las multitudes. En realidad, pudiera ser un **Trayectoria de la Vida 7**, que también requiere períodos prolongados de soledad y silencio para seguir cuerdo. El Número de la Actitud puede ser un gran impostor; puede que te enamores de la Vibración, cuando en realidad la persona es diferente. Antes de dar ese paso, fíjate en los seis Números que componen su Patrón Numerológico.

Para encontrar el Número de la Actitud, toma el día y el mes del nacimiento y redúcelos a un dígito. Como ejemplo, compararé los Números de la Actitud del Cuadro Comparativo de **Tim McGraw** y **Faith Hill**.

Tim McGraw

Tim McGraw nació el 1-5

$$1+5 = 6$$

Tim McGraw tiene un 6 de Actitud

Faith Hill

Faith Hill nación el 21-9

$$2+1+9 = 12$$
$$= 1+2 = 3$$

Faith Hill tiene un 3 de Actitud

LA PAREJA NATURAL

No es posible superar una combinación de Pareja Natural en una relación amorosa, y las Actitudes 3 y 6 son una Pareja Natural. Lo interesante sobre una Actitud 6 en un hombre es que hará que la mujer de su vida se sienta realmente querida. Si tiene hijos, será un padre muy bueno. Todo el mundo sabe que Tim McGraw afirma ser un padre maravilloso.

Faith Hill tiene una Actitud 3, lo que significa una capacidad de comunicación, que resulta patente en sus canciones. Tim y Faith se conocieron en 1996 en un concierto en el que ambos participaban. Faith era telonera de Tim, y la gira se llamó *Combustión espontánea*. Una noche durante la gira, Tim le propuso matrimonio, justo antes de que ella saliera a actuar. En ese momento, Faith no disponía de tiempo para responderle. Así que escribió su respuesta en un espejo. Se casaron poco después de finalizar la gira.

Sus Números de la Actitud son compatibles, y también sus Números de la Trayectoria de la Vida. Faith y Tim se han lanzado a la carretera juntos y han batido récords con el dinero que han ganado. Los fans de la música *country* les adoran. Son la realeza de la música *country*. Cuando me fijo en sus Números de la Actitud y en el resto de su Cuadro Comparativo, me da la impresión de que estarán mucho tiempo juntos. Fue una auténtica bendición que se encontrasen y, a juzgar por los Números, estaban destinados a ello.

Madonna y **Guy Ritchie** son una pareja cuyos Números de la Actitud representan un Desafío.

Madonna
Madonna nació el 16-8

$$1+6+8 = 15$$
$$= 1+5 = 6$$

Madonna tiene una Actitud 6

Guy Ritchie
Guy Ritchie nació el 10-9

$$1+0+9 = 10$$
$$1+0 = 1$$

Guy Ritchie tiene una Actitud 1

LA PAREJA DE DESAFÍO

Los Números de la Actitud 1 y 6 son un Desafío entre sí. Eso puede convertirse en una auténtica lucha de poder. Actitud 1 quiere sentirse respetado y escuchado, y Actitud 6 no quiere sentirse controlado por nada.

A la hora de escribir estas líneas, Madonna y Guy Ritchie se están divorciando. A mí me preocupó su relación desde el principio a causa —no sólo porque sus Números de la Actitud fueran un Desafío— de que Madonna también es Trayectoria de la Vida 2 y Guy Ritchie 7. Cuantos más Números de Desafío haya en un Cuadro Comparativo, más problemas potenciales existen. Lo que se dice es que Madonna, durante un concierto, le dijo al auditorio que Guy era «emocionalmente retrasado». Estoy segura de que no es cierto que Guy lo sea, pero cuando tienes Números que son Tóxicos, puedes malinterpretar fácilmente al otro. Por eso la relación se vino abajo.

La Actitud 6 significa que Madonna quería ser madre. Tuvieron una hija y un hijo preciosos y adoptaron otro niño. Los que conocen el asunto afirman que a Guy no le gustaba lo de la adopción. No me sorprende, porque sus números no indican una inclinación tan grande hacia la paternidad como en Madonna, que recientemente volvió a adoptar sin tener pareja en su vida.

Así que si observáis esos Desafíos en vuestros Números de la Actitud, ya os haréis una idea de lo que podría suceder en el futuro. No obstante, cuando aparecen los problemas en una relación que ya mantienes, puedes decirte: «Vale, esa es la razón por la que somos diferentes», y ponerte a trabajar en ello. No tienes por qué dejar que las cosas amarguen y destruyan la relación, como en el caso de Madonna y Guy Ritchie.

Descripciones del Número de la Actitud

Número de la Actitud 1

Si te interesa alguien con la Actitud 1, has de saber que se trata de una Vibración competitiva. No importa lo que te cuenten, les gusta ganar. Si te expone sus ideas, normalmente estarán respaldadas con muchas evidencias que apoyarán sus tesis. Dará la impresión de que estás en un juzgado. Si alabas y animas al Número de la Actitud 1, hará lo que sea para justificar tu fe en él. Por otra parte, si eres demasiado exigente, o intentas controlarlo –digamos que emites la orden «A la derecha»– has de ser consciente de que casi invariablemente irá a la izquierda. Así que ten en cuenta que esa es una característica de un Actitud 1. Hay que ir con cuidado.

Número de la Actitud 2

Si te interesa alguien con la Actitud 2, has de saber que se trata de una Vibración sensible. Los 2 son muy conscientes de las emociones de las personas que los rodean. Si tú, su persona amada, estás de mal humor, le influirás negativamente. Si alguien se muestra demasiado crítico con ellos, puede arruinarles el día. Son más sensibles de lo que les gustaría. El don de Actitud 2 es su innegable perspicacia psicológica de la vida. Cuando tienen una intuición sobre algo, tiende a ser correcta. Este Número de la Actitud está verdaderamente abierto al amor.

NÚMERO DE LA ACTITUD 3

Si te interesa alguien con la Actitud 3, has de saber que es el tipo de persona que hará chistes o se reirá con ganas de alguien. Los 3 comunican informaciones muy importantes condensadas en una sola frase. Si la cosa se pone demasiado seria, intentan aligerarla. A veces dan la impresión de que la vida es un poco más dramática de lo que en realidad es; son propensos, sin duda, a reaccionar de forma exagerada. Así que si quieres seguir con esta relación, has de recordar que el 3 es un actor natural, y que interpreta ante un auditorio entusiasta. Si es tu caso, puedes divertirte mucho con ellos.

NÚMERO DE LA ACTITUD 4

Si te interesa alguien con la Actitud 4, has de saber que es una persona a la que le gusta contar con instrucciones; no le gustan las sorpresas. Esta Vibración duda al llevar una idea a la práctica, incluso una idea buena, porque teme no poder hacerlo correctamente. Los 4 deben seguir sus ideas, o más adelante se arrepentirán. Son leales. Si un Actitud 4 te ama, puedes estar seguro que será para mucho tiempo. Los 4 se interesan en la persona que aman y siempre intentan ayudarte a evitar cualquier escollo. A veces pueden convertirse en aguafiestas, pero no es su intención. Por ejemplo, hace un día precioso y quieres salir a tomar el sol. El 4 sacará a colación el peligro del cáncer de piel, sugiriendo que te embadurnes de crema con un factor de protección elevado, para luego volver a repetir las últimas advertencias acerca de la ineficacia de las cremas protectoras. No es que intente arruinarte el día, sino que realmente le preocupa tu salud. Si lo tienes en cuenta, evitarás disgustos.

NÚMERO DE LA ACTITUD 5

Si te interesa alguien con la Actitud 5, debes saber que probablemente será muy energético, que le emocionará la vida, y que siempre andará en busca de lo nuevo y diferente. A los 5 les gusta que alguien se esfuerce en darles una fiesta especial. En cuanto a la vida amorosa, los 5 han de evitar caer en la trampa de pasarse de rosca, es decir, drogas, sexo y alcohol. Por lo general, son ávidos buscadores de conocimiento. Devoran la información y a menudo los encontrarás en un seminario o una convención. Siempre que hay una reunión de mucha gente, desde un mitin político a un concierto, encontrarás más Actitudes 5 que otro Número de la Categoría Actitud. Así que si tú también dispones de mucha energía, ¡te lo pasarás tremendo!

NÚMERO DE LA ACTITUD 6

Si te interesa alguien con la Actitud 6, has de saber que son el número del cariño. Si eligen no casarse y no tener hijos, a menudo los encontraremos dirigiendo una importante empresa y tratando a sus empleados como si fueran su familia. Son líderes naturales, y la gente se siente atraída hacia ellos. A los 6 les resulta difícil relajarse y disfrutar de lo que tienen. Si todo funciona como la seda no saben qué hacer consigo mismos. Para ellos es importante aprender que una vez que acaban con la lista de las cosas pendientes, deberían aprovechar para parar, respirar hondo y decir: «Me he ganado este tiempo de descanso y voy a disfrutar con mis seres queridos. Y eso es justamente lo que haré».

NÚMERO DE LA ACTITUD 7

Si te interesa alguien con la Actitud 7, te sentirás atraído hacia él, y no precisamente por lo que diga, sino más bien porque te observa. Captará tu atención y te preguntarás quién puede ser. El Actitud 7 sabe cómo compartir sus opiniones, pero no lo hace con cualquiera. En lugar de ello, estudia a todo el mundo. En el mundo del espectáculo no es infrecuente que el Actitud 7 produzca o dirija a otros porque capta todos los detalles. Se trata de un Número al que por lo general le gusta el mar y que suele buscar una profesión que le permita explorar el mundo. Lograrlo le hace feliz. Si has conocido a alguien con un Actitud 7 que no ha descubierto todavía el tipo de espiritualidad que le conviene, seguramente será cínico. Al principio puede resultar divertido, pero al cabo de un rato es agotador.

NÚMERO DE LA ACTITUD 8

Si te interesa alguien con la Actitud 8, has de saber que quienes tienen esta Vibración siempre dicen lo que piensan. Si eres demasiado sensible, no son para ti. No es que pretendan herirte, pero a veces no miden sus palabras. Si eres atractiva, asegúrate de captar la atención de un Actitud 8. Saben apreciar la belleza.

Este Número de la Actitud disfruta trabajando mucho, pero quiere estar seguro de que se le compensará económicamente. También debe disfrutar con el trabajo. Trabajar sólo por la nómina no le basta. Los 8 son los mejores dirigiendo, y si viven en el lado Positivo del Número, dirigirán empresas con eficacia. El Actitud 8 no gusta que las figuras de autoridad le digan cómo ha de comportarse. Los 8 han de descubrir una manera de sentirse cómodos y disfrutar del dinero por el que tanto se esfuerzan trabajando. Necesitan encontrar el equilibrio perfecto y desarrollar una buena relación con el dinero.

NÚMERO DE LA ACTITUD 9

Si te interesa alguien con la Actitud 9, has de saber que hay personas que les buscan para obtener orientación y los consideran líderes. El Actitud 9 siempre es considerado como alguien que sabe adónde va, y que puede ayudar a otros a llegar. Como es un líder natural, algunas personas pueden sentirse intimidadas en su presencia. Si un 9 te hace sentir inseguro, este Número de la Actitud no es para ti. El Actitud 9 está dispuesto a ayudar a todas las personas que conozca. Tiende a abrazar el presente a fin de pasárselo bien en este preciso momento.

Tanto si son niños como personas ancianas, siempre tienen un sentido de la responsabilidad hacia su familia original y deben encontrar un equilibrio para mantenerse sanos. En lo tocante a su relación actual, si tienen niños, se sentirán muy orgullosos de estar presentes emocionalmente para ellos. El Actitud 9 es una Vibración creativa y debe poder expresarse de alguna manera.

11

El **Número del Destino:**
¿estáis destinados a estar juntos?

Amar es tener un vislumbre del cielo.

KAREN SUNDE

El **Número del Destino** nunca puede cambiarse porque procede del Nombre del Certificado de Nacimiento. Es un presagio acerca de la dirección que tomará tu vida. Cuando busques el Número del Destino de tu pareja, has de tomar el Nombre del Certificado de Nacimiento al completo y reducirlo a un dígito. Usaremos los casos de **Harrison Ford** y **Calista Flockhart** como ejemplo.

El Nombre del Certificado de Nacimiento de Harrison Ford es Harrison Ford:

FDN: 13-7-1942

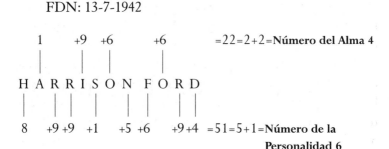

Número del alma (4) + Número de la Personalidad (6) = $10=1+0=$ **Número del Poder del Nombre 1**

El Nombre del Certificado de Nacimiento de Calista Flockhart es Calista Kay Flockhart

FDN: 11-11-1964

```
1    +9    +1    +1        +6        +1   =19=1+9=10=1+0=
|    |     |     |         |         |    Número del Alma 1
C  A L I  S  T A   K A Y   F L O  C K H  A R T
|  | | |  |  | |   | | |   | | |  | | |  | | |
3    +3  +1+2     +2    +7 +6 +3    +3 +2 +8    +9 +2   =51=5+1=
                                              Número de la
                                              Personalidad 6
```

Número del alma (1) + Número de la Personalidad (6) = Número del Poder del Nombre 7

LA PAREJA NATURAL

Harrison Ford II es el nombre que aparece en el certificado de nacimiento de Ford. Sin embargo, en Numerología, no se tienen en cuenta este tipo de sufijos, sólo la totalidad del nombre.

El Nombre de Nacimiento de Harrison Ford le da un Número del Destino 1, y cuando se desglosa el Nombre de Nacimiento de Calista Flockhart, obtenemos un Número del Destino 7. El 1 y el 7 son una Pareja Natural en Numerología y ello ayuda a comprender que estas dos personas disfruten de una relación tan duradera.

Saber que Harrison Ford tiene un Destino 1 nos ayuda a entender su fuerza y determinación para ser el mejor en lo que hace. Con éxitos como *La guerra de las galaxias* y la serie de *Indiana Jones*, se ha labrado una sólida carrera artística, y en muchas ocasiones ha sido elegido por muchos propietarios de cines como el actor más rentable en taquilla. Su última película del ciclo *Indiana Jones* también fue un éxito, demostrando una vez más que los espectadores lo adoran y que continuarán apoyando sus esfuerzos profesionales.

Calista Flockhart tiene un Número del Destino 7, y la Vibración 7 explica su gran necesidad de privacidad. También cuenta con una sólida carrera profesional, como demuestra su éxito televisivo, la serie *Ally McBeal* y la más reciente de *Brothers and Sisters*. No obstante, para alguien que lleva en la profesión tanto tiempo como ella, el público lo desconoce casi todo sobre su vida, y así es como ella quiere que siga siendo.

Cuando ambos se conocieron, en 2002, calculé sus Cuadros Numerológicos y vi que no sólo eran una Pareja Natural sus Números del Destino, sino también sus Números de la Trayectoria de la Vida 6 (Calista) y 9 (Harrison). En esa época, Calista acababa de adoptar un bebé. Como es una Trayectoria de la Vida 6, ser madre le habrá ayudado a colmar sus fuertes instintos maternales. Harrison Ford también tiene un 6 en su Patrón Numerológico, y cuando empezaron a salir, él se puso a ayudarla a criar al bebé. Todos los que conocen a la pareja dicen que él trata al hijo adoptado como si fuese propio.

Antes de su relación circularon muchos rumores acerca de que Calista podía padecer un trastorno alimentario porque estaba increíblemente delgada. Cuando empezaron a salir, ganó algo de peso y su aspecto fue mucho más saludable.

Harrison Ford acababa de salir de un difícil divorcio tras 18 años de matrimonio y estaba emocionalmente agotado. Sin embargo, una vez que se unió a Calista, pareció descansado y feliz. Como existe una diferencia de edad de 22 años, mucha gente de los medios creyó que la relación formaba parte de una crisis de la mediana edad de Harrison Ford y que no tardaría en llegar a su fin.

Pero estudiando su Cuadro Numerológico Comparativo llegué a la conclusión de que era algo que iba en serio. En 2009, Harrison propuso matrimonio a Calista el fin de semana de san Valentín, unas noticias excelentes para ambos, para su hijito y, debería añadir, para todos los que les admiramos y queremos. En términos numerológicos, gozan de una conexión muy fuerte, y sus Números del Destino, 1 y 7, son una Pareja Natural, que confirma que su amor estaba destinado a ser.

DESCRIPCIONES DE LOS NÚMEROS DEL DESTINO

NÚMERO DEL DESTINO 1

Si la persona que te interesa tiene un Número del Destino 1:

Has de saber que los 1 están destinados a ser independientes. Se exigen mucho a sí mismos y nunca dejan de intentar ser los mejores en aquello que hacen. El Número del Destino 1 puede inspirar a otros a dar lo mejor de sí mismos.

Es importante que el Número 1 tenga objetivos, pero también que descanse entre éxitos. Las personas con esta Vibración necesitan trabajar para saborear el momento, pues siempre tienen la impresión de que se les acaba el tiempo. El Número del Destino 1 ha de recordar que, como seres humanos, sólo podemos hacer lo que podemos y mientras podemos. No pasa nada por cometer errores de camino hacia la excelencia. El Número del Destino 1 haría bien si se centrase en sí mismo mediante el yoga o cualquier tipo de ejercicio oriental y meditación.

NÚMERO DEL DESTINO 2
Si la persona que te interesa tiene un Número del Destino 2:

Los 2 han venido para aportar paz al mundo. El Número del Destino 2 tiene por objeto unir a la gente. Son los mediadores y altruistas en busca de justicia. Por lo general verás a los 2 metidos en los movimientos de derechos civiles y en la vanguardia de los movimientos pacifistas. Les importa mucho ser fuertes interiormente, pues pueden sentirse abrumados por su empatía hacia los menos afortunados, para acabar siendo menos efectivos en su labor. Tienen la capacidad de amar incondicionalmente y esa es una verdadera bendición para sus parejas e hijos. La Vibración 2 es una Energía psíquica y descubrirán que algunos de sus sueños se hacen realidad o experimentarán la sensación de *"déjà vu"* al conocer a alguien. Deben mantener cierta distancia con respecto a aquellos a quienes ayudan, o sus emociones los comerán, y la desesperación podría hacer que se replegasen en sí mismos. Eso sería una desgracia para todos nosotros, pues su destino es estar en el mundo y dar esperanza a quienes la han perdido.

NÚMERO DEL DESTINO 3
Si la persona que te interesa tiene un Número del Destino 3:

Los 3 han de expresarse a sí mismos de forma creativa y motivar a otras personas. Estos individuos están aquí para animar a los demás a dar lo mejor de sí mismos. El Número del Destino 3 hallará una manera de dominar cierta forma de comunicación. Lo consiguen escribiendo, hablando, vendiendo, etc. Los 3 han llegado para comunicar felicidad a otros de varias maneras. Sienten la necesidad que mejorar la vida a su alrededor, y para ellos es importante el aspecto de las cosas. Deben elegir parejas que recorran caminos saludables, no gente disfuncional a la que curar, para no caer en la depresión. Son una presencia gozosa en el mundo, no sólo para los demás, sino también para sí mismos.

NÚMERO DEL DESTINO 4

Si la persona que te interesa tiene un Número del Destino 4:

Están aquí para proporcionarse estabilidad y una base sólida a sí mismos y a aquellos que les acompañan en la vida. Son excelentes profesores porque les gusta compartir lo que aprenden con todos nosotros. Una persona con un Destino 4 se interesa por su hogar. No es inusual que sean arquitectos, diseñadores de interiores o que trabajen en la construcción. Les encanta el contacto con la naturaleza, tanto realizando excursiones como haciendo acampadas. El Destino 4 goza de la bendición de una mente inventiva. Deben tener el coraje para actuar siguiendo sus propias innovaciones.

NÚMERO DEL DESTINO 5

Si la persona que te interesa tiene un Número del Destino 5:

Están aquí para vivir al máximo y conseguir que otros hagan lo mismo. Esta Vibración está llamada a transformar nuestras vidas cotidianas. La Vibración 5 aporta magia a todo lo que toca. Esta Vibración disfruta con cada nueva aventura. Si eres espabilado, nunca disfrutarás de mejor audiencia. El Destino de los 5 es viajar porque cada viaje les proporciona un conocimiento que valorarán durante el resto de su vida. A causa de su pasión por la vida, deben ir con ojo para no propasarse en cuestión de comida, sexo o drogas.

NÚMERO DEL DESTINO 6

Si la persona que te interesa tiene un Número del Destino 6:

Están aquí para dirigir y para aprender que nadie puede hacerlo todo solo. El 6 cuenta con importantes poderes intuitivos (el 61 sentido). Sienten las cosas en profundidad e incluso tienen sueños que se hacen realidad. Son grandes trabajadores, y se puede contar con ellos para que nos ayuden. Si un Número del Destino 6 es trabajador social, puede conseguir que un refugio o un centro de rehabilitación parezca un hogar de verdad. Aportan cierta calidez allá donde van, y son muy leales. Cualquiera lo suficiente afortunado como para conocer a este tipo de persona se sentirá realmente seguro con ella.

NÚMERO DEL DESTINO 7
Si la persona que te interesa tiene un Número del Destino 7:

Están aquí para descubrir el sentido de la vida y para hallar paz en la respuesta. Para estar satisfechos, deben hacerse estas preguntas vitales, recordando siempre que los seres humanos son finitos, y que no nos es posible saberlo todo. Cuando estas personas están solas reciben las respuestas, pero tarde o temprano deben salir de sí mismas para compartir lo que han vislumbrado. Una buena manera de hacerlo es escribiendo un diario. A veces las respuestas que buscan llegan lentamente, y por ello pueden tornarse algo escépticos y carecer de un sistema de creencias. Ese es el momento en que deberían hallar consuelo en el mundo de la naturaleza y en la belleza del mundo físico. Han de recordar que su legado es vivir una vida espiritual. La influencia del 7 en los demás es mucho mayor de lo que él imagina.

NÚMERO DEL DESTINO 8
Si la persona que te interesa tiene un Número del Destino 8:

Están aquí para manifestar abundancia en esta vida, y para compartirla con los demás. Gran parte de esta seguridad se basa en lo que creen: o bien que pueden lograr mucho éxito o que nunca conseguirán aprovechar una oportunidad. Deben hallar un equilibrio.

Cuando se vive en el lado Positivo del Número del Destino 8, éste puede ayudar muy bien a organizar las economías de otras personas. El 8 que vive en el lado Negativo de la Vibración puede sufrir sintiéndose mortificado, algo que puede manifestarse en forma de dolor físico o mental. Les recomendaría que aprovechasen las «Afirmaciones» que aparecen en el Capítulo 22 para superar esas sensaciones. La clave para los 8 radica en mantener el sentido del humor y seguir concentrados en sus metas. Si lo consiguen, ciertamente lograrán el éxito al que están destinados.

NÚMERO DEL DESTINO 9

Si la persona que te interesa tiene un Número del Destino 9:

Están aquí para compartir su sabiduría. El Destino 9 debe impartir su conocimiento a los demás y ayudarlos a realizar un estado de consciencia superior. Son una fuerza formidable y por ello la gente acude a ellos en busca de liderazgo en tiempos de crisis. Su principal prueba en la vida es perdonar y soltar el pasado. Como están tan evolucionados (el 9 es un número de terminación), los demás pueden en ocasiones malinterpretar sus palabras como desdeñosas y sentir que no los quieren en su vida. En realidad, el 9 necesita y gusta del amor y la amistad. También saben en lo más profundo de sí mismos que no siempre son tan fuertes, y a veces pueden aprovechar algo de ayuda. Deben aprender a pedirla por su nombre. Al ir adquiriendo equilibrio en su propio camino, su destino será enseñar a otros a lograr lo mismo.

Estos son los Números del Destino. Si el Número de la Trayectoria de la Vida es un Desafío para el Número del Destino, hará falta algo más de tiempo para realizar nuestro Destino, pero sea como fuere, *¡estamos destinados a llegar!*

12

El Número de la Madurez: la mediana edad no siempre es una crisis

Amar no es más que descubrirnos a nosotros mismos en los demás, y disfrutar dicho reconocimiento.

ALEXANDER SMITH

El Número de la Madurez no es muy conocido en la Numerología convencional, pero he comprobado que este número es especialmente importante para las parejas. Esta Vibración se revela a sí misma en la mediana edad. Ahora podrás tener una idea de qué puedes esperar en esa época.

Para recapitular lo que hemos aprendido hasta el momento, hay seis Números que conforman el Patrón Numerológico: los tres Números extraídos del nombre nos proporcionan el Número del Alma, el Número de la Personalidad y el Número del Poder del Nombre. La fecha de nacimiento de la persona nos facilita el Número del Día de Nacimiento, el Número de la Actitud y el Número de la Trayectoria de la Vida. Estos 6 Números son el patrón básico de la identidad de esa persona.

También hemos visto el Número del Destino, que procede del Nombre del Certificado de Nacimiento, y ese es el Número que te da una sensación de lo que puedes alcanzar. Para obtener el Número de la Madurez, toma tu **Número del Destino**, añádelo a tu **Número de la Trayectoria de la Vida**, y redúcelo a un dígito. Cuando descubrí mi Número de la Madurez fue un momento especial. Mi nombre de nacimiento es Glynis Kathleen McCants, que se desglosa en un Número del Destino 1, y tengo el Número de la Trayectoria de la Vida 3.

Número de la Trayectoria de la Vida (3) + Número del Destino (1) = Número de la Madurez 4.

El Nombre del Certificado de Nacimiento de mi esposo es Charles St. Denny Youngblood, que desglosado da un Número del Destino 9, siendo un Trayectoria de la Vida 4.

Número de la Trayectoria de la Vida (4) + Número del Destino (9) = 13 = 1+3 = Número de la Madurez 4.
El Número de la Madurez de Charlie es 4.

Me pareció alucinante descubrir que tanto mi esposo como yo teníamos ¡el mismo Número de la Madurez! Ni siquiera sabía que había un 4 en mi Patrón Numerológico hasta que supe de la existencia de este número. Así que no sólo había encontrado al amor de mi vida y teníamos pensado casarnos, sino que compartíamos nuestro Número de la Madurez.

Conocer y casarme con Charlie formaba parte de mi Número de la Madurez, y el hecho de que sea el mismo para él demostraba que estábamos bendecidos. Significa que lo que queremos de la vida es parecido. Supe que compartir el Número de la Madurez 4 iba a reforzar nuestra relación.

Como ya utilizamos a Paul Newman y a Joanne Woodward para ayudarnos a saber acerca del Patrón Numerológico en el Capítulo 2, volvamos a echar mano de ellos para el ejemplo del Número de la Madurez. El nombre del certificado de nacimiento de Paul Newman es **Paul Leonard Newman:**

```
 1 +3      +5 +6   +1          +5       +1   =22=2+2=
  | |       |  |    |           |        |    Número del Alma 4
 P A U L   L E O N A R D      N E W M A N
  | |  |    |  | |  | | |      | |   |   |
 7   +3 +3    +5  +9 +4 +5    +5 +4    +5  =50=5+0=
                                      Número de la Personalidad 5
```

Número del alma (4) + Número de la Personalidad (5) = Número del Poder del Nombre 9

El Número del Destino de Paul Newman es un 9.

El Número del Destino de Paul es un 9. Cuando lo añades a su Trayectoria de la Vida 8:

Número del Destino (9) + Número de la Trayectoria de la Vida (8) = 17 = 1+7 = 8
El Número de la Madurez de Paul Newman es un 8

Como ya hemos usado a Paul Newman como ejemplo sobre cómo obtener el Número de la Madurez, abreviaremos con Joanne Woodward. Su Nombre del Certificado de Nacimiento es **Joanne Gignilliat Trimmier Woodard.**

Cuando desglosamos su nombre de nacimiento se obtiene un Número del Destino 7. Luego se toma su Número del Destino 7 y se le añade a su Número de la Trayectoria de la Vida 6.

Número del Destino (7) + Número de la Trayectoria de la Vida (6) = 13 = 1+3 = 4
El Número de la Madurez de Joanne Woodward es un 4.

Los Números de la Madurez de Paul y Joanne son 4 y 8, que en Numerología son una Pareja Natural.

En el caso de Paul Newman, miramos el 8 y decimos que los 8 están aquí para dominar el arte de crear estabilidad económica, la cual él ciertamente logró.

En el caso de Joanne Woodward, con su Número de la Madurez 4, no sólo se ocuparon de ella en el terreno económico, sino que pudo asistir al *Sarah Lawrence College* y obtener una licenciatura, junto con su hija, cuando estaba ya en los sesenta. Ten en cuenta que un 4 no tiene nunca bastante información y que siempre anda tras el conocimiento. Así que Joanne, con su ejemplo, nos ilustra acerca de la influencia del Número de la Madurez 4. Los Números de la Madurez de Joanne y Paul son el punto culminante de dos Cuadros muy compatibles.

DESCRIPCIÓN DE LOS NÚMEROS DE LA MADUREZ

Puede que estés casado, envejeciendo y pienses de ti mismo: «¿Estaré con esta persona el resto de mi vida?». Tal vez tus hijos sean ya mayores y vivan por su cuenta, y no parece que tú y tu pareja tengáis buena conexión. El Número de la Madurez puede proporcionarte nuevos aportes sobre cómo podrías lidiar con esa sensación.

EL NÚMERO DE LA MADUREZ 1
Si la persona que te interesa es un Número de la Madurez 1:

Un Número de la Madurez 1 son personas que, cuando envejecen, sienten la necesidad de dejar su huella en el mundo. Así que si estás casado con alguien que es Número de la Madurez 1, y ahora mismo no parece tan disciplinado como a ti te gustaría, deberías saber que eso cambiará al irse haciendo mayor.

Ese tipo de personas no puede escapar a su Número de la Madurez. La Vibración 1 va a acabar manifestándose, y les ayudará a cambiar las cosas en la última parte de su vida. El Número de la Madurez 1 se tornará más apasionado, más estimulante y más decidido a hacer algo con su vida. Si cuentan con otra Vibración 1 en su Patrón Numerológico, tal vez una Trayectoria de la Vida 1, entonces puede que ya hayas sido testigo de eso en su comportamiento, pero irá en aumento al ir madurando. Así que en definitiva, puede ser estupendo para ti. La desventaja estriba en que sus ambiciones pueden hacerle parecer autoritario. Anímalo a pensar antes de hablar con la gente, pues en realidad no pretende ofender.

EL NÚMERO DE LA MADUREZ 2
Si la persona que te interesa es un Número de la Madurez 2:

Un Número de la Madurez 2 será alguien que, si es que todavía no lo ha hecho, hallará ahora el amor. Tal vez antes los 2 no pudieron encontrar a la persona adecuada, pero al hacerse mayores, hallan una relación cariñosa y sana. También implica que el don de la intuición, ese instinto visceral de saber lo que es cierto, se intensificará.

Por muy grabadas que el Número de la Madurez 2 tuviera esas lecciones, al hacerse mayor, desarrollará un sentido natural de lo que es correcto. Me parece que el Número de la Madurez 2 es una enorme bendición, y en última instancia, la vida de esa persona será más armónica. Así que si estás enamorado de alguien con ese Número de la Madurez, has de saber que va en esa dirección. Puede que ahora no veas eso en tu persona amada, tal vez parezca frustrado e iracundo, pero todo eso se sosegará al ir madurando.

EL NÚMERO DE LA MADUREZ 3

Si la persona que te interesa es un Número de la Madurez 3:

Un Número de la Madurez 3 es una buena Vibración, porque le gusta ser ligero; le gusta entrar en contacto con ese niño interior, divertirse mucho más y ser más sociable. Dispondrá de más tiempo para escuchar buena música, asistir a fiestas estupendas y conocer gente.

Digamos que su Número de la Trayectoria de la Vida es un 4 o un 8, y que en una etapa anterior de su vida estuvo presente una intensidad más negativa. Con esta Vibración 3, alcanzará más sosiego. El Número de la Madurez 3 hará más amigos al ir haciéndose mayor. Si estás enamorado de un Número de la Madurez 3, y ahora parece ser muy tieso y estirado, has de tener en cuenta que se irá ablandando.

También puede entrar en contacto con su lado creativo, escribiendo sus memorias o apuntándose al coro de la iglesia para cantar de corazón. La Vibración 3 halla los medios para expresarse, al ir entrando en juego su Número de la Madurez.

EL NÚMERO DE LA MADUREZ 4

Si la persona que te interesa es un Número de la Madurez 4:

Un Número de la Madurez 4 hace que quieras compartir tu vida con él. Si su Trayectoria de la Vida es 1, 5 o 7 –Vibración de potente energía– el 4 puede calmar esa faceta. Al ir haciéndose mayores e interiorizándose, los 4 se tornan más prácticos acerca de lo que desean. Cuando tienen una idea, la seguirán con constancia, en lugar de tener la impresión de que siempre les falta tiempo. Se trata de una Vibración notable de cara a sentar las bases para el futuro.

El Número de la Madurez 4 debe evitar ser demasiado estrecho de miras o dominante. Puede que haga pasar mal rato a la gente a causa de sus creencias, sobre todo si no están de acuerdo con lo que el propio 4 cree.

EL NÚMERO DE LA MADUREZ 5

Si la persona que te interesa es un Número de la Madurez 5:

Un Número de la Madurez 5 significa «abróchense los cinturones de seguridad». Al hacerse mayores, la vida se tornará más emocionante. Se darán cuenta de que son libres para hacer todo aquello que nunca pudieron hacer por falta de tiempo. Pienso en esas madres y en esos padres que criaron a sus hijos y que fueron tan responsables: ahora disponen de tiempo para jugar.

El Número de la Madurez 5 dispondrá de tiempo para experimentar el mundo. Los 5 probarán alimentos que nunca degustaron antes, cambiarán de peinado y mirarán la vida con una sensación de maravillamiento infantil. Les escucharás exclamar: «Estoy contento de haber podido hacer todo esto antes de que mi vida se acabe».

El 5 debe ir con cuidado para no quedar aplastado bajo el peso de sus propias ideas. Pudiera sentirse tentado a levantar los brazos y decir: «¡A la porra!». Debe elegir algo, concentrarse en ello y tratar de conseguirlo. Luego ir a por la siguiente, y así. Al ir haciéndose mayores, su vida se convertirá en un empeño todavía más emocionante. El Número de la Madurez 5 intenta vivir la vida a tope.

EL NÚMERO DE LA MADUREZ 6

Si la persona que te interesa es un Número de la Madurez 6:

Este Número anima a esas personas en los últimos años de su vida a mantener una relación más profunda con amigos, familia e incluso con su comunidad. Sienten esta necesidad de proximidad para asegurarse de que los demás están cuidados, no sólo ellos mismos. Económicamente, dispondrán de unos ahorrillos y también estarán dispuestos a donar algo a obras de beneficencia, así como a cualquier otra causa que consideren adecuada.

Tal vez en sus anteriores épocas estuvieron demasiado ocupados para conformar relaciones cercanas y ahora sea su momento. Cuando llegue el final de su vida, habrá mucha gente que les quiera y los valore. Sobre todo si no han tenido ningún otro 6 en su Patrón Numerológico, y sólo ha aparecido en su Número de la Madurez. El Número de la Madurez 6 será una bendición para sus vidas.

EL NÚMERO DE LA MADUREZ 7
Si la persona que te interesa es un Número de la Madurez 7:

Al ir envejeciendo, estas personas se descubrirán frente a las grandes preguntas de la vida, y harán cualquier cosa para conseguir las respuestas que buscan tratando de encontrar su base espiritual. Con el Número de la Madurez 7, se preguntarán: «¿Por qué existo?». Ahora bien, si ya tenían una o dos Vibraciones 7 en los seis Números que componen su Patrón Numerológico, han de ir con cuidado para no acabar siendo ermitaños radicales, abandonar a sus seres queridos y acabar concentrándose únicamente en la necesidad de obtener respuestas para todas esas preguntas sin respuesta.

El Número de la Madurez 7 les animará a confiar en su intención. Cuentan con una capacidad psíquica natural para discernir lo que es cierto de lo que no lo es. No perderán el tiempo tratando de hacerse entender frente alguien que no sea sincero. No disponen de tiempo para ello, y lo que quieren es una pareja que sepa de qué están hablando.

Si amas a alguien con el Número de la Madurez 7 y no es una Pareja Natural para ti, has de saber que la soledad forma parte de ellos. Si no puedes mantener largos períodos de silencio con tu pareja, ten en cuenta que a largo plazo eso afectará a tu relación.

EL NÚMERO DE LA MADUREZ 8
Si la persona que te interesa es un Número de la Madurez 8:

En esa época de la vida de lo que se trata es de obtener el éxito económico de una vez por todas. Tendrán la sensación de:

«Estoy muy bien y me manejo». Una lección que debe aplicarse el Número de la Madurez 8 es aprender a desconectarse del dinero y no dejarse atrapar en cuánto dinero puede ganar. Se trata de aceptar el hecho de que tiene bastante para sí y lo suficiente para ayudar a otras personas.

A los 8 les importan su casa y su entorno. Tras trabajar duro para lograr sus objetivos económicos, ahora pueden relajarse y disfrutar de la libertad que ello proporciona. Si hacen eso, serán muy felices con la Vibración de ese Número de la Madurez 8.

Si existe otra Vibración 8 en algún lugar de su Patrón Numerológico, puede que hayan tenido que luchar para lograr la seguridad económica. Esa facilidad con el dinero se manifestará más adelante en sus vidas, cuando empiecen a sentir la llegada del Número de la Madurez 8. Así que si conoces a uno de ellos que ahora le toca esforzarse, sé consciente de que más adelante existen muchas opciones de que eso deje de ser un problema.

EL NÚMERO DE LA MADUREZ 9
Si la persona que te interesa es un Número de la Madurez 9:

Los Números de la Madurez 9 se sienten llamados a convertir el mundo en un lugar mejor de cómo lo encontraron. Al hacerse mayores, esto se irá convirtiendo en una prioridad cada vez más importante.

Piensa en un desastre como el huracán Katrina o el *tsunami* del 2004. Alguien con un Número de la Madurez 9 habría volado hasta allí para ofrecer su ayuda, o al menos contribuir con sus ahorros para las víctimas, en caso de no poder llegar hasta el lugar. También organizarían a otras personas, y comprobarían que llevan a cabo su misión.

Si existen otros 9 en su Patrón Numerológico, eso ya formará parte del propósito de su vida. Una de las cosas que deberían evitar, si tienen un Número de la Madurez 9, es cualquier resentimiento acerca de un tratamiento injusto en su niñez.

Al hacerse mayores, comprenderán que todos estamos conectados y se preguntarán a sí mismos cómo pueden dejar una huella positiva en el mundo. Si amas a alguien con el Número de la Madurez 9, pero que tiene un Patrón Numerológico con energías más egoístas, sé consciente de que al ir haciéndose mayor cada vez se implicará más en servir a los demás de manera desinteresada. Prepárate para unirte a él en su periplo y disponte a abandonar parte de tus deseos egoístas. Si vuestro Cuadro Comparativo está sincronizado, ésta podría ser una época bien emocionante para ambos.

13

Todas las combinaciones de amor y Trayectoria de la Vida: ¿has encontrado verdaderamente a tu pareja?

En la aritmética del amor, uno más uno equivale a todo, y dos menos uno equivale a nada.

MIGNON MCLAUGHLIN

En este capítulo nos dedicaremos a comprobar de qué manera cada Número de la Trayectoria de la Vida interacciona con los demás Números de la Trayectoria de la Vida. Ten en cuenta que el orden del número en cada combinación no importa. Si eres un Trayectoria de la Vida 2 y mantienes una relación con un Trayectoria de la Vida 1, eso significa lo mismo que ser un Trayectoria de la Vida 1 en relación con un Trayectoria de la Vida 2 (las combinaciones no aparecen repetidas).

TRAYECTORIA DE LA VIDA 1 CON TRAYECTORIA DE LA VIDA 1

En Numerología esta relación se considera como una Pareja Natural. Cuando dos Trayectorias de la Vida 1 se juntan, es muy importante que elijan una meta en común. Deben poder decir: «Estamos juntos en esto». No deben competir entre sí; de otro modo, la relación se agriará. Deben aprender a decir que sea lo que fuere que les salga al paso, podrán hablar de ello, podrán resolverlo y no se recriminarán nada.

Las Vibraciones 1 se esfuerzan por hacerlo lo mejor que pueden, y si lo hacen juntos, son el doble de fuertes. Pero como he comprobado una vez tras otra, el Número de la Trayectoria de la Vida 1 no acepta bien las críticas, y por ello lo mejor es descartar dar la lata y las críticas gratuitas. El consejo más importante que puedo daros, si ambos sois Trayectoria de la Vida 1, es que os tratéis con respeto y encontréis maneras de obsequiaros. Si empezáis a sentiros críticos con respecto a vuestra pareja, lo mejor es guardar los sentimientos negativos para vosotros. Cuando se trabaja juntos, en equipo, el resultado es intenso y el cielo es el límite.

TRAYECTORIA DE LA VIDA 1 CON TRAYECTORIA DE LA VIDA 2

En Numerología esta relación se considera Compatible. Trayectoria de la Vida 1 suele considerarse con suerte porque Trayectoria de la Vida 2 hará todo lo que pueda y más para que el 1 se sienta cómodo y feliz. La clave para que el 1 mantenga el amor fuerte es que sea consciente de lo sensible que es el 2. A veces los 1 se dejan atrapar en sus carreras profesionales –o en los objetivos que tengan– y abren la boca para decir sin contemplaciones lo que piensan y sienten, destrozando al 2.

Por eso el 2 se encerrará, y cuando lo hace, da la sensación de ser muy desgraciado y de estar muy herido. Para evitarlo, el 1 necesita agradecer al 2 todo el bien que le hace, y el 2 debe continuar alabando al 1, porque por muy fuerte que éste pueda parecer, en realidad sufre problemas de autoestima. Hay una voz interior que le dice: *Nunca serás lo suficientemente bueno».

Creo que el 2 es un maravilloso regalo para el 1 en el sentido en que le encanta alabar. Llevar a cabo un reconocimiento asiduo de las emociones del otro mantendrá esta relación muy sana.

Trayectoria de la Vida 1 con Trayectoria de la Vida 3

En Numerología esta relación se considera una Pareja Natural y pueden divertirse mucho. El Trayectoria de la Vida 3 tiene muy buen sentido del humor y puede hacer reír al Trayectoria de la Vida 1, de manera que el 3 ayuda a mantener las cosas animadas. Ambos pueden ser muy sexys y creativos en el dormitorio, aportando ideas para mantener esa parte de su vida emocionante y divertida. El Trayectoria de la Vida 1 también debe aprender el arte de no ser demasiado crítico con su pareja, y el 3 ha de recordar que si las cosas se ponen demasiado serias, tiene facilidad para rebajar la tensión con un buen chiste.

Lo bueno es volver constantemente al momento presente, que la conversación funcione, disfrutando de la compañía del otro. El 1 debe tener cuidado en no concentrarse cada día sólo en lo que le concierne. El 3 escuchará y ofrecerá buenos consejos, pero acabará resintiéndose del 1 y empezará a pensar que sólo se preocupa de sí mismo. Me hace pensar en aquello de: «Bueno, eso es todo por mi parte. Ahora hablemos de ti: ¿que opinas de mí?». Sed el mayor auditorio para el otro, ¡y no os equivocaréis!

Trayectoria de la Vida 1 con Trayectoria de la Vida 4

En Numerología esta relación se considera un Desafío y puede acarrear ciertas dificultades. El Trayectoria de la Vida 1 es energía de la buena, la autoridad, dispuesto a que las cosas se hagan. El Trayectoria de la Vida 4, por otra parte, gusta de conocer el plan y dónde estamos. Como los dos operáis de manera distinta, debéis entender y respetar vuestras diferencias. El Trayectoria de la Vida 4 gusta de analizar las cosas y hablarlas a fondo, mientras que el 1 es más espontáneo y puede frustrarse y sentir que el 4 intenta aminorar el paso. En lo tocante a la sexualidad, el 4 quiere enterarse de qué desea su pareja, mientras que el 1, también en este caso, considera que basta con confiar para que las relaciones sexuales sean estupendas.

La principal dificultad a la que se enfrenta esta relación es la falta de comprensión de lo que dice el otro. Son un Desafío, y eso significa que pueden tener la impresión de hablar en idiomas diferentes.

Lo mejor que estos dos Trayectoria de la Vida pueden hacer el uno por el otro es escribir los problemas y las posibles soluciones. Liberados de las emociones de la expresión verbal, podéis compartir honestamente porqué sentís lo que sentís. Tanto la Vibración 1 como la 4 responderán bien a este sistema, que podrá hacer que la relación funcione bien.

TRAYECTORIA DE LA VIDA 1 CON TRAYECTORIA DE LA VIDA 5

Esta relación es una Pareja Natural. Ambos son Números de la Trayectoria de la Vida cerebrales, y eso implica que son muchas cosas las que les dan vueltas por la cabeza. Creo que si están ocupados, esta relación puede llegar a ser sólida. No es inusual que estos dos desarrollen una carrera profesional en campos similares, como escribir, periodismo, producción o enseñanza universitaria. De ser así, han de intentar no invadir el espacio del otro. Cada uno se ha de dedicar a lo suyo y cuando vuelvan a estar juntos se lo pasarán fenomenal.

Esta pareja ha de esforzarse en hacer que el dormitorio siga siendo un lugar interesante. Tal vez mediante juegos de rol, como pretender que tienen un lío entre sí, sólo para que sea sexi y divertido, porque eso es algo que les gusta tanto al 1 como al 5. Es importante estar al tanto para que ese tipo de actividad no degenere en un comportamiento imprudente, como abusar de la bebida, o trabajar demasiado, del tipo que te aparte del tiempo familiar. Viajar es una elección excelente para la pareja 1 y 5. Creo que cuanto más viajen juntos, más satisfactoria será la relación.

TRAYECTORIA DE LA VIDA 1 CON TRAYECTORIA DE LA VIDA 6

En Numerología esta relación se considera un Desafío y esta pareja ha de encontrar un compromiso. Son dos personas dinámicas unidas, y ambas quieren estar al mando. La única manera en que puede funcionar es llegar a un acuerdo, algo parecido a: un día, el 6 manda, y al otro el que toma las decisiones es Trayectoria de la Vida 1. No pueden permitirse discutir a diario, y esa es una buena manera de solucionar el dilema.

Por lo general, la química es la responsable de que 1 y 6 estén juntos. Lo normal es que Trayectoria de la Vida 6 piense que Trayectoria de la Vida 1 será un gran padre. Así que se casan rápidamente para tener un hijo, y entonces, con frecuencia, acaban hundidos en una lucha de poder de por vida. No obstante, he visto a Trayectorias de la Vida 1 y 6 triunfar como pareja. Lo consiguen organizando cada uno de ellos esferas diferentes de sus vidas. Uno puede ocuparse de las cuentas a pagar y el otro planificar las vacaciones familiares. La clave es llegar a un acuerdo. Si pueden encontrar la manera de trabajar juntos, la relación durará.

Trayectoria de la Vida 1 con Trayectoria de la Vida 7

En Numerología esta relación se considera una Pareja Natural, lo cual siempre es bueno. Sin embargo, los caminos de estos dos son algo distintos. Un Trayectoria de la Vida 7 normalmente no se mueve con tanta celeridad como el 1. La Vibración 1 puede ser espontánea y es polivalente en extremo. Algo que para un 7 puede resultar avasallador.

En ocasiones, un 7 necesita recogerse y estar a solas, y el Trayectoria de la Vida 1 no debería tomárselo como algo personal. El 1 tiene una especie de energía ansiosa. A veces el 7 no puede responder con tanta rapidez como se le pide. Entonces el 1 necesita respirar hondo y comprender que el 7 llegará cuando esté listo.

Ambos disfrutarán mucho viajando juntos. Estos Números piden movimiento y actividades. Pueden explorar el mundo juntos, una forma maravillosa de mantener vivo el idilio en la pareja. En cualquier matrimonio, es importante quedar con el otro, arreglarse para la ocasión, cenar a la luz de las velas y mantener vivo el romance. El 1 y el 7 deben trazar planes expresamente para mantener su amor vivo. Si el 7 no tiene fe y es cínico, el 1 se apartará muy rápidamente de esa desagradable actitud.

TRAYECTORIA DE LA VIDA 1 CON TRAYECTORIA DE LA VIDA 8

En Numerología esta relación se considera Neutral. Me he dado cuenta de que si coinciden en alguna aptitud para los negocios, pueden lograr grandes cosas juntos. A los 8 les gusta estar con los mejores, y como el 1 se esfuerza por ser el número uno, no es de extrañar que cuando ambos se encuentren, sea como para tirar cohetes. Pueden respetarse entre sí, y lo que ambas partes han de tener en cuenta es que los 8 son directos y te dicen lo que piensan y sienten. Como ya he señalado, el Trayectoria de la Vida 1 no está cómodo siendo criticado, porque se lo toma a pecho.

Si eres Trayectoria de la Vida 8 con un Trayectoria de la Vida 1, has de aprender a elegir cuidadosamente tus palabras. De otro modo, la relación sufrirá. No es inusual que al principio el 1 y el 8 se lleven bien, que la relación resulte emocionante, sexi y apasionada, para luego, de repente, volverse desagradable y volátil. Habrás de decidir si la relación vale la pena. Y si la respuesta es positiva, deberás pensártelo dos veces antes de abrir la boca para decir algo de lo que pudieras arrepentirte.

TRAYECTORIA DE LA VIDA 1 CON TRAYECTORIA DE LA VIDA 9

Esta relación puede ser muy interesante, porque la Vibración 1 se considera el principio de los Números en Numerología, y el 9 es el último Número. Eso significa que la relación incluye todos los números: 1, 2, 3, 4, 5, 6, 7, 8 y 9. Echemos un vistazo más de cerca:

1 es ambición;
2 es amor;
3 es comunicación;

4 es aprender juntos;

5 es explorar juntos;

6 es familia, comprometerse y compartir vida y casa;

7 es trabajar juntos en vuestra fe, encontrar algo en lo que podáis creer;

8 son cuestiones de dinero, qué podéis hacer para ganar dinero y tener éxito como pareja;

9 es la Vibración del interés por los demás, de hacer buenas obras juntos.

Así que si eres un Trayectoria de la Vida 1 unido a un Trayectoria de la Vida 9 o viceversa, ¡fíjate en las oportunidades de la relación!

Lo que hay que tener en cuenta es si el 9 ha soltado el pasado. ¿Ha sido capaz de resolver todos los temas de la infancia? En cuanto al 1, como el 9 es un Número de alma vieja, el 1 subconscientemente pudiera sentir que el 9 sabe más que él y tener la necesidad de demostrar su valía frente al 9. No lo hagas. En lugar de ello, disfruta de todas las posibilidades de esta relación. Puede ser increíblemente interesante y puede colmaros a ambos.

TRAYECTORIA DE LA VIDA 2 CON TRAYECTORIA DE LA VIDA 2

En Numerología, a esta relación se la considera Pareja Natural y puede ser estupenda, sobre todo si las dos personas implicadas han estado en una mala relación anteriormente. Es posible apreciar el cariño que se demuestran el uno por el otro. Como el 2 es un donante natural, parecen competir en generosidad. Sexualmente, puede resultar difícil salir del dormitorio, pues la química es fantástica.

Lo único que puede interponerse en esta unión perfecta sucede cuando el 2 siente ira o se pone a la defensiva, convirtiéndose en el «Terrible 2», como un niño con una pataleta, y al otro 2 (cuando está tranquilo) no le sienta muy bien. La ira puede dar paso al resentimiento. Han de ir con ojo para no dejarse llevar por las emociones, y comprender que el otro 2 les apoya y quiere que sean felices. Deberían destinar cierto tiempo a contarse lo que sienten, cada día, a fin de que esta maravillosa relación funcione sin problemas.

TRAYECTORIA DE LA VIDA 2 CON TRAYECTORIA DE LA VIDA 3

Esta relación tiende a ser muy compatible. El 3 es un comunicador, suele tener un estupendo sentido del humor, y el 2 es muy buen oyente. El 2 recibe mucho impulso del 3, y éste es un actor natural, así obtiene toda la atención del Trayectoria de la Vida 2.

No obstante, el 2 es cariñoso y necesita amor, y el 3 puede verse encerrado en su trabajo. Si no se andan con cuidado, puede ser un problema. Es especialmente cierto cuando el 2 tiene un 5 en algún sitio en su cuadro, u otro número que les haga buscar el amor en otro sitio, si no pueden conseguirlo en casa. Los 3 han de recordar que el Trayectoria de la Vida 2 es alguien leal y fiel, pero no hay que tomarse su bondad a la ligera. Debe ser alimentada. Hay que ocuparse de ello con asiduidad, hay que estar al tanto de cómo piensa y siente, y entonces la relación será mágica.

TRAYECTORIA DE LA VIDA 2 CON TRAYECTORIA DE LA VIDA 4

En Numerología, esta relación es una Pareja Natural, y por ello hay un trato natural. El 2 es una persona cariñosa que acepta de buen grado la inteligencia del 4. El 4 suele gustar de sentar la cabeza y tener pareja. En ese sentido son muy compatibles, pero el 4 también puede convertirse en adicto al trabajo y no siempre comunica qué piensa o cómo se siente. Eso no es fácil para el sensible 2, y puede dar paso a una relación nada saludable. Como el 4 no siempre verbaliza lo que piensa, sugiero que realice un esfuerzo para demostrar que aprecia al 2. No sólo durante las vacaciones, sino inesperadamente, que diga simplemente cuánto ama y valora a esa persona. Utiliza tu imaginación, 4. El 2 lo agradecerá mucho.

Si se casan y tienen hijos, el Trayectoria de la Vida 2 será un apoyo emocional de enorme calibre para los hijos, y el Trayectoria de la Vida 4 ha de saber reconocerlo y comunicar lo agradecido que se siente, y entonces esa relación durará para siempre. Cuando Trayectoria de la Vida 2 y Trayectoria de la Vida 4 viven en el lado Positivo de los números, es algo que vale la pena presenciar.

TRAYECTORIA DE LA VIDA 2 CON TRAYECTORIA DE LA VIDA 5

En Numerología, a esta pareja se la considera un Desafío, y puede ser difícil. Lo primero que diría es que hay química entre ellos, y que eso es lo que los unirá. Es la razón por la que al principio no pueden quitarse las manos de encima. Pero la verdad subyacente es que un 5 debe sentir que puede ir y venir y que dispone de libertad para hacer todo lo que sienta que necesita hacer. El Trayectoria de la Vida 2 puede parecer necesitado y decir: «¿Adónde vas? ¿A qué hora volverás?». Ese tipo de palabras echan para atrás al Trayectoria de la Vida 5, y puede llegar a sentirse ahogado.

Mi mensaje para el 2 en esta relación es que ha de saber soltar al 5, que haga sus cosas, y confiar en que vuelva. Lo hará. Como me dijo en una ocasión una mujer sabia: «Sujétalo fuerte, con las manos abiertas».

El 5 también ha de comprender que el 2 se sienta un poco inseguro, y nunca debe pensar que el 2 quiere controlarlo. No tiene más que hacer saber al 2 que lo valora. Se trata de comunicar al 2 cuáles son tus planes, de manera que no se sorprenda al no verte aparecer en casa para compartir esa maravillosa cena que preparó para ti. Manteniéndote en contacto a lo largo del día, el 2 se irá haciendo comprensivo, que es lo que el 5 quiere. Llevando a cabo este esfuerzo de consideración, puedes ayudar a que la relación dure y evitar lo que podría ser una ruptura inevitable.

Trayectoria de la Vida 2 con Trayectoria de la Vida 6

En Numerología, a esta relación se la considera Compatible. Un Trayectoria de la Vida 2 y un Trayectoria de la Vida 6 pueden sentirse muy bien juntos, sobre todo cuando eligen formar una familia. Si la pareja no tiene hijos, pudieran tener mascotas o ser propietarios de una empresa en la que los dos trabajan. También en este caso, el 2 es el comprensivo, y el 6 es la persona dinámica que necesita que la cuiden. Quieren ser valorados y respetados, y eso un 2 lo sabe hacer muy bien.

No obstante, el 6 necesita asegurarse de que el 2 no se sienta utilizado, porque cuando es así, puede convertirse en el «Terrible 2», y nadie sale ganando cuando eso ocurre. El Trayectoria de la Vida 2 debe recordar que para el Trayectoria de la Vida 6 trabajar duro no es problema, pero que le motiva enormemente la gratitud. El 2 pudiera pensar que llegará un día en que el 6 no necesite sus alabanzas o su retroinformación. No es *cierto*. El papel del 2 como animador está asegurado mientras dure su relación. No debería resultar difícil interpretarlo. El Trayectoria de la Vida 6 puede ser una persona genial.

Son padres maravillosos, por lo que si tienen hijos, es importante que dispongan de tiempo para ponerse románticos y pasar un fin de semana de apasionado idilio. No es una buena idea sumergirse tanto en los niños que se pierda de vista el motivo primigenio por el que estáis juntos. Recordad que en algún momento los niños habrán crecido y se irán. Mantened vuestro amor vivo.

Trayectoria de la Vida 2 con Trayectoria de la Vida 7

Esta relación se considera un Desafío, pero lo cierto es que también he visto funcionar muy bien esas Vibraciones. El Trayectoria de la Vida 7 y el Trayectoria de la Vida 2 son muy sensibles, pero de manera distinta. Si es un hombre (el 2 o el 7), tendrá la sensibilidad de una mujer. Si es una mujer (el 2 o el 7), puede ser fuerte, incluso un poco dura, pero no obstante seguirá existiendo algo de vulnerabilidad.

Hay ocasiones en que Trayectoria de la Vida 7 necesita su soledad; eso puede resultar difícil para Trayectoria de la Vida 2, porque el 2 desea contar con una pareja sólida. Los 2 quieren ser apoyados por su pareja todo el tiempo, y estar en conexión permanente. Para ellos es natural. A veces el 7 rechazará esa conexión, y el 2 debe aprender a no tomárselo a la tremenda.

Trayectoria de la Vida 7 sabe que algunos de los mayores avances en su comprensión de la vida han tenido lugar estando en soledad. Así que si Trayectoria de la Vida 2 puede aprender a darle ese espacio, resultará muy sano para la relación. De otro modo, el 2 se sentirá muy solo; puede estar en la misma habitación que el 7 y sentir que no hay nadie. Esa es la diferencia entre estos números: uno necesita cercanía y proximidad, y el otro mucho espacio.

Cuando la Vibración 7 encuentra una fe básica en la que creer, el 2 se siente estupendamente, pero si no es así, pueden convertirse en pesimistas de tomo y lomo. Los 2 sintonizan con la atmósfera emocional que los rodea, y cuando experimentan esa emoción, se sienten vulnerables o deprimidos. Así que, respetar los sentimientos del otro, por muy distintos que sean de los propios, es lo mejor que puede hacerse en una pareja de Trayectorias de la Vida 2 y 7.

Trayectoria de la Vida 2 con Trayectoria de la Vida 8

Esta relación es una Pareja Natural que puede funcionar muy bien. Si el 8 es un hombre que se ve atraído hacia el 2 femenino, el 2 debe cuidar la apariencia porque el hombre 8 aprecia a una mujer que se esfuerza por tener el mejor aspecto posible. En cuanto a un 8 mujer, necesita un hombre dulce y desearía la cariñosa Vibración 2 masculina. Sin embargo, el 2 masculino también debe ser fuerte, para que el 8 mujer no sienta que puede llevárselo por delante. El 2 recuerda al 8 que destine tiempo a la vida amorosa, porque los 8 pueden ser adictos al trabajo y en ocasiones se olvidan de parar y relajarse. El 2 puede recordárselo. Si eligen estar juntos, deberían tratar su amor como un negocio. Pueden reservar tiempo para estar juntos programándolo, así como reservar tiempo para organizar citas nocturnas, porque el idilio en una relación a largo plazo ha de alimentarse con más idilio. Para estas dos Vibraciones es sobre todo importante mantener vivita y coleando la parte afectiva de su amor.

TRAYECTORIA DE LA VIDA 2 CON TRAYECTORIA DE LA VIDA 9

En Numerología, esta relación es Compatible y puede ser una gran conexión. El 9 es el amante de la humanidad y tiene mucha sabiduría. El 2 responderá de maravilla. Como ya dije antes, al 2 le encanta un líder fuerte al que poder respetar, por eso el 2 mirará hacia el 9 y dirá: «Vaya, ¿qué puedo aprender de ti? ¿Qué tienes que enseñarme?». El 2 se siente realmente intrigado e interesado.

Es importante que los 9 suelten esas ocasiones del pasado que les hicieron daño, porque si no pueden encontrar una manera de estar presentes en el ahora, harán desgraciado al 2. Los 2 están psíquicamente sintonizados con sus parejas y pueden sentir cuando no están emocionalmente presentes.

Esa es la clave del éxito en este caso: si el 9 no puede soltar el pasado, dañará la relación, pero si el 9 aprende a estar en el momento con el 2, la relación será fantástica; una auténtica pareja natural.

TRAYECTORIA DE LA VIDA 3 CON TRAYECTORIA DE LA VIDA 3

Esta relación se considera una Pareja Natural y puede ser divertidísima. También muy apasionada y sexi. Pero alguien ha de lavar los platos y sacar la basura. Eso significa que al menos uno de estos arrobados 3 ha de ser responsable y tener los pies en el suelo. Han de poder pagar las cuentas pendientes y estar seguros de que alguien se gana el pan. A veces, estos dos disfrutan tanto entre sí que les resulta difícil volver a la realidad. El resultado es que la relación puede venirse abajo.

Aunque el 3 es generoso, si un 3 acepta demasiado sin corresponder, también puede convertirse en un problema. Cuando los dos 3 se enfadan, tienden a dar muchas voces, porque a los 3 les gusta expresarse. Existen muchas opciones de que ambos digan lo que piensan y sienten, muy posiblemente a voz en cuello.

Así que, si los dos sois 3, ocupaos de los aspectos económicos y prácticos de la vida. Siempre habrá tiempo suficiente para la diversión y la pasión, pero si dejáis de lado esos aspectos básicos, las realidades de la vida pueden acabar aplastándoos. Mi consejo para ese nido de amor es sencillo: adelantaos a la rutina cotidiana y recordad salvaros mediante vuestro maravilloso sentido del humor.

TRAYECTORIA DE LA VIDA 3 CON TRAYECTORIA DE LA VIDA 4

Esta relación se considera un Desafío y requerirá cierto esfuerzo por ambas partes. Los 3, como suelen ser creativos, expresivos y extrovertidos, intentan convertirse en una estrella a cierto nivel. El 3 necesita saber que el 4 es una sólida base a la que poder regresar. El 4 corriente es responsable y muy fiel. Si se compromete contigo, hará honor a la promesa. El 3 debe aprender a expresar su aprecio por las maravillosas cualidades que el 4 aporta a la relación.

El 3 no debe adoptar la costumbre de criticar al 4 por todo aquello que considera que le falta. Un 4 muy herido es alguien que es mejor evitar, sobre todo por parte del 3, al que las cosas se le suelen pasar con rapidez. Al 4 no. Es posible que el 4 no pueda plantear todas las emocionantes conversaciones que el 3 pudiera desear. En ese caso, el 3 debería buscar ese rasgo en otras amistades y limitarse a amar y honrar lo que el 4 aporta a la relación. La estabilidad que el 4 aporta a la pareja es un don incomparable para la energía eléctrica del 3.

Trayectoria de la Vida 3 con Trayectoria de la Vida 5

En Numerología, esta relación se considera Compatible. A esta pareja la llamo las «luces de la Numerología». Las personas se sienten muy atraídas a estas Vibraciones, así que el 3 y el 5 deben tener cuidado para no atraer personas a sus vidas que pudieran causar caos y herir sus relaciones. Han de hallar la manera de pasar tiempo juntos. Si los 5 salen demasiado por su cuenta, si tienen que viajar mucho a cuenta del trabajo y no pasan tiempo con el 3, éste se sentirá abandonado. Los 3 necesitan atención y deben sentirse valorados por su pareja. Si no es así, los 3 acabarán sintiéndose dejados de lado y eso puede realmente dañar la relación. El 3 y el 5 deben desarrollar formas creativas para poder pasar tiempo de calidad juntos –reunirse los fines de semana aunque ello implique un vuelo de 8 horas, por ejemplo– y no permitir que fuerzas ajenas a la relación interfieran con lo que pudiera ser una buena y cariñosa relación. Cada vez que he presenciado una ruptura Trayectoria de la Vida 3/Trayectoria de la Vida 5, ha tenido que ver con fuerzas externas interponiéndose en lo que de otra manera era una positiva relación de amor.

Trayectoria de la Vida 3 con Trayectoria de la Vida 6

Esta relación es una Pareja Natural, lo cual siempre es un buen comienzo. Si esta pareja elige casarse y tener hijos, disfrutarán de ser padres. El 6 es un padre natural. Así que cuenta con esa cualidad tan cariñosa. Los 3 son más juguetones, casi como un niño más, con sus hijos. Aunque ciertamente saben como imponer la disciplina, en el 3 existe una verdadera naturaleza juguetona, que funciona de maravilla con la cariñosa del 6. El 3 y el 6 se aprecian mutuamente y permiten el lucimiento mutuo.

Los 3 han de saber que los 6 llevan los mandos a muchos niveles, y deberían intentar respetarlo. El 3 es muy verbal y a veces puede decir algo sin pararse a pensar en cómo suena, hiriendo los sentimientos de su pareja 6. De vez en cuando, es mejor que los 3 se guarden sus pensamientos para sí mismos, permitiendo que el Trayectoria de la Vida 6 haga lo que quiera sin ofrecerle sus consejos no solicitados. El 3 debería saber que el 6 normalmente se esfuerza para que la relación resulte más satisfactoria para ambas partes. El 6 también ha de ser consciente de lo sensible que es el 3 respecto a sus comentarios gratuitos. El 6 debería fomentar el lado humorístico del 3, para que ambos pudieran reír y disfrutar de la compañía mutua.

TRAYECTORIA DE LA VIDA 3 CON TRAYECTORIA DE LA VIDA 7

Esta relación se considera un Desafío y es una interesante combinación numérica. Lo primero que veo al observar al 3 y al 7 es su tremenda química. He orientado a muchas personas que son una pareja Trayectoria de la Vida 3 y Trayectoria de la Vida 7. Siempre cuentan que al principio lo que les unió fue que la relación era pirotecnia sexual.

Lo que crea los problemas es la necesidad de los 3 de explicarse y expresarse a sí mismos. Por desgracia, el Trayectoria de la Vida 7 puede dejar de prestarles atención. El 7 puede mirar al 3, y éste darse cuenta de que no le está escuchando y que ya no sigue presente en la conversación. Esta falta de respuesta puede herir mucho al Trayectoria de la Vida 3. Los 3 necesitan comprender que el 7 no hace esto para ser cruel. A veces, los 7 abandonan mentalmente y se encierran en ellos mismos, en sus propios pensamientos, necesidades y deseos. He visto funcionar bien esta relación cuando Trayectoria de la Vida 7 tiene un 3 en su Patrón Numerológico Personal o viceversa. Eso les ayuda a comprender sus diferencias.

Si el 3 puede ayudar al 7 a encontrar una base espiritual en la que creer, será algo de vital importancia en la relación. De otro modo, el 7 puede amargarse y contrariar al 3, porque el 3 quiere lo mejor en cualquier situación. Esta pareja debe ser consciente de las necesidades del otro.

Trayectoria de la Vida 3 con Trayectoria de la Vida 8

Esta relación es un Desafío y requiere de un acuerdo por ambas partes. El Trayectoria de la Vida 8 se preocupa por el aspecto de las cosas. El Trayectoria de la Vida 3 es famoso por sus ojos chispeantes y su hermosa sonrisa. El Trayectoria de la Vida 8 tiende a amar la belleza especial de 3. Al 8 le gusta sentirse orgulloso de su pareja. La ironía, claro está, radica en que al 3 no le gusta que le juzguen por su aspecto. Los 3 quieren ser alabados y que les digan: «Qué guapa estás», pase lo que pase. Eso es algo que el 8 debe aprender para que la relación con Trayectoria de la Vida 3 dure. Pero si el 8 siente que el 3 no está a la altura y el 8 expresa esa opinión, se crearía un auténtico problema en esta relación. Por eso este emparejamiento se considera un desafío en Numerología.

Lo más conveniente es que ambos números puedan concentrarse en sus buenos atributos. Por ejemplo, si el 8 gana un dinero que aporta a la relación, el 3 ha de comprender que eso es un don que el otro está haciendo. Sin embargo, si la Vibración 8 tiene problemas de dinero y no tiene problema alguno en gastar el dinero del 3, esa relación no funcionará.

También en este caso, el 3 y el 8 han de sentarse y decidir qué quieren el uno del otro, y qué pueden hacer para asegurarse de que sea así. A veces se trata de que el 8 expresa sus pensamientos de forma demasiado directa, y que el 3 ha de considerar qué quiere realmente decir el 8 antes de asesinarlo verbalmente. Ambos Números de la Trayectoria de la Vida deben elegir cuidadosamente sus palabras.

Trayectoria de la Vida 3 con Trayectoria de la Vida 9

Esta relación es una Pareja Natural, y puede acabar siendo una relación deliciosa. Los 3 se sienten llamados a motivar y animar a los demás, y los 9 son humanitarios. Ambos pueden formar una pareja y ciertamente mejorar el mundo. Pueden apuntarse a un voluntariado benéfico o a cualquier empresa donde puedan ayudar a otras personas.

El Día de Acción de Gracias, los centros de acogida sirven cenas a los sin techo. El 3 y el 9 se sentirían muy bien llevando a cabo esa misión. Celebran la vida. Les encanta dar fiestas para reunir a familia y amigos, y hacer que todo el mundo se sienta querido y cuidado.

Una advertencia acerca de esta relación es que los 9 han de soltar el pasado. Cualquier cosa pendiente de períodos anteriores de sus vidas resulta perjudicial para la relación. La Vibración 9 debe aprender a estar en el momento. De otro modo, si el 3 siente que el 9 no está emocionalmente presente para él, ello podría perjudicar la relación.

Si esta pareja elige tener hijos, el 9 debe vivir en el presente para disfrutar de su descendencia. Debe concentrarse en el presente y en su familia actual. Eso es algo en lo que el 9 debe trabajar a fin de que la relación prospere. Cuando 3 y 9 lo llevan bien y viven en el lado Positivo de sus números, su pareja puede llegar a ser encantadora.

TRAYECTORIA DE LA VIDA 4 Y TRAYECTORIA DE LA VIDA 4

Esta relación es una Pareja Natural. Cuando un Trayectoria de la Vida 4 se une a otro Trayectoria de la Vida 4, tienden a sentirse a salvo. Lo único que me preocupa es que los 4 son como tortugas. Asoman la cabeza cuando se sienten a salvo, y la ocultan cuando no es así. De modo que si ambos sois Trayectoria de la Vida 4, ¿estáis asomando la cabeza o escondiéndola? En otra palabras, dos 4 pueden a veces encerrarse en su propio entorno y no querer tratar con el resto del mundo.

Así que me parece que si eres un 4 que ha formado pareja con otro 4, lo más conveniente es que hagáis un jardín juntos, caminéis por el barrio, encontréis un parque y experimentéis la belleza natural, porque os hará sentir mucho mejor. Compartiendo experiencias vuestro amor se fortalecerá. También sugeriría que asistieseis juntos a clase, pues la búsqueda de conocimiento es una parte importante de vuestra Vibración. Os animaréis entre vosotros y el aprendizaje será más rápido. Intentad estudiar economía. Hallad una manera de conseguir mejorar vuestra seguridad de cara al futuro.

Trayectoria de la Vida 4 con Trayectoria de la Vida 5

En Numerología a esta relación se le considera un Desafío. Hay mucha química sexual, pero sois muy distintos. Al 4 le gustaría sentar la cabeza y tener una pareja, casarse, tener hijos. El 5 quiere explorar el mundo, ser espontáneo, y como no le gusta sentirse atado, igual un día se despierta y abandona la ciudad. La palabra operativa es *sentir*; sonríe y permite que se marche. Volverá antes de que te des cuenta.

Si un 4 y un 5 forman una pareja y se casan, deberán hallar un equilibrio. Los 4 necesitan entender que a veces el 5 tiene que estar con sus amigos o realizar un trabajo que implica viajar más de lo que al 4 le gustaría. El 4 no puede tomarse esta necesidad de ser libre como un rechazo. En realidad es la manera de sobrevivir del Trayectoria de la Vida 5.

El 4 es una persona sólida en la que se puede confiar, y el 5 debe saber que ese rasgo es una bendición. Si el 5 empieza a aburrirse en la relación, no puede culpar de ello al 4. El 4 nunca pretendió ser nada más que lo que es. En primer lugar y lo más importante, alguien en quien poder confiar.

Mantener el amor vivo en vuestra unión depende de continuar hablando con sinceridad entre vosotros. Recuerda a esa persona de la que te enamoraste. No hagas falsas acusaciones. Los celos pueden acabar con esta relación. Mantén los canales de comunicación muy abiertos.

Trayectoria de la Vida 4 con Trayectoria de la Vida 6

En Numerología, se considera una relación Compatible. Los Trayectoria de la Vida 4 y 6 suelen casarse para tener hijos. Ambos creen en una hermosa casa y una pareja maravillosa. Tienden a compartir los mismos objetivos personales, algo que hace que esta combinación funcione muy bien. La clave del éxito radica en no aburrirse.

Demi Moore y Bruce Willis son buenos ejemplos. Demi es Trayectoria de la Vida 4 y Bruce es Trayectoria de la Vida 6. Tienen unos hijos preciosos. Nunca dijeron nada malo el uno del otro en público. Así que cuando rompieron fue una auténtica conmoción. No sólo siguen siendo buenos amigos, sino que Bruce compró una casa enfrente de la de Demi para así poder estar cerca de sus hijos. Eso es lo que las Vibraciones 4 y 6 harían. Si la relación no funciona, ambos sentirán que su prioridad es ser buenos padres y cuidar de sus hijos. ¿Recuerdas que cuando eras pequeño había una casa especial, cálida y atenta a la querías ir porque te daban de comer lo que te gustaba, había un patio trasero divertido y fiestas en vacaciones? Probablemente era una casa Trayectoria de la Vida 4/Trayectoria de la Vida 6. Una casa con una Vibración 4/6 puede ser una bendición para todo el mundo. Si no tenéis hijos o sois una pareja 4/6 que de momento sólo salís, entonces vuestra casa, amigos y familias siguen siendo la principal prioridad en vuestra vida de pareja.

TRAYECTORIA DE LA VIDA 4 CON TRAYECTORIA DE LA VIDA 7

En Numerología, a esta pareja se la considera Compatible y puede ser realmente muy cómoda. Entre el 4 y el 7 existe una buena conexión. El 4 comparte su información, y al 7 eso le fascina. A ambos les intriga lo que el otro ha de decir, y también comparten el amor por la naturaleza. Haría mucho bien a la relación si pudieran irse de vacaciones a un sitio precioso, como Grecia, Tahití o Aruba. Sus mentes están tan sintonizadas que cuando permanecen en una habitación, sin decir ni palabra, ambos se sienten cómodos con el silencio.

Lo que me preocupa en el 4 y el 7 es que se sientan tan cómodos que acaben actuando como compañeros de habitación y que el idilio acabe desvaneciéndose. Hacer el amor se convierte en algo programado, como un ejercicio físico. Deja de ser apasionado, sexi o creativo. Por desgracia, cuando esto sucede, uno de ellos puede acabar buscando eso fuera de la relación. He asesorado a muchas parejas con esta combinación numérica, en la que uno de los componentes tiene una aventura, pero que no obstante regresa a la relación 4/7 porque el 4 y el 7 se sienten seguros entre sí, y además disfrutan del éxito económico que han creado como pareja, o bien regresan en busca de la familia que aman. Pueden intentar encontrar emociones sexuales fuera de la pareja, pero regresarán. Cuando sucede algo así, se pierde para siempre cierta cantidad de confianza, y a fin de evitar este desgraciado capítulo, es muy importante que esta pareja halle una manera de conseguir que el sexo siga siendo divertido y de mantener vivo su amor. Encontrad maneras de interactuar entre vosotros a diario y sed todo lo íntimos que podáis. No perdáis la magia que os unió al principio.

TRAYECTORIA DE LA VIDA 4 CON TRAYECTORIA DE LA VIDA 8

En Numerología, esta relación es otra Pareja Natural, pero ésta implica algunas lecciones muy difíciles. Cuando las cosas van mal dadas, el 4 y el 8 han de unir esfuerzos y decirse: «Estamos en esto juntos y no hay nada que no podamos superar». Si en estas, uno de los dos pierde su empleo, repetid: «Somos un equipo». De esa manera, la relación puede seguir siendo sólida.

En el momento en que se convierte en una guerra de culpabilidades, cuando el 4 afirma que es culpa del 8 y el 8 dice lo mismo del 4, la relación puede empeorar con gran rapidez. He visto divorciarse a esta pareja y seguir sintiendo inquina hacia la ex pareja durante años.

También hay parejas 4/8 que me han dicho: «Mira, hemos pasado muy malos momentos, pero hemos capeado la tormenta. Ahora somos más fuertes que antes, y nos queremos más que nunca».

Si sois Trayectoria de la Vida 4 y 8, debéis saber que, trabajando en equipo siempre podéis arreglar la situación. Si os veis emprendiendo caminos separados, deteneros y decir: «Somos una Pareja Natural, y podemos tener más cosas en común que al contrario, y podemos conseguir que esto funcione».

TRAYECTORIA DE LA VIDA 4 CON TRAYECTORIA DE LA VIDA 9

En Numerología se considera un Desafío a esta relación. Trayectoria de la Vida 9 es generoso y se preocupa mucho por el mundo, y Trayectoria de la Vida 4 puede, seguro, unirse a ese sentimiento. El conflicto más grande en su personalidad es que el 4 puede tornarse muy tranquilo, y que al 9 realmente le gusta compartir sus pensamientos con su pareja, así que puede sentirse frustrado con el 4. También, los 4, que son directos y te dicen lo que piensan y sienten, pueden parecer injustamente críticos con el 9 que todavía sigue curándose (no importa a qué edad) de las cicatrices emocionales de su familia original. No están para escuchar ninguna crítica, ni siquiera constructiva.

El 9 no intenta tirar por tierra al 4, y el 9 no se cree superior. Sólo se trata de que posee mucha información intuitiva de la que cree que el 4 podría beneficiarse. Los cumplidos abren mucho camino en esta relación. Si el 4 puede acordarse de flirtear y ser juguetón con el 9, y viceversa, ello puede surtir un efecto curativo y hacer posible un amor duradero.

TRAYECTORIA DE LA VIDA 5 CON TRAYECTORIA DE LA VIDA 5

En Numerología, a esta relación se la considera una Pareja Natural. Estos dos nunca llegarán a aburrirse. Se trata de un emparejamiento apasionado, emocionante y creativo, pero que también puede ser volátil. Ambos han de tener cuidado y no ir demasiado deprisa.

Son personas obsesivas, pero si mantienen dichas obsesiones a raya, y se apasionan con algo positivo, pueden disfrutar de una relación fantástica. Cuando dos Trayectoria de la Vida 5 se unen, la diversión está asegurada. Por favor, tened en cuenta que sería bueno que uno de vosotros se concentrase en los detalles y ayudase al otro a poner los pies en el suelo, a fin de evitar un caos innecesario. También es muy fácil que un 5 inicie un proyecto y luego no lo termine. Esta tendencia es algo que podéis trabajar entre ambos y superar juntos.

Me he dado cuenta de que las cosas marchan bien mientras ninguno de los 5 cae en la sensación de que la pareja no les entiende. Mientras habléis de todas las cosas que suceden en vuestra vida y escuchéis fascinados al otro 5, esta relación puede ser muy apasionante.

TRAYECTORIA DE LA VIDA 5 CON TRAYECTORIA DE LA VIDA 6

Esta relación se considera como un Desafío para ambos, debido a sus diferentes opiniones acerca de qué es una buena vida. He visto parejas de Trayectoria de la Vida 5/6 que conseguían hacer funcionar su relación respetando los horarios del otro y manteniendo la confianza en el matrimonio. La clave para esta relación de amor es que hay que permanecer ocupado. Ambos deberían tener una carrera profesional. Puede ser una sola profesión si el que se queda en casa se implica totalmente con la casa y los hijos. Los 5 y 6 deberían ser responsables de lo que cada uno de ellos haga. En el trabajo utilizas toda tu energía creativa; cuando vuelvas a casa, deberías concentrarte en pasar tiempo de calidad juntos.

El 5 tiene carisma, de la que disfruta el 6, pero el 5 debe apreciar el magnetismo animal del 6. El 6 valora que le digan por qué el 5 lo considera tan especial. También les encanta unas «gracias» sinceras. Dilo a menudo y no hay nada que el 6 pueda negarte. A veces el 5 está tan ocupado que ni siquiera piensa en el agradecimiento verbal. Se siente cómodo en la relación, y eso puede ser un problema.

Otro problema sería cualquier tipo de consumo de drogas. Si Trayectoria de la Vida 5 o Trayectoria de la Vida 6 son consumidores de drogas, perjudicarán enormemente la relación. Como no pasan todo el tiempo juntos, quieren poder contar con su pareja. Cuando las drogas se entrometen, la confianza se esfuma. Cualquier tipo de celos en esta relación debe tratarse de inmediato. De otro modo, la relación acabará.

TRAYECTORIA DE LA VIDA 5 CON TRAYECTORIA DE LA VIDA 7

En Numerología, a esta relación se la considera una Pareja Natural, y lo cierto es que existe mucha compenetración y conexión. Estas dos Trayectorias de la Vida deben comprender que el 7 suele ir más lento que un 5, a menos que el Trayectoria de la Vida 7 cuente con otros Números de alto octanaje en su Patrón Numerológco Personal, como 1 o 5. Por lo general, suele existir una intensa conexión intelectual, pudiendo hablar sin parar durante horas de cosas que los fascinan, sobre todo cuando se conocen.

Hay veces en que al 7 puede resultarle difícil mantenerse al paso del 5, y eso me hace pensar en un artículo que leí en el que Catherine Zeta-Jones iba en una limusina con Michael Douglas. Ella es Trayectoria de la Vida 5, y él Trayectoria de la Vida 7. Él se durmió en el coche, y el conductor dijo: «Hemos llegado». Y Catherine lo miró y dijo: «Bueno, deja que eche una cabezadita, la necesita». Para mí, esa es una expresión clásica de la diferencia entre ambas vibraciones.

Aquí Catherine es una Trayectoria de la Vida 5 imparable, de las que no pueden dejar de hacer cosas. Pero a veces el 7 necesita echar una cabezada y recogerse para recuperar la energía que hace falta para estar con una 5. A veces, el 7 también posee una lengua letal, y dice cosas que en realidad no quería decir. En los 5 no sucede. Así que ándate cuidado con lo que le dices a ese Trayectoria de la Vida 5 o podrías verlo dirigiéndose hacia la puerta más cercana. Viajar juntos siempre es buena idea para la combinación 5/7. Id al mismo ritmo y hablad tranquilamente, y esta relación de Pareja Natural será larga y feliz.

Trayectoria de la Vida 5 con Trayectoria de la Vida 8

Para mí, el Trayectoria de la Vida 8 es un Número Neutro para el Trayectoria de la Vida 5 porque he visto desarrollarse esta relación en ambos sentidos. Esta combinación puede ser muy buena o muy mala, Y créeme, cuando es mala, es malísima.

Esta relación puede empezar rápidamente, con el 8 deslumbrado por el 5 y las cosas pueden ir demasiado rápidas. Puede ser vigorosa y apasionada, pero cuando es hora de enfrentarse a las realidades de la vida, la llamada sexi puede apagarse. Si estás en una relación amorosa 5/8, intenta quitarle las manos de encima al otro el tiempo suficiente para comprobar qué más tenéis en común. He descubierto que cuando un 5 y un 8 se meten en negocios juntos, lo cierto es que puede ser muy bueno para la relación.

En cuando al idilio, a veces el Trayectoria de la Vida 5 no sabe cómo comprometerse al Trayectoria de la Vida 8. Puede que se agiten mientras todavía salen con el 8 y descubran que quieren seguir manteniendo sus opciones abiertas. Ahora bien, el 8 quiere saber dónde está y hacia dónde va la relación, y cuando lo pregunta, el 5 se siente acorralado por el 8. Ambos deberíais haber observado antes la relación y decidir qué es lo que queríais del otro, a fin de conseguir que la cosa funcionase.

Para mantener al 5 feliz, el 8 debe concederle mucho espacio en esta relación. El 5 debe ser consciente de que aunque el 8 parece muy fuerte, en realidad es bastante sensible. Ambos sabéis apreciar las cosas bellas y los sitios exóticos. Salir de vuestro entorno habitual es esencial. Si podéis disponer de tiempo para escaparos en brazos del otro, regresaréis de esas vacaciones rejuvenecidos y dispuestos a enfrentaros de nuevo al mundo.

Trayectoria de la Vida 5 y Trayectoria de la Vida 9

En Numerología se considera una relación Compatible. Trayectoria de la Vida 5 disfruta de Trayectoria de la Vida 9 porque el 9 tiene intuiciones que él no tiene. El poder intelectual que posee el 9 es un rasgo que el 5 apreciará. El 5 se aburre con facilidad si su pareja no le estimula intelectualmente. Es muy importante que el 9 suelte sus heridas pasadas, tanto si se trata de un divorcio complicado, o de odio respecto a la familia original. Si se sienten muy cercanos a la familia original, debe asegurarse de que tratan a su actual relación como su prioridad. Ha de estar en el momento con el 5. El 5 lo mantendrá ocupado, así que debería ser más fácil de conseguir.

Los 5 consideran su vida como un viaje asombroso: su mantra podría ser, «Esto es fantástico. ¿Qué viene a continuación?». Como pareja, sed espontáneos e iros de fin de semana. Haced cosas que os alejen de vuestro entorno habitual porque seréis muy felices haciéndolo.

El Trayectoria de la Vida 9 será un buen consejero para el 5 a menos que viva en el lado Negativo del Número y pase demasiado tiempo autocompadeciéndose. El 9 no tolerará ese comportamiento, y si eligen seguir en la relación, lo harán porque tienen niños. Los niños son la prioridad más importante para un Trayectoria de la Vida 9. Pueden seguir juntos, pero es posible que la relación se bloquee a nivel emocional. Así que no dejéis de acercaros y hablar entre vosotros a diario. Esa es una combinación para florecer como pareja.

Trayectoria de la Vida 6 con Trayectoria de la Vida 6

En Numerología, a esta relación se la considera una Pareja Natural, porque ambos son personas fuertes que se unen para amarse, y cuando se ofrece respeto y aprecio, ¡no hay límite para su desarrollo! Cuando estos dos se juntan, se concentran en la casa y en el entorno. Si eres Trayectoria de la Vida 6 y estás con otro Trayectoria de la Vida 6, vuestra casa será una maravilla y estará bellamente decorada. Siempre digo que los 6 son decoradores de interiores naturales. Si la casa no tiene buen aspecto, ello está diciendo que algo marcha mal en vuestra vida. Podría ser que otros números del cuadro os impidan poner en práctica vuestra habilidad natural para transformar vuestro entorno en algo hermoso.

Los 6 se preocupan mucho de la calidad de la comida que consumen y que preparan para otras personas. Les gustan las cosas estéticamente agradables, como plantas y un ramo de flores frescas en la casa. De hecho, los 6 no tolerarían el mal olor. Ambos perdéis los papeles como pareja hasta que descubrís qué causa el mal olor. En la relación hay mucho amor y vuestra vida en común puede ser increíblemente dulce. Por lo general, cuando hay dos 6 juntos, suele haber niños. Si no tenéis hijos tendréis mascotas a las que trataréis como a vuestros hijos. La pareja 6/6 podría dirigir una empresa y tratar a sus empleados como si formasen parte de la familia. Se trata de una potente y cariñosa vibración, que en la relación de dos Trayectorias de la Vida 6 es recíproca.

Esta pareja debe comprender que ambos se merecen un plácido devenir en su vida juntos. Si empiezan a competir entre sí, es posible que llegasen a destruir lo que de otro modo sería una hermosa relación de amor.

TRAYECTORIA DE LA VIDA 6 CON TRAYECTORIA DE LA VIDA 7

Esta relación se considera un Desafío. Lo que realmente importa al Trayectoria de la Vida 6 puede no necesariamente importarle al Trayectoria de la Vida 7, y eso puede convertirse en un problema. A los 7 les preocupan más los avances mentales y espirituales, y a veces necesitan estar solos. Los 6 son más sociales. A los 6 les gusta estar con sus parejas. Experimentan sus avances cuando hablan las cosas y de repente dicen: «Vaya. Ahora lo entiendo». Sin embargo, en ocasiones, un 7 no siente la necesidad de hablar y eso puedo amargar la relación porque el 6 se sentirá rechazado.

Los 6 y los 7 a veces se sienten confusos estando juntos. Si eres un 6 que quiere amar a un 7, has de saber que te enseñará cosas que no imaginabas. Los 7 observan la vida de una manera que tú no conoces, y en lugar de ser crítico o pedirles el tipo de atención que no pueden ofrecerte, sería más conveniente que reconocieses lo que tienen de bueno y dulce.

He observado que cuando un Trayectoria de la Vida 6 abraza a un Trayectoria de la Vida 7, puede sentir su suavidad, es casi como una sensación espiritual. Se trata de una suavidad que procede de un 7 cuando éste ha descubierto su base en una fe en la que cree. El problema para el 6 radica en que a veces el 7 carece de fe y se torna amargado y negativo. Esta respuesta puede perjudicar verdaderamente el amor por la vida del 6. Debéis reconocer lo distintos que sois y aprender a apreciar ese hecho, para así poder descubrir la armonía en común y permanecer juntos.

Trayectoria de la Vida 6 con Trayectoria de la Vida 8

En Numerología se considera una relación Compatible. Pero si el 8 intenta hallar medios para crear cierta seguridad económica, el 6 ha de conocer dichos planes. Debe preguntarse: «¿Y qué está pasando con nuestra economía? ¿Tiene el 8 capacidad para ahorrar dinero, o se está gastando cada céntimo que ingresamos?». Si se trata de un 6 masculino con un Trayectoria de la Vida 8 femenino, y ella no deja de gastar el dinero de él, acabará volviéndole loco. Pero digamos que una mujer 8 es la que gana el pan y el 6 masculino se apoya en ella económicamente. Eso también puede crear un problema, porque las mujeres 8 han de sentir que el hombre que eligen también es económicamente estable.

Me parece que un 6 y un 8 pueden llevarse muy bien si la pareja hace honor a la necesidad de ocuparse de esas cosas que hay que hacer a diario. Entonces, esta relación puede llegar a ser impresionante. Si los 6 y los 8 son sólidos, tendrán una bonita casa. Cuando esta pareja da una fiesta, lo hace de manera impecable. Si tienen hijos, los niños irán muy bien vestidos y tendrán buenos modales. Al pensar en un 6 y un 8 como pareja, me doy cuenta de que lo más importante para ellos es la casa y la familia.

De no ser así, podrían querer ser el número uno en su carrera profesional, hallando la manera de disfrutar de las vacaciones que tanto se merecen.

TRAYECTORIA DE LA VIDA 6 CON TRAYECTORIA DE LA VIDA 9

Estos dos Números, Trayectoria de la Vida 6 con Trayectoria de la Vida 9, son una Pareja Natural, y esto puede convertirse en una relación dinámica. El 6 respeta al 9, porque éste tiene fascinantes perspicacias que el 6 aprecia. El 6 no se deja impresionar fácilmente por la gente y no oculta su aburrimiento si alguien intenta impresionarle con sus conocimientos, sobre todo si no son firmes. Pueden llamarte la atención cuando lo que estás diciendo es falso, y no pretenderán que tu conversación les parece interesante.

Los 9 cuentan con mucha información y experiencias que atraen al 6. He observado que los Trayectorias de la Vida 6 y 9 disfrutan de una relación deliciosa. También en este caso, la familia juega un importante papel en sus vidas. Aseguraros de que existen límites con la familia original y que no invade el espacio de esta familia. Es especialmente importante que el Trayectoria de la Vida 9 no permita que ningún miembro de la familia se inmiscuya en el noviazgo o matrimonio.

Si esta pareja decide tener hijos, la relación 6/9 puede conformar un buen equipo parental. El Trayectoria de la Vida 6 cuenta con instintos naturales sobre cómo conseguirlo. Si se trata de un hombre, tal vez sea el que gana el pan trabajando duro, y la 9 críe a los hijos, o viceversa. Lo único que podría interponerse en su camino es que el Trayectoria de la Vida 9 interiorice sus sentimientos y no confíe en el Trayectoria de la Vida 6. Eso seguramente angustiará al Trayectoria de la Vida 6.

Por su parte, el 6 debe realizar un esfuerzo para considerar con realismo a su pareja y no cargarle con unas expectativas demasiado elevadas. En general, creo que esta relación puede ser estupenda mientras estas dos Vibraciones eviten esos tropezones.

Hay que estudiar el Patrón Numerológico del otro y aceptar las diferencias.

TRAYECTORIA DE LA VIDA 7 CON TRAYECTORIA DE LA VIDA 7

En Numerología, a esta relación se la considera una Pareja Natural. Por lo general, empieza por una amistad, que luego se va convirtiendo en una relación llena de amor y cariño. Lo que me preocupa es que como la relación resulta tan estimulante intelectualmente, puede acabar arrinconando la parte física. Puede que un día te despiertes y te des cuenta de que no habéis hecho el amor desde hace años. Aunque os queréis, de repente te das cuenta de que estáis metidos en una relación fraternal, o que sois como compañeros de habitación.

De vez en cuando recibo una carta de alguien que dice: «Mi marido es un 7, tiene disfunción eréctil y no hacemos el amor». Y entonces pienso en esa «pastillita azul», Viagra, que ha sido una bendición para millones de personas porque ayuda a los hombres a volver a hacer el amor, y sé que eso obra maravillas en su autoestima. Creo que la sexualidad es muy importante en una relación.

Si la pastilla azul no es una opción, existen otras cosas muy creativas que pueden proporcionar placer a la pareja, y sugiero que utilicéis vuestra imaginación. Debéis comunicar vuestras necesidades reales. El asunto es que los 7 son cerebrales y por ello deben realizar un esfuerzo adicional para que la relación siga siendo física y cariñosa. Conozco a personas que pueden ser felices en un matrimonio en que la sexualidad ha dejado de ser lo más importante. Pero a menudo he observado que cuando se ignora el amor físico, uno u otro buscan alivio en una tercera persona.

El amor por la naturaleza y el entorno también juega un papel importante en una relación 7/7 porque saben apreciarlos. Os sienta muy bien estar cerca del agua, tanto en un viaje como, cerca del lugar donde viváis. Y cuando halláis esa base de fe en la que ambos creéis, la relación se convertirá en una bendición para vosotros y para los que os rodeen.

TRAYECTORIA DE LA VIDA 7 CON TRAYECTORIA DE LA VIDA 8

Esta relación se considera una Combinación Numérica de Desafío porque un 8 desea estabilidad económica y por lo general el dinero no es un gran tema o un objetivo importante para el número 7 (a menos que el 7 tenga un 8 en algún lugar de su Patrón Personal). Así que sus objetivos en la vida pueden ser diferentes, pero es necesario recordar que un Patrón Numerológico está formado por seis números, y que probablemente existan otros números en el cuadro de cada uno que os empujen hacia esta relación. Si vas a formar equipo, debéis saber que una saludable Vibración 8 haría bien en planear vuestros futuros objetivos económicos. Leed todo acerca de Trayectoria de la Vida 8 porque vienen en dos «sabores», por así decirlo, y tú, como Trayectoria de la Vida 7, querrás saber con quién te juegas los cuartos.

Al 7 le gustará más la conversación intelectual y tiene capacidad para apreciar toda la belleza de la naturaleza, como plantas, ríos, mares, árboles, etc. Si la pareja 7/8 puede viajar, ello resultará beneficioso para la relación. Esta pareja necesita llegar a un acuerdo. La confianza puede ser un problema para ambas Vibraciones. La ausencia de confianza provocará el fracaso de la relación. También el 8 ha de confiar en que la Vibración 7 le quiere, y quiere estar con él, y viceversa, para hacer que esta relación evolucione constantemente.

TRAYECTORIA DE LA VIDA 7 CON TRAYECTORIA DE LA VIDA 9

En Numerología se considera un Desafío a esta relación. El 9 es un número al que el 7 se siente automáticamente atraído. Se trata de una admiración subconsciente, porque el 9 es una Vibración evolucionada. El 9 por lo general ha encontrado su espiritualidad, y el 7 puede aprender eso de él. A un 7 bien ajustado que ha descubierto su fe y tiene sensación de ser, le resultará fácil amar a un Trayectoria de la Vida 9.

Pero si el 7 bebe o utiliza medios escapistas malsanos, los problemas no tardarán en aparecer en la relación. El 9 suele tener problemas de abandono, y cuando el 7 va a lo suyo sin contarle al 9 lo que hace, éste puede quedar muy perturbado. El 7 no sabrá qué decir. Pudiera acabar diciendo alguna estupidez, tipo: «Supéralo». El Trayectoria de la Vida 7 puede mostrarse insensible frente a los sentimientos del 9, algo que éste no le tolerará durante mucho tiempo.

Pero si ambos siguen en la dirección correcta, los intereses altruistas pueden llegar a formar parte de su relación. El 7 y el 9, cuando viven en el lado positivo de los números, pueden tener un verdadero impacto en el mundo en un modo maravilloso.

TRAYECTORIA DE LA VIDA 8 CON TRAYECTORIA DE LA VIDA 8

A esta relación se la considera una Pareja Natural. No obstante, dos Trayectoria de la Vida 8 juntas es una Combinación Numérica delicada. Cuando dos 8 se juntan, a veces se sienten como una pareja de «ochos enloquecidos». Se dan cuenta de que vayan donde vayan, las cosas dan un vuelco y de pronto vuelven a encontrarse donde empezaron.

Pero es necesario recordar que en un Patrón Numerológico existen otros números que pueden alterar esta Vibración. Cuando se juntan dos 8, hay que esperar que adopten una disposición en la que al menos empiecen partiendo con las mismas expectativas. ¿Creen ambos que es posible tener éxito o bien uno de ellos piensa que el dinero es algo malo y el otro considera que es genial? Esas actitudes contrarias sobre el dinero pueden llegar a ser un problema.

Cuando se trata de amor físico, ambos pueden verse atrapados en querer hacer las cosas perfectas. La clave es rendirse y decir: «No hay nada perfecto. Todo está bien». Hay un adhesivo para coches que dice: «No soy perfecto, pero lo soy para ti». Eso es lo que ambos 8 han de empezar a creer. Han de repetirse: «Sí, no soy perfecto, pero lo soy para ti». Y luego entregarse en brazos del otro.

Cuando finalmente llegan a estar juntos y se toman su tiempo para besarse y ponerse sensuales, deben tener cuidado con no adoptar la actitud de: «Hagamos el amor, pero date prisa porque he de volver a trabajar». Es muy importante que ambos 8 se tomen su tiempo para quererse como personas, no como apoyos de una manera de vivir «perfecta».

La mujer 8 hará todo lo que esté en su mano para parecer hermosa, y la casa estará bellamente decorada; eso es algo que gustan de hacer. Es muy importante que el 8 masculino exprese su gratitud por esos esfuerzos. Hacerlo aumenta la química de la relación. Como los 8 son tan directos, ambos han de aprender cómo decir lo que piensan en un tono más agradable. Una gran preocupación que albergo respecto a ambos 8 es que a veces la vida se pone difícil, y si ambos se sienten víctimas, uno debe ayudar al otro. Es importante que no se sumerjan en un mar de autocompasión, porque habrá repercusiones que interferirán en lo que de otro modo hubiera sido una encantadora relación.

TRAYECTORIA DE LA VIDA 8 CON TRAYECTORIA DE LA VIDA 9

En esta pareja, los 9 han de descubrir el sentido de sus vidas. Tal vez les conozcas realizando tareas de voluntariado, o en alguna otra actividad que te impresionará. Quizá hayas visto a un 9 hablando frente a un grupo. El 8 se sentirá atraído hacia esta Vibración porque a los 8 les interesa la gente que hace algo con sus vidas. Quieren colaborar y sentirse orgullosos de ello. Al 8 le encanta impresionarse con sus parejas y decir: «Fíjate lo que he pescado», porque «conseguir lo mejor» es una importante parte de su vida.

A los 8 les interesan las posesiones, pero no son materialistas. Saben realmente apreciar la calidad, y les gusta lo mejor de lo mejor. Un 9 positivo es una auténtica perla para el Trayectoria de la Vida 8. No obstante, estas dos Vibraciones son un Número de Desafío entre sí. Si el 8 se muestra demasiado en desacuerdo con el 9, puede destruir la intimidad que otrora existiera. Pensad en lo que os unió. El principio pude ser apasionado y genial. Pero luego, con el paso del tiempo, si el 9 se siente atacado por el 8, puede retirarse y ocuparse en sus cosas. Como los 8 son tan bruscos, una vez que se sienten abandonados por su pareja, pueden insistir e insistir en saber por qué. Quieren una explicación y los tendrás encima exigiéndola. La expresión verbal es ciertamente una forma artística, y eso significa que el 8 puede decir la verdad, pero debe comprender que hay una manera de decirla, para no herir los sentimientos del 9. Eso es algo en lo que el 8 debe trabajar si quiere mantener una relación prolongada con un Trayectoria de la Vida 9.

TRAYECTORIA DE LA VIDA 9 CON TRAYECTORIA DE LA VIDA 9

En Numerología, ésta combinación se considera una Pareja Natural. Cuando dos Trayectoria de la Vida 9 se unen, saben mirar con realismo la vida, y a veces no pueden evitar ser comentaristas negativos porque se concentran demasiado en el lado oscuro de lo que en realidad es una perspectiva más amplia.

El 9 debe hallar la manera de exponer sus ideas, pero al mismo tiempo debe mostrarse protector con los sentimientos ajenos. Servir forma parte importante de la relación 9/9. Ambos 9 se sienten llamados a ayudar a otras personas, tanto si se trata de voluntariado en un albergue o de custodia adoptiva para niños. Si ambos 9 se unen y hacen honor a su necesidad de ocuparse desinteresadamente de los demás, se convertirán en algo tremendo para cualquiera que los trate como pareja.

En privado, pueden parecer un poco tensos, y albergar ciertas dudas sobre sí mismos. Uno de los defectos de carácter del 9 es que puede sentirse superior y despreciativo. Bien, pues no hay manera de que otro 9 tolere semejante cosa. La combinación 9/9 debe descubrir una manera de hablar entre sí sin dañarse. Una relación 9/9 les ayudará a saber escoger sus palabras con cuidado. Esta pareja debe hallar maneras de hacer ejercicio juntos, tal vez dando largos paseos, practicando jogging, o bien disfrutar juntos de la naturaleza. Las actividades al aire libre son muy beneficiosas para la relación 9/9.

La espiritualidad tiene un importante papel en esta pareja. Sería fantástico si pudieran compartir la misma fe. Porque ello significaría que ambos comprenderían que viven en un plano superior y han aprendido a aceptar la Vibración de su vieja alma. Han llegado con un montón de comprensiones y percepciones que pueden compartir con los demás.

Por otro lado, si ambos se dejan hundir en el resentimiento de las cosas injustas que sucedieron al principio de sus vidas, entonces vivirán en el lado Negativo de esta Vibración, pudiendo arruinar a ambos. Por ello es muy importante que los 9 no caigan en el consumo de drogas, porque eso interferirá con la divina intuición con la que ambos cuentan desde el nacimiento.

Lo más conveniente que pueden hacer es permanecer en el instante y concentrarse en el presente. Eso mantendrá su amor vivo. Cuentan con una enorme pasión y aprecio por el otro, y cuando se abrazan, se deshacen en los brazos de su pareja. Eso es algo exquisito. Cuando un Trayectoria de la Vida 9 encuentra un Trayectoria de la Vida 9, y ambos abrazan por completo el lado Positivo de su Trayectoria de la Vida, es una auténtica bendición, no sólo para ellos, sino para todos nosotros.

Si tu Combinación del Número de la Trayectoria de la Vida es un Desafío, el siguiente capítulo pudiera ofrecerte algunas ayudas para comprender tu relación en particular.

14

Trayectorias de la Vida
tóxicas: ¿hay alguna esperanza?

La vida nos ha enseñado que el amor no consiste
en mirarnos el uno al otro, sino en mirar hacia
fuera juntos en la misma dirección.

ANTOINE DE SAINT-EXUPERY

Si realizas un Cuadro Comparativo y descubres que los Números de la Trayectoria de la Vida son un Desafío, estudia este capítulo. Aunque parezcan estupendos, pero sientes curiosidad acerca de que subyace a tus Números de la Trayectoria de la Vida, también disfrutarás de esta sección del libro.

A lo largo de los años he ido recibiendo cartas de personas que compartían pensamientos similares, como esta carta de Mary Lou:

Hola Glynis,
Mi marido y yo celebramos nuestro 501 Aniversario de Boda el último 18 de julio. Mi fecha de nacimiento es 23-10-1938 y la suya 10-10-1932. Creo que soy Trayectoria de la Vida 9 y él

es Trayectoria de la Vida 8. ¿Significa eso que no somos muy compatibles? Hemos tenido nuestros altibajos, pero llevamos juntos mucho tiempo y lo hemos pasado bien juntos en la vida.

Me gusta que él siempre piense primero en los demás. Deseo que todo el mundo tenga tanta suerte como nosotros.

Cuando leí esta carta, quise saber qué dos Números teníamos antes de desglosarlos para obtener el Número de la Trayectoria de la Vida final. En el caso de ella, nació el 23-10-1938 = 2+3+1+0+1+9+3+8 = 2$\underline{7}$. En el caso de la fecha de nacimiento de él, 10-10-1932 = 1+0+1+0+1+9+3+2 = 1$\underline{7}$. Cuando observamos ambos números, antes de convertirse en un Número de la Trayectoria de la Vida de un sólo dígito, veremos que ambos comparten la Vibración 7. A la Vibración 7 se la considera un número espiritual. Aunque ella no menciona si comparten una fe similar, me aventuraría a creer que sí. Deben de haber alcanzado un acuerdo sobre contar con un poder superior, que es compartido por ambos. También comparten su amor por la belleza de la naturaleza. Me atrevería a asegurar que en esos 50 años han viajado lo suyo. También significa que hay veces en que se sienten cómodos en silencio. Nadie se siente abandonado cuando no se habla, porque comparten el Número 7. Veo también que ella tiene la Vibración 2, y él una Vibración 1, y esas dos Vibraciones son también Compatibles en Numerología. Así que los Números que aparecen antes de sus Números de la Trayectoria de la Vida se consideran Compatibles (2, 1), y una Pareja Natural (7, 7). En este caso, aunque sus Números de la Trayectoria de la Vida siguen siendo un Desafío, cuentan con otro nivel de Numerología que les ayuda.

Deberías preguntarte: «¿Cómo puede sobrevivir una pareja a 50 años de matrimonio si sus Trayectorias de la Vida son Tóxicas?». Bueno, pues existe una respuesta a esta pregunta.

Cuando se desglosa toda una fecha de nacimiento, justo antes de reducirla a un dígito, hay dos Números que son importantes. Me he dado cuenta de que si ambos Números –antes de llegar al dígito único– contienen un Número que se comparte, eso es lo que explica la conexión especial.

ACTUALIZACIÓN

Decidí escribir a Mary Lou y hacerle dos preguntas concretas sobre las que estaba casi segura gracias a la Numerología. Le pregunté qué parte desempeñaban en su matrimonio la religión y los viajes. Me contestó así:

Nos casamos en 1958 y yo cambié mi fe. Abracé la fe de mi esposo y me hice católica romana. Hemos asistido a la iglesia durante toda nuestra vida de casados. También ayudamos económicamente a nuestra iglesia. Celebramos nuestro 501 Aniversario con una misa y una bendición de nuestro sacerdote.

Eso contestaba a la cuestión espiritual. Respecto a los viajes:

Hemos viajado mucho en estos años. Mi esposo es originario de Holanda. Su familia vino a Canadá en 1950 y se establecieron en Alberta. Él es el único que vino a Ontario, Canadá. Casi toda su familia se trasladó a la isla de Vancouver. Hemos ido un par de veces a Holanda y visitamos otros países cuando estuvimos allí: Inglaterra, Holanda, Italia, Francia, Alemania y Suiza.
Hemos viajado por casi todo Estados Unidos y Canadá. También realizamos un crucero por Alaska para celebrar nuestro 501 Aniversario. Hemos estado en Hawai. También tuvimos una caravana que usamos bastante.

Puedes imaginar la enorme sonrisa que se formó en mi cara al leer que no sólo el Número 7 oculto les había ayudado a mantener su amor vivo cuando sus Números de la Trayectoria de la Vida son un Desafío, sino que su respuesta no podía validar más la ciencia de la Numerología.

CUANDO LOS NÚMEROS DE LA TRAYECTORIA DE LA VIDA SON UN DESAFÍO

Me enorgullezco de permitir que la Numerología sea todo lo simple posible, de manera que pueda aplicarse fácilmente a las relaciones de vuestra vida. No obstante, a causa de mi relación con Charlie, me siento obligada a hablar de dos Números existentes detrás del Número de la Trayectoria de la Vida. Cuando vi por primera vez sus Números de la Fecha de Nacimiento y descubrí que era Trayectoria de la Vida 4, pensé: «Qué rabia», porque es un Desafío a mi Número de la Trayectoria de la Vida 3. Luego, cuando desglosé su fecha de nacimiento, vi que los dos Números que había justo antes de su Trayectoria de la Vida eran 31, y eso le convertía en un Trayectoria de la Vida 31/4

Eso era estupendo porque los dos Números antes de mi Trayectoria de la Vida eran 30, y eso me convertía en una Trayectoria de la Vida 30/3. Compartimos el número 3, que fomenta el sentido del humor, haciendo que las cosas no se espesen y tengan gracia. Charlie y yo nos reímos cada día. Sé que es a causa del 3 que tenemos en común. Además, el 1 demuestra la ambición que alberga en su interior, que encaja con mi Número del Destino 1. Así que ambos somos muy independientes e intentamos lograr el éxito. Nos entendemos y ninguno está molesto ni se siente abandonado. Ambos debemos concentrarnos cuando nos dedicamos a nuestras carreras profesionales elegidas y nos animamos mutuamente.

Como suele suceder cuando tengo empleados, inevitablemente uno de ellos me preguntará sobre sus Números. Una de mis ayudantes mencionó el hecho de que su novio tenía Números de la Trayectoria de la Vida que eran un Desafío, algo que al principio le desagradó, pero luego empezó a aplicar la Numerología a su relación, y eso le ayudó. Decidimos dar un vistazo a sus fechas de nacimiento, para comprobar los dos Números detrás de sus Trayectorias de la Vida. Ella nació el 6-5-1985, 6+5+1+9+8+5 = 34, y cuando se desglosa su nacimiento, se convierte en una Trayectoria de la Vida 34/7. La fecha de nacimiento de su novio era 27-8-1981, 2+7+8+1+9+8+1 = 36, y cuando desglosas su Fecha de Nacimiento, se convierte en un Trayectoria de la Vida 36/9.

¿Qué tienen en común? Ambos comparten el número **3**, que refleja desenfado y divertirse juntos. También cuentan con el 4 y el 6, que representan el amor por la familia. Ciertamente hay cosas que les interesan a ambos y que prácticamente son las mismas, tal vez objetivos para el futuro o lo que tratan de lograr como pareja. Esa información les hizo muy felices, porque le proporcionaba a ella otra perspectiva que no vio cuando se fijó en los Números finales de la Trayectoria de la Vida.

DESCUBRIR LOS DOS NÚMEROS TRAS EL NÚMERO DE LA TRAYECTORIA DE LA VIDA

Resumiendo, cuando se desglosa una fecha de nacimiento para hallar el Número de la Trayectoria de la Vida, hay que fijarse en los dos números que aparecen *justo antes* de reducir a un dígito el Número de la Trayectoria de la Vida para recabar una mejor comprensión de la relación. Si tienes un Número de la Trayectoria de la Vida que es de Desafío, eso te permite comprobar si hay otro Número tras la Trayectoria de la Vida que es el que os une. Ahora no voy a repasar todas las pautas numéricas que pueden resultar en un Número de la Trayectoria de la Vida, pero examinaremos qué nos dicen los dos Números que aparecen antes del Número de la Trayectoria de la Vida acerca de la persona que estudias.

TRAYECTORIA DE LA VIDA 1
TRAYECTORIA DE LA VIDA 10/1

Cuando veas un **10**, antes de reducirlo al **Trayectoria de la Vida 1**, has de saber que el 0 siempre significa que la persona tiene intuición divina, que tiene un don de comprensión. Si confían en su voz interior, no fallarán a la hora de tomar las decisiones adecuadas. Como el 10 nos da el **1** y una Energía **0**, y hay muchas fechas de nacimiento que se desglosan hasta un **10** antes de convertirse en **1**, creo que resultaría muy útil estudiar los dos Números anteriores antes de convertirse en un **10/1**

TRAYECTORIA DE LA VIDA 19/10/1

En este caso, hay una Vibración 9 como uno de los dos números anteriores al Trayectoria de la Vida 1. El 1 indica su ambición e impulso, que es normal en la Vibración 1, y el 9 que ama a la humanidad. Pero el lado Negativo de la Vibración 9 puede indicar que existen conflictos sin resolver con la familia original.

TRAYECTORIA DE LA VIDA 28/10/1

El 2 indica gran sensibilidad y necesidad de amor. El 8 nos dice que este particular Trayectoria de la Vida 1 se preocupa por la economía. El dinero les importa y aceptar consejo puede entrañar cierta dificultad. Si eres un Trayectoria de la Vida 4 u 8, este particular Trayectoria de la Vida 1 puede ser bueno para ti porque el 2 y el 8 son las Vibraciones que componen este Trayectoria de la Vida 1 en particular y son una Pareja Natural para ti.

TRAYECTORIA DE LA VIDA 37/10/1

El 3 indica sentido del humor. Él o ella es juguetón/a y tiene capacidad de comunicar. Esta persona también tiene el 7, que indica algo de secretismo. No siempre vas a saber qué es lo que le sucede a la Vibración 7. Cuando en un Cuadro personal aparecen un 3 y un 7, veo a alguien que ha de aprender a confiar. En una pareja con alguien así, es necesario esforzarse para crear una relación digna de confianza a fin de que esa persona se te abra completamente. Pueden necesitar un tiempo.

TRAYECTORIA DE LA VIDA 46/10/1

El 4 se interesa por establecerse en una relación duradera. El 6 es el Número de la Familia y quiere dirigir su propio negocio, a ser posible. A ambos números les gusta mandar, como ocurre con la Vibración 1. Así que normalmente, una Vibración 6 o una Vibración 4 se considerarían un Desafío para un Trayectoria de la Vida 1, pero si en tu Patrón Numerológico también aparece un 4 o un 6, ello podría ayudar mucho a tu relación si resultase que tu Trayectoria de la Vida fuese un Desafío para el Trayectoria de la Vida 1.

TRAYECTORIA DE LA VIDA 2
NÚMERO MAESTRO 11

Aquí nos las vemos con el **Número Maestro 11**, que cuenta con una **Vibración 1** doble. Están decididos a ser creativos y los mejores en su terreno, algo característico de la **Vibración 1**.

En última instancia, el 11 se convierte en 2: 1+1 = 2.

Sabemos que la **Vibración 2** a veces puede ser demasiado sensible. Cuando vemos un 1 doble, en Positivo, puede animar a la confidencia. El **Número Maestro 11** se sentirá muy motivado y por lo general sostiene opiniones intensas, algo que deberías tener en cuenta.

Como ya dije en el Capítulo 9, al hablar de los Números Maestros, el **Número Maestro 11** se reduce al **Número 2**. Así que en los siguientes ejemplos, también necesitas estudiar los dos Números que vienen antes de un **11/2** a fin de conocer las sutiles diferencias de cada **Número Maestro 11/2**. Eso te ayudará a obtener algo más de comprensión acerca de la persona que estudias.

TRAYECTORIA DE LA VIDA 29/11/2

El 2 es la parte de ellos que necesita gente, se interesa en las amistades y querrá sentirse conectado/a a su pareja. La Vibración 9 rebosará de independencia, y seguramente no dependerá demasiado de su compañero/a. Eso puede causar cierta confusión en la persona que ame a un 29/11.

El 29/11 necesita hallar un equilibrio entre trabajo y diversión. Si utiliza toda su creatividad en el trabajo, podría estar vacío a la hora de entrar en el dormitorio y mostrarse íntimo con su pareja.

El otro extremo es que puede ser muy sexual, abrazar esa parte de la relación, y costarle concentrarse en encontrar una carrera profesional que utilice todas las dotes creativas que posee de manera natural.

Al ver un 2 y un 9 como números anteriores a convertirse en un Trayectoria de la Vida 2, hay que tener en cuenta la cuestión familiar. ¿Están en paz con su pasado? ¿Lo han superado? ¿Comparten el presente contigo de manera que podáis amaros completamente?

TRAYECTORIA DE LA VIDA 38/11/2

Al 3 le gusta reírse y tiene capacidad para comunicarse. Al 8 le interesa la seguridad económica y disponer de un futuro sólido. El 11, claro, se convierte en el 2 (11 = 1+1 = 2), añadiendo compasión a la mezcla.

TRAYECTORIA DE LA VIDA 47/11/2

El 4 significa que se esfuerzan en aprender, y pueden sentir que se quedan cortos. Esta Vibración puede ser demasiado autocrítica, y deberías tenerlo en cuenta. La Vibración 7 no es un libro abierto, pero el amor por lo que la naturaleza tiene que ofrecer jugará una importante baza en la vida de esta persona. Es crucial que encuentre un sistema de creencias que pueda abrazar.

Trayectoria de la Vida 20/2

Esta Trayectoria de la Vida ofrece una doble Vibración 2. El 20/2 uniéndose a un Número de la Trayectoria de la Vida Tóxico puede ser un problema, a menos que también exista una Vibración 2 en tus dos Números anteriores a su Número de la Trayectoria de la Vida. Si una persona nace siendo un Trayectoria de la Vida 23/5 o un Trayectoria de la Vida 25/7, el 2 de su Patrón Numerológico será de ayuda en la relación. La Vibración 2 gusta de sentirse conectado a su pareja, y si se sienten rechazados, pueden dañar la relación encerrándose emocional y físicamente. Es importante que sepas que el 20/2 es realmente la pureza de la Vibración del Número 2. El 0 del 20 hace que esta persona esté físicamente sintonizada con la verdad. Así que no pierdas el tiempo intentando engañarlos. Te calarán de inmediato. Tal vez quieras repasar el Capítulo 8 para obtener una mejor comprensión del Trayectoria de la Vida 2, y así saber que es doblemente cierto para el 20/2.

Trayectoria de la Vida 3
Trayectoria de la Vida 39/3

En este caso, el Trayectoria de la Vida 39/3 contiene otro 3. Este particular Trayectoria de la Vida 3 será extra juguetón y tendrá una irrefrenable necesidad de expresarse. El 9 se interesará en la familia y en modos generosos para conseguir que las cosas sean distintas de un modo muy profundo.

Trayectoria de la Vida 48/3

El 4 y el 8 de esta Trayectoria de la Vida 3 tratan ambos de prosperidad económica. Son Vibraciones muy resueltas y muy francas en la expresión verbal. Si consideras que el 3 es un Desafío para ti y no obstante compartís una Vibración 4 u 8, podría ser una buena combinación.

TRAYECTORIA DE LA VIDA 30/3

Recuerda: siempre que veas un 0 (cero), es que la intuición divina juega una parte importante en la vida de esa persona. Aquí también hay una Vibración 3, y esas personas tienden a acertar cuando siguen sus intuiciones. Si mantienes una relación con un 30/3, ni se te ocurra pensar en engañarlos. Lo sabrán inmediatamente.

Gracias a la pureza de estas dos Vibraciones 3, sin números mitigadores, si eres un Trayectoria de la Vida 4, 7 u 8, podrías tener problemas con el 30/3. No obstante, si dispones de un 3 en los dos Números anteriores a reducir a un dígito tu propio Trayectoria de la Vida, entonces podría ser de ayuda.

Ejemplos: Trayectoria de la Vida 3̲1/4; Trayectoria de la Vida 3̲4/7; Trayectoria de la Vida 3̲5/8.

El 30/3 no se conformará con menos de lo que quiere. Te comunicará sus necesidades sin ambigüedades, y no lograrás nada pidiéndole que se calle. ¡Así que toma una silla y prepárate a escuchar!

TRAYECTORIA DE LA VIDA 12/3 O 21/3

Tienes un 2 de sensibilidad, y el 1 de ambición e impulso. Luego viene un 3, y sabemos que los 3 son comunicadores.

TRAYECTORIA DE LA VIDA 4
TRAYECTORIA DE LA VIDA 22/4

Un 22/4 es el Número Maestro 22. El 2 doble significa que esta persona sintoniza de verdad con las Vibraciones de los demás. Son muy intuitivas. Sienten las cosas profundamente aunque a veces parezcan altivos y desconectados. En un 22/4 vive un elemento brutalmente sincero. Estas personas no tendrán en cuenta tus sentimientos, pues se han puesto muy alto el listón a sí mismos.

El 2 doble también significa que son muy sensibles. Puede haber ocasiones en que acabes en conflicto con el 22/4 y que regresen para disculparse porque su intención nunca fue causarte dolor. Necesitan sus amistades y también necesitan un amor en sus vidas.

Trayectoria de la Vida 13/4 o 31/4

Estás lidiando con un 3, y eso implica una energía más ligera para esta Trayectoria de la Vida 4 en particular. Mucha gente famosa tiene esa pauta en sus cuadros. **Nat King Cole** era un 31/4 y **Arnold Schwarzenegger** es un 31/4. El 3 fomenta el humor, y el 1 la ambición. **Oprah Winfrey** es una Trayectoria de la Vida 31/4. La Vibración 3 resulta muy aparente en su capacidad de expresarse y compartirse. También vemos el 1 en ella gracias a su éxito fenomenal. Así es como funciona.

Trayectoria de la Vida 5
Trayectoria de la Vida 23/5 o 32/5

Sabemos que el 5 necesita no sentirse cohibido. Si eres un 23/5 o un 32/5, el 2 significa que la amistad importa, y que la familia también. A estas personas les es necesario mantener un vínculo y una conexión especial con alguien. El 3 implica expresión, tener amigos para comparar notas y contar con una pareja con quien reír y jugar. Esos Números disminuyen enormemente el miedo del 5 a ser controlado o quedar atado a una relación con alguien para toda su vida.

Trayectoria de la Vida 14/5 o 41/5

Contar con un 4 en los dos Números previos a reducirse en un Trayectoria de la Vida 5 alienta una necesidad de seguridad. Los 5 tienen tantas ideas acerca de lo que quieren hacer con sus vidas que no acaban sabiendo reducirlas a lo que realmente desean. La Vibración 4 les ayuda a concentrarse más.

Si realmente tienen ese 41/5 o ese 14/5, entonces el 4 les está diciendo: «Encontraré la manera de crear seguridad. Hallaré la manera de sentar la cabeza en un entorno que me haga feliz». El 1 se interesa en ambición e impulso. Si eres un Trayectoria de la Vida 4 que se ha unido a un Trayectoria de la Vida 5, sería conveniente que fuese un 4̲1/5 o un 14̲/5, de otro modo sería difícil que el Trayectoria de la Vida 4 pudiera coexistir con el Trayectoria de la Vida 5.

TRAYECTORIA DE LA VIDA 6
TRAYECTORIA DE LA VIDA 33/6

En Numerología, al 33/6 también se le considera un Número Maestro, al igual que lo es el 11 para el 2, el 22 para el 4 y el 44 para el 8. De lo que realmente se trata es de que hay dos 3, y el 3 está interesado en expresarse a sí mismo con fluidez, y necesita ser escuchado. Como se trata de un Trayectoria de la Vida 6, el 6 mantiene un elevado nivel, y son perfeccionistas.

Tienen miedo a cualquier tipo de rechazo, así que levantan una pantalla tratando de parecer perfectos: ropa, cabello, maquillaje, a todas horas y todo el tiempo. No es realista. Eso puede hacer que se quemen y dejen de intentarlo todo a la vez. Lo que deben aprender es a mostrar de vez en cuando quienes son realmente, con deseos y todo, porque sus parejas les amarán más. Han de aprender a confiar en que eso es cierto. Si el 33/6 es un hombre, y no utiliza su creatividad de alguna manera, puede acabar deprimido.

El 6 también busca la perfección en quienes ama, y claro, al ser humana, la persona amada no estará a la altura. Es un rasgo muy marcado en el 33/6. Ten en cuenta que los 3 dobles están abocados a expresarse a sí mismos. En el mundo del espectáculo hay muchas personas 33/6, pues son unos números muy favorables para un actor o una actriz. En la primera que pienso es en

Meryl Streep. El 6 también se siente llamado a ocuparse de los demás, pero esta Vibración debe aprender a pedir ayuda cuando la necesite.

El 33/6 necesita amarse y aceptarse a sí mismo antes de poder sentir amor y aceptación por los demás. Eso es más cierto para el 33/6 que para cualquier otra Combinación Numérica.

TRAYECTORIA DE LA VIDA 15/6

Si tú o tu pareja sois un 15/6, tenéis opiniones muy concretas acerca de cómo deberían ser las cosas. La Vibración 5 puede fomentar la dispersión de la energía, así que a veces les resulta difícil concentrarse y saber exactamente qué les gustaría hacer. Pueden agitarse mucho.

La Vibración 1 fomenta unos niveles increíblemente elevados, y en el lado Negativo de la Energía 1, puede suceder una de estas cosas: o se convierten en trabajadores obsesivos o escapan a través de las drogas o el alcohol.

Cuando veas el 1 y el 5 antes del 6, estarás viendo a alguien que se siente intelectualmente estimulado. Si eres un Trayectoria de la Vida 1, 5 o 7, perteneces a un grupo que suele ser considerado un Desafío para el Número 6. Sin embargo, en este caso deberías ser bastante compatible, a causa de las Vibraciones 1 y 5 que componen esta Trayectoria de la Vida 6 en particular.

TRAYECTORIA DE LA VIDA 24/6 O 42/6

Cuando estudiamos al 24/6 o al 42/6, esas pautas reflejan a alguien que realmente desea una relación. En cualquier caso, el 4 es casi siempre un tipo de persona sólida que busca un compromiso. El 2 también es una Vibración de asociación y la Vibración 6 trata de relaciones: tener una casa y una pareja con la que compartir la vida. Los Números 24/6 o 42/6 son importantes indicadores de un sólido compañero de por vida.

A estas personas les gusta dirigir las cosas, y al mismo tiempo son muy considerados con los que tienen por debajo. Las personas 24/6 o 42/6 son muy cuidadosas con el dinero y ahorran de cara al futuro. La Vibración 4 les ayuda en esa cuestión, y la Vibración 2 les hace desear un compañero con el que compartirlo.

TRAYECTORIA DE LA VIDA 7
TRAYECTORIA DE LA VIDA 16/7

El 1 y el 6 modifican la Trayectoria de la Vida 7, que a menudo tiene una cualidad solitaria y una necesidad de soledad. Por otra parte, la Vibración 6 puede convertir en una prioridad compartir su vida con alguien. Eso es estupendo para alguien que se interesa en este Trayectoria de la Vida 7 en particular.

La Vibración 1 junto con su Energía 7 puede convertir a estas personas en muy cerebrales e hipercríticas consigo mismas y con los demás. Este patrón del 16/7 debe aprender a confiar en sus parejas, así como a aceptarlos a ellos y sus defectos, incondicionalmente.

Si están dispuestos a creer en su pareja, y si realmente se entregan al amor, pueden amar con tanta intensidad que el amor no sólo será intenso, sino que además se convertirá en una fuerza sanadora.

También es habitual que este 16/7 se chifle por alguien inalcanzable. Mantienen una fantasía a largo plazo acerca de esa persona en lugar de implicarse realmente con ella. Deben realizar un esfuerzo para ser realistas en ese campo y no hacerse ilusiones.

TRAYECTORIA DE LA VIDA 25/7

Se trata de una combinación interesante porque tenemos un 2, que es la capacidad de amar profundamente. Luego tenemos la Vibración 5, que no quiere ser controlada por nadie, ni que se aprovechen de ella. Así que en este Trayectoria de la Vida 7 en concreto apreciamos un delicado equilibrio. El 7 busca una base de fe, de manera que si el 25/7 puede encontrarla, significará un importante avance en su vida.

Algo interesante sobre el 25/7: la Vibración 5 siempre está dispuesta a recibir consejo de los demás, pero el 2 sabe la respuesta interiormente. Así que cuando el 25/7 vive en el lado Positivo de sus Números, se siente cómodo, disfruta de la gente, y también tiene una comprensión espiritual de la que aprenden los demás.

El 25/7 que vive en el lado Negativo de los Números puede sentirse paranoico, y ello porque una parte de la combinación desea comunicar, pero la otra no. Por eso es tan importante para el 7 la base de la fe. Hasta que puedan entregarse, rendirse literalmente, y confiar en que hay un Poder Más Elevado que les protege y sostiene. Sus parejas pueden llegar a sentir la lucha en su personalidad, y eso puede interferir en su vida amorosa.

Trayectoria de la Vida 34/7 o 43/7

Te conviene echar un vistazo a estos 3 y 4, porque el 3 es la parte social de esta Combinación Numérica. El 34/7 o 43/7 tiene un sentido del humor que puede ser mordaz, incluso sarcástico, que puede no ser del gusto de todo el mundo, pero que no por ello deja de ser inteligente. La Vibración 4 puede estar interesada en sacar un beneficio, pero como en definitiva las Trayectorias de la Vida 7 no están muy interesadas en las cosas materiales, el 4 en los dos Números antes de que se convierta en un 7 conseguirá que esta Trayectoria de la Vida 7 en particular sea consciente de las cuestiones económicas.

El 34/7 o 43/7 necesita descubrir una manera de disfrutar de todas las maravillas que el mundo ofrece. El mar les sienta muy bien, y les conviene estar cerca del agua, donde puedan meditar, que es algo que deberían practicar. También les sienta bien experimentar otras culturas. El 3 les proporciona facilidad de comunicación con los demás.

Trayectoria de la Vida 8
Trayectoria de la Vida 17/8

Se trata de una potente combinación. Primero, está presente un 1, que es el Número que hace que la persona se esfuerce por triunfar. Luego está el 7, que fomenta la espiritualidad. Eso significa que cuando estas personas tienen fe en Dios, saben lo que realmente importa en la vida. Trabajan duro y, a través de la energía de la Vibración 8, saben que el éxito está a su alcance.

Cuando Trayectoria de la Vida 8 encuentra su camino hacia la estabilidad, se siente bien consigo mismo. Por otra parte, si vive en el lado Negativo de la Vibración 8, puede sentirse muy cómodo viviendo de otros. Los 8 también son muy buenos en el dormitorio, pero conectar realmente a un nivel íntimo con su pareja puede ser difícil. Lo que quiero decir acerca de la intimidad es «te veo en mí». A veces el Trayectoria de la Vida 8 no se siente cómodo mirando en su interior, y en particular el 17/8 no bajará la guardia ni estará dispuesto a revelar sus sentimientos más profundos a su pareja. Así que si amas a un 17/8, ayúdale a ser más confiado y por lo tanto a sentirse más cercano a ti.

Pero insistiendo de nuevo, si vive en el lado Positivo, puede ser un Trayectoria de la Vida 8 muy dinámico y maravilloso.

Trayectoria de la Vida 26/8

El 2 es sensible y cariñoso, y por ello una relación le importa. El Número 6 valora la familia y los amigos por encima de todo. El 8 trata del éxito en esta vida, así que ambas Vibraciones juntas deberían hablarnos de un compañero bueno y de fiar, especialmente si vive en el lado positivo de la Vibración.

Pueden aparecer dificultades cuando este 26/8 se impone niveles imposibles, y una vez que se desilusiona de su pareja, la situación puede devenir difícil para ambos. Este Trayectoria de la Vida 8 en particular también ha de encontrar el modo de establecer una relación saludable con el dinero. No deben sentir celos de quienes tienen más y han de comprender que hay suficiente para todos. Una vez que desarrollan una relación satisfactoria con el dinero, se sienten mucho más felices.

Las personas con esta pauta numérica de 26/8 tienen sentimientos muy profundos. El Trayectoria de la Vida 8 puede ser duro y directo, pero con las Vibraciones 2 y 6 formando parte de ese 8, se sienten destrozados cuando sus parejas les traicionan. También es cierto que los 26/8 son directos y te dicen lo que piensan, pero no saben aceptar las críticas. Si mantienes una relación con uno de ellos, has de ser consciente de la profundidad de sus sentimientos.

Se sienten orgullosos de ser «buenos en la cama» y aman para complacer a su pareja. Más tarde pudieran resentir que nadie se ocupa de sus propias necesidades, aunque no hayan expresando lo que deseaban. Asegúrate de preguntarles qué les satisface sexualmente, y qué les hace sentirse queridos en una relación íntima. Todas estas son cuestiones importantísimas para el 26/8

Trayectoria de la Vida 35/8

Primero tenemos el 3, que es la Vibración que puede animar cualquier reunión cuando está de buenas. Luego añadamos el enorme campo energético que rodea al 5. Eso convierte al 35/8 en alguien muy, pero que muy, dinámico. Pero esta Vibración 8 debe aprender a concentrarse. Hay demasiadas cosas que puede hacer, y hacerlas bien, y el resultado puede fomentar una energía dispersa, que puede conducirle a la frustración, tanto a él como a su pareja.

El 35/8 se siente llamado a tener éxito, y acepta y respeta el poder que pueda reportarle. Sin embargo, los 35/8 deben andarse con ojo respecto a cómo obtenerlo. Han de ser directos a la hora de declarar sus objetivos, y debieran escribirlos. Si un 35/8 no dispone de un plan, pudiera instalarse en la comodidad de que su pareja se ocupase de él mientras él hace sus cálculos, lo que puede provocar problemas.

Los 35/8 necesitan mucha atención. Suelen convertirse en actores para obtener la atención que buscan. Esa, claro está, es la manera más sana de lograrla. **Sandra Bullock** es una 35/8, igual que **Matt Damon**. Utilizan sus energías creativas y han descubierto una manera de aumentar su éxito económico produciendo y dirigiendo, además de actuar.

Por lo que si te interesas en un 35/8, asegúrate de que en su trabajo está utilizando su lado creativo. De no ser así, pudiera desanimarse. Y eso no es buena cosa para alguien que forma parte de la relación. Cuando los 35/8 tienen éxito, son extremadamente generosos con sus compañeros y con todos los demás. Este Trayectoria de la Vida 8 no resulta raro que se case tarde en la vida, porque le hace falta cierto tiempo para elegir a la persona adecuada. Una vez que se siente feliz con esa persona, el resultado puede ser un matrimonio donde impere el amor mutuo y el respeto.

También es importante que el 35/8 encuentre la manera de establecer amistad con su amante, porque no sólo se trata de ser físicamente compatible, sino también mentalmente. Si la relación es sólo física, este Número 8 no tardará en sentirse quemado. Así que, si estás enamorado de un 35/8, tenéis que ser emocional y físicamente compatibles para que la relación sea perdurable.

TRAYECTORIA DE LA VIDA 44/8

También se considera un Número Maestro. La Vibración del 4 doble necesita encontrar estabilidad. La familia importa mucho, y en el marco de esa familia debe desarrollarse su actividad. Para el 8, la ausencia de estabilidad económica y la falta de dinero para poder llevar un modo de vida despreocupado pudieran empañar lo que de otro modo podría ser una relación saludable.

Si estás con un 44/8 y has decidido que tu pareja es un adicto al trabajo, no puedes tomarte su inmersión total en su empleo de una manera personal. Es la forma de ser del 44/8. La ventaja es que sentirá la necesidad de compartir su éxito con todo el mundo. Para ellos, dar resulta increíblemente saludable.

La relación sexual puede ser intensa, apasionada y divertida, a menos que lidie con heridas de la infancia. Si tienes una pareja que es un 44/8 pero está cerrado sexualmente, trata de descubrir qué es lo que le perturba. Anímale a buscar ayuda especializada, porque si está dispuesto a hacerlo, el resultado será muy alentador, y bueno para ambos.

También has de tener en cuenta que un 44/8 es siempre muy directo. Te contará exactamente lo que piensa, y no deberás tomarte sus comentarios a la tremenda. Los 44/8 son atractivos o bien se esfuerzan en serlo. Les gusta la calidad y tienen sed de conocimiento.

Trayectoria de la Vida 9
Trayectoria de la Vida 18/9

Aquí te las ves con el 1, que es una Vibración muy motivada. También tienes el 8, que implica una mentalidad comercial, que siempre está preguntando: «¿Qué puedo hacer para triunfar?». Cuando combinas el 1 y el 8 de manera positiva, no hay nada que este Trayectoria de la Vida 9 en particular no pueda conseguir. También tienen mucho que ofrecer al mundo, y combinando la ambición con la capacidad de crear éxitos, puede conseguir que el mundo sea un lugar mejor en el que vivir.

Su espiritualidad es muy importante. Si carecen de ese sentimiento del verdadero ser, entonces los 18/9 pueden tornarse inseguros y críticos acerca de sus cuerpos físicos y de los de su pareja. Actuar de este modo puede sabotear su vida amorosa hasta el punto de que la pareja sea incapaz de comunicarse físicamente. No obstante, si son saludables al hacer el amor, ello les rejuvenece a todos los niveles: mental, físico y espiritual.

Trayectoria de la Vida 27/9

Tanto el número 2 como el 7 se consideran psíquicos de manera natural y muy conectados con el universo. Este Trayectoria de la Vida 9 en particular debería poder hacerlo. Cuando el 2 y el 7 ofrecen sabiduría o consejo, tienden a ser muy precisos.

Por la misma razón, si no encuentran el alimento espiritual que buscan, pueden ser desconfiados y demasiado sensibles. Si no eliges tus palabras con cuidado, tienden a malinterpretar lo que dices y se sienten heridos en sus sentimientos. Cuando un 27/9 se siente emocionalmente herido o no querido por parte de su pareja, puede cerrarse físicamente. Si el 27/9 se abre por completo a su pareja y está sintonizado con esa base espiritual, al hacer el amor experimenta una bella e íntegra sensación.

Cuando están sintonizados con su espiritualidad, son asombrosos. Grandes líderes espirituales del siglo XX, como **Gandhi, Yogananda** y **Khalil Gibran**, eran 27/9. El Trayectoria de la Vida Número 9 que vive en el aspecto Positivo del Número tiene tanto que ofrecer a nivel espiritual, que cuando te abraza te sientes amado y protegido.

TRAYECTORIA DE LA VIDA 36/9

Creo que el 36/9 es total, porque el 3, 6 y 9 son una Pareja Natural en Numerología, y aquí tenemos toda esta energía en una sola persona. El 3 tiene la capacidad de reír y comunicar; el 6 es cariñoso, ocupándose de los demás. El 9 es el Número de la terminación, cargado de sabiduría y perspicacia.

Cuando el 36/9 está enamorado, lo tiene muy claro. No hay que imaginárselo, porque gritará su amor desde lo alto de los tejados. Si vive en el lado Negativo del 9, puede seguir alimentando heridas del pasado. De ser así, entonces es algo en lo que habrá de trabajar estando en el presente.

Siempre sugiero que esa particular energía mejora cuando se la utiliza: enseñando, practicando charla motivacional, o incluso dirigiendo un grupo de teatro. Si no utilizan su creatividad, los 36/9 se sienten fatal.

Cuando encuentran el amor, son capaces de expresar libremente sus necesidades y deseos, pudiendo abandonar su máscara de autosuficiencia extrema. Finalmente se conceden permiso para admitir que pueden utilizar algo de ayuda. Esta es la lección que deben aprender, y si encuentran al compañero adecuado, no habrá límite para su vida sexual y amorosa.

TRAYECTORIA DE LA VIDA 45/9

Has de poner atención a la dualidad en los Números 4 y 5, que componen este Trayectoria de la Vida 9 en concreto. El 4 es una Vibración que trabaja mucho, y que también, a cierto nivel, puede querer ser un maestro, al que la gente escucha y valora por lo que dice. Luego está el 5, a quien sobre todo le interesa la exploración, divertirse y la libertad de ir y venir como le plazca. Como el 4 y el 5 son tan opuestos en cuando a Vibraciones, a la gente le resulta un poco más difícil comprender este Trayectoria de la Vida 9 en particular.

Por lo general, cuando se es un 45/9 hay temas familiares sin resolver. Estas personas deben encontrar la manera de hacer las paces con esos asuntos, para que así puedan estar en el momento y disfrutar de su vida. Si este Trayectoria de la Vida 9 atrae a una pareja que comprende su dualidad, confiará las cuestiones familiares y hogareñas a esa Vibración 4, la cual deberá comprender también, que a veces la parte de él que es una Vibración 5 sienta el deseo de escaparse a jugar. Si puedes aceptar ambas partes de su carácter, entonces el 45/9 te amará para siempre.

***

Como ya habrás captado al leer este capítulo, aunque una Trayectoria de la Vida se desglosa para formar un sólo Número, encierra algo de misterio. Las dos Vibraciones antes de ese paso final en el que se convierten en un Número de la Trayectoria de la Vida, te proporcionarán una información valiosísima sobre esa persona. Esto resulta especialmente cierto si sus Números de la Trayectoria de la Vida son un Desafío, y si realmente quieres entender vuestras diferencias a fin de mejorar la relación. Recuerda que si compartes uno de los dos números que forman el Número de la Trayectoria de la Vida, ello tendrá un efecto benéfico en tu relación.

15

Amar el Número de la
Trayectoria de la Vida de tu
pareja: ¡de la manera en que le gusta!

*El amor es cuando la felicidad
de otra persona es esencial para la tuya.*

ROBERT HEINLEIN

Tengo unos seguidores muy entusiastas. Cuando recogía información para este libro les pedí que compartiesen sus propias historias numerológicas. De las miles de cartas que recibí, en este capítulo incluyo las que me parece que mejor resumen los rasgos de cada Número de la Trayectoria de la Vida. En las secciones que siguen, hallarás ejemplos muy reveladores de los gustos y rechazos concretos de cada Número de la Trayectoria de la Vida, de manera que puedas obtener más compresión sobre cómo amar verdaderamente a una persona «tal y como es».

LOS NÚMEROS SON SEXUALES

Ten en cuenta que en general, la mayoría de las características de cada Número de la Trayectoria de la Vida son intercambiables entre hombres y mujeres. Sin embargo, me he fijado en algunas e interesantes pautas de género que valdría la pena apuntar. Un hombre que es Trayectoria de la Vida 2 o 7, tiende a estar sintonizado con su lado femenino; está presente en él cierta delicadeza. El Trayectoria de la Vida 7 masculino suele tener un rostro andrógino, que resulta bastante hermoso, sobre todo en la juventud. **Leonardo DiCaprio, Mel Gilson** y **John F. Kennedy hijo**, son ejemplos que me vienen a la memoria.

También me he dado cuenta de que una Trayectoria de la Vida 4 o 7 mujer tiende a estar en contacto con su lado masculino. A menudo conocerás a una Trayectoria de la Vida 4 que abraza su lado femenino utilizando maquillaje y arreglándose, pero, no dudes de que no necesitará que la rescate ningún hombre. Esas chicas son lo suficientemente fuertes para cuidar de sí mismas. **Oprah Winfrey, Demi Moore** y **Helen Hunt** son todas Trayectoria de la Vida 4, y son muy buenos ejemplos de ese tipo de mujer.

Luego está la Trayectoria de la Vida 6 mujer. Se trata de un Número cariñoso. Esas mujeres saben en sus corazones que si tienen que vivir solas, podrán hacerlo. Una vez que lo creen, no es inusual que se divorcien, si piensan que es lo más conveniente, sobre todo si tienen hijos. Sus hijos son su prioridad absoluta, y si su pareja no es un buen modelo, preferirán criar a sus hijos como madre soltera. Han de tener cuidado y no sumergir sus vidas en los hijos, pensando: «Cuando los niños crezcan, ya me ocuparé de mí misma». Pasará demasiado tiempo, y cuando finalmente les llegue el momento, se sentirán perdidas acerca de qué hacer consigo mismas.

Así que, aparte de las excepciones que acabo de señalar, recuerda que la mayoría de las características de cada Número de la Trayectoria de la Vida, pueden pertenecer tanto a un hombre como a una mujer. Asegúrate de leer bien todos los «atractivos» y «rechazos» que aparecen en las páginas siguientes para aprender más sobre amar y comprender a cada Número de la Trayectoria de la Vida.

Atractivos y rechazos

Atractivos y rechazos para Trayectoria de la Vida 1

Aileen, una Trayectoria de la Vida 1, escribe:

Atractivos:

Lo que me gusta en una pareja es que sea alguien que se ocupa de sí mismo y considera su salud como una prioridad. Debe ser fiel. Alguien que disfrute ayudando con las cosas que hay que hacer, como preparar la cena. Busco una pareja con un potente intelecto que me respete a mí y a los demás.

Rechazos:

No me gusta la pereza, la falta de honradez, la tacañería de ningún tipo (por ejemplo, alguien que es físicamente tacaño o económicamente tacaño). Y tampoco tengo tiempo para el pesimismo.

Verda, una Trayectoria de la Vida 1, escribe:

Atractivos:

Lo que aprecio en un hombre es su capacidad para explicarme lo que siente, como: «Me siento feliz, me siento frustrado o estoy desanimado». Sea lo que sea. Compartir esa pequeña información emocional es importante, porque así no tengo que ir a ciegas. También me gusta cuando quieren hablar abiertamente, diciendo: «Verás, me siento vulnerable, y me resulta muy difícil», de manera que me preparo para escuchar y no sentirme amenazada y preparada para atacar.

Rechazos:

Lo que me exaspera totalmente en una pareja es cuando quiere saber exactamente qué estoy haciendo, adónde voy, o qué he hecho durante el día. Ese tipo de comportamiento controlador no funciona conmigo.

Comentario de Glynis:

Verda menciona una cuestión muy válida para una Trayectoria de la Vida 1. He observado, una y otra vez, que si alguien mantiene una relación con una Trayectoria de la Vida 1, y quiere estar enterado de todo lo que hace a lo largo del día, la Trayectoria de la Vida 1 se sentirá ahogada y querrá zanjar la relación casi de inmediato. Puede continuar porque esté casada y tenga hijos, pero se sentirá rabiosa y frustrada, y se tornará más reservada.

Así que si amas a una Trayectoria de la Vida 1, déjala que haga sus cosas. Debes comprender que tiene mucha energía y le gusta estar ocupada. Será la primera en compartir cualquier cosa sobre su jornada contigo. De hecho, si no la fuerzas, la Trayectoria de la Vida 1 puede mostrarse mucho más abierta y compartirlo todo contigo.

Paul, un Trayectoria de la Vida 1, escribe:

Atractivos:

Una relación debe ser estimulante, alentadora y no juzgar. Ambas partes deben estar siempre dispuestas a compartir, confiar y estar abiertas a la comunicación. Ese compartir es como las mareas, una relación fluctuante. Aunque puede parecer muy fácil, en realidad cuesta mucho esfuerzo.

Rechazos:

Lo que no soporto es alguien que tenga problemas de confianza, que sea celoso; alguien que sea pasivo-agresivo y alguien que se quede colgado de sus dolores pasados y no los suelte.

Daniel, un Trayectoria de la Vida 1, escribe:

Atractivos:

Me gusta una mujer que sea segura y sepa exactamente quién es, que pueda hacerse cargo de su vida y no necesite que nadie le dé instrucciones. Alguien que es inteligente, que disfruta de las aventuras y es cariñosa con los hijos. Me gusta una mujer con una mente curiosa y que busque sin cesar nuevos conocimientos. Una mujer que tenga objetivos y un plan sobre cómo alcanzarlos. ¡Eso me gusta especialmente!

Rechazos:

Una mujer que busque constantemente mi opinión acerca de lo que debe hacer. Tanto si se trata de a qué restaurante ir o adónde ir de viaje la próxima vez. Quiero una mujer que piense por sí misma. No me gustaría una mujer que se queja sobre su vida y que no hace nada para mejorarla. O una mujer que se conforma con quedarse sentada en el sofá, diciendo que va a salir a buscar trabajo, y no hace nada para que eso suceda. Una mujer que siente que le falta preparación pero que no hace nada para instruirse. Eso me echa para atrás.

Comentario de Glynis:

Como dice muy claramente Daniel en su carta, los Trayectoria de la Vida 1 quieren que logres triunfar en tu vida, igual que ellos en la suya. Así que si eres el tipo de persona que quiere mejorar y luego no haces nada para que eso suceda, el Trayectoria de la Vida 1 se echará para atrás. Se tornará muy crítico contigo porque tu comportamiento le agota. Deberías pensar en el Trayectoria de la Vida 1 como en una vibración que disfruta moviéndose continuamente. Cuando más logras a lo largo de la jornada, más se enamorará de ti, porque le gusta que aproveches cada día al máximo... Igual que él.

Lisa, una Trayectoria de la Vida 1, escribe:

Atractivos:

Me gusta la fuerza tranquila de un hombre, de un hombre que te dice que te quiere y te lo demuestra de todas las maneras posibles. Que es verdaderamente sensible, pero que no obstante sabe quién es y que sigue siendo todo un hombre.

Rechazos:

Lo que no me gusta nada es la arrogancia. Nada hace que me aparte tan rápidamente de un hombre como el hecho de que se crea mejor que yo. Los hombres con esa actitud superior me echan para atrás. Actúan como si las mujeres fuéramos ciudadanas de segunda. No lo soporto. Tampoco me gusta cuando están centrados en ellos mismos, cuando todo lo que importa es lo que les concierne a ellos.

Theresa, una Trayectoria de la Vida 1, escribe:

Atractivos:

Lo que más me gusta en una pareja es tener una sensación de profunda estabilidad, que me proporcione la seguridad que necesito para saber que se trata de una relación sólida, y que además dispongo de libertad para explorar el mundo que me rodea.

Rechazos:

Lo que rechazo es que mi pareja no sea agradecida, que no aprecie mis esfuerzos. Si no puede ser fuerte y hacerse cargo de la situación, esto también me aparta de él.

Nota de Glynis:

Al Trayectoria de la Vida 1 no le importa esforzarse para que la relación sea sana. Pero si la pareja no expresa gratitud, y no valora lo suficiente su generosidad, eso puede acabar con la relación. El Trayectoria de la Vida 1 necesita que tú también contribuyas totalmente a la relación. Hay que hallar un compromiso, de manera que el Trayectoria de la Vida 1 no sienta que él o ella son los que cargan con toda la responsabilidad.

ATRACTIVOS Y RECHAZOS PARA EL TRAYECTORIA DE LA VIDA 2

Shelly, una Trayectoria de la Vida 2, escribe:
Atractivos:

Lo que me gusta de una pareja es que tenga un buen sentido del humor y un intelecto potente. Debe ser comprensivo, tener seguridad económica y estar en contacto con su lado femenino. Si cocina, mejor que mejor. Si hay algo que no sepa hacer, es importante que esté abierto a aprenderlo. Si cuenta con todos esos atributos, estoy segura de que me enamoraré.

Rechazos:

Lo que no me gusta de una pareja es que muestre indiferencia hacia otras personas, o alguien que carezca de sentido del humor. No quiero que me den consejos sobre cómo decorar, cocinar o comprar. En otras palabras, no me gusta que intente controlarme. Necesito mi independencia.

Phyllis, una Trayectoria de la Vida 2
Atractivos:

Cuando un hombre tiene una voz dulce y amable, y no obstante es duro, ¡me pone como una moto! Cuando un hombre es amable y considerado, me hace muy feliz, y verdaderamente obtendrá mucho más de mí gracias a su agradable disposición. Claro está, un hombre con ese tipo de voz que también sepa cómo tocar a una mujer, darle masajes y ocuparse de ella en lugar de sólo querer un revolcón.

Rechazos:

Un hombre que no se ocupe de su higiene personal es, con toda seguridad, mi rechazo número uno, pero la cólera es el número dos.

Nota de Glynis:

Me parece interesante cuántos son los Números de la Trayectoria de la Vida que mencionan la higiene personal, ocuparse del cuerpo, como algo importante. Es cierto que si una persona no se preocupa de su cuerpo mínimamente, ¿cómo podría hacerlo de su pareja? También veo que algunos números son muy sensibles al olor, como el Trayectoria de la Vida 2, Trayectoria de la Vida 4 y Trayectoria de la Vida 6. El mal olor puede volverlos locos hasta que se deshagan de él. Así que si amas a una de esas vibraciones sensibles a olores, ¡procura estar siempre limpio y fresco!

Dan, Trayectoria de la Vida 2, escribe:

Atractivos:

Amo a una mujer que sepa dar abrazos con sentido y que le guste recibirlos. Me gusta alguien lo suficientemente inteligente para mantener una conversación animada y hablar de cosas como política y otros asuntos que suceden en el mundo. Alguien que pueda ser espontánea y que tenga dulzura.

Rechazos:

Siento rechazo hacia todo tipo de juegos. No puedo estar con alguien quejica, del tipo que necesita demasiada ayuda y apoyo. No es una relación recíproca. Buscan a alguien que les rescate. Nunca estaré con alguien que disfrute discutiendo y crea que en realidad es un tipo de deporte.

Nota de Glynis:

Dan escribió: «Nunca estaré con alguien que disfrute discutiendo y crea que en realidad es un tipo de deporte». Así es para el Trayectoria de la Vida 2, pues siente que eso le agota. Es lo peor que le podría suceder. Algunos Números de la Trayectoria de la Vida pueden pelearse y considerarlo algo gracioso. Un 2 no puede manejar ese tipo de conflicto. Si vas a amar a un Trayectoria de la Vida 2 o ya mantienes una relación con uno, has de saber que discutiendo no llegarás a su corazón.

John, un Trayectoria de la Vida 2, escribe:
Atractivos:

> Lo que me gusta de una mujer es que haga un esfuerzo acerca de su aspecto. Me gustan las mujeres que se ocupan de su cuerpo, son inteligentes, tienen un estupendo sentido del humor, una risa maravillosa, son amables y suaves, optimistas y espirituales.

Rechazos:

> Lo que no soporto es a alguien ignorante o que decide no instruirse. No respeto a las mujeres que no se ocupan de sí mismas a nivel emocional. Las mujeres egoístas, y las obsesionadas con que sus creencias son «el único camino», también me echan para atrás.

Elizabeth, una Trayectoria de la Vida 2, escribe:
Atractivos:

> Como Trayectoria de la Vida 2, me gusta abrazarme y pasar ratos tranquilos con mi pareja. Me gusta estar con él y, además, hacer cosas juntos. Me encanta un compañero poco discutidor, alguien moderado y que confía en mí totalmente: nada de escenas de celos, por favor.

Rechazos:

> No me gusta que me presione alguien con quien salgo. No disfruto de los encuentros sexuales escabrosos ni de nada que tenga que ver con pornografía. De hecho, todo eso consigue el efecto contrario.

Nota de Glynis:

> Lo que dice Elizabeth sobre los rechazos tiene sentido para el 2. La Trayectoria de la Vida 2 es una vibración muy sensual. Es cierto que le gusta mucho hacer el amor con su pareja, no sólo cumplir con el expediente. Tener intimidad es muy importante para los 2. Reducir hacer el amor a hablar groseramente y mirar pornografía no es buena idea.

Si conoces a un Trayectoria de la Vida 2 al que le guste eso, te aseguró que en su Patrón Numerológico habrá otros números abiertos a explorar caminos inusuales e incluso perversos, de la sexualidad. Sin embargo, esa no es la norma para Trayectoria de la Vida 2.

Sarah, una Trayectoria de la Vida 2, escribe:
Atractivos:

Me encanta comunicarme mucho, con alguien que me haga sentir especial, no sólo con palabras, sino con hechos. Esa persona debe ser una igual intelectualmente, además de tierna, apasionada y cariñosa. Debemos pasar tiempo físico y mental juntos, y podemos dedicarlo a no hacer nada o bien a hacer algo. La creatividad es importante, así como la voluntad de aprender y crecer juntos, y trabajar en nuestra espiritualidad igualmente juntos.

Rechazos:

No me gusta la aspereza, alguien que sea mezquino o hiriente. La falsedad es algo que no soporto, como tampoco a alguien con un ego grande e infiel con su cuerpo, su mente y su espíritu. La falta de comunicación me saca de mis casillas porque me da la impresión de que falta algo. Tampoco quiero un espíritu estancado sin intereses artísticos, empeños espirituales o exploración mental y física.

Nota de Glynis:

La Trayectoria de la Vida 2, más que ninguna otra vibración, siente una profunda necesidad de amor físico y de que le traten bien. Cuando siente que sólo le están utilizando, pueden cerrarse física y emocionalmente.

ATRACTIVOS Y RECHAZOS PARA TRAYECTORIA DE LA VIDA 3

Margaret, una Trayectoria de la Vida 3, escribe:
Atractivos:

Me gusta una pareja que hace que me sienta querida. Era algo que echaba a faltar en mi matrimonio. También aprecio al hombre con sentido del humor, que sabe expresar lo que le sucede, que me cuenta lo que piensa y siente, para no tener que preocuparme acerca de qué le dará vueltas por la cabeza.

Rechazos:

Mi principal rechazo es a sentirme abandonada e ignorada. O sentir que lo que digo y pienso no tiene importancia alguna.

Mary Anne, una Trayectoria de la Vida 3, escribe:
Atractivos:

Lo que más me gusta en un hombre es que consiga hacer que me sienta segura y amada. No quiero tener que preguntarme si le importo. Me encanta sentir que me escucha, me gusta alguien que está abierto a comunicarse realmente.

Rechazos:

No me gusta nada el mal humor, los celos y los hombres que se cierran emocionalmente; un hombre que no quiere hablar de él mismo, que tiene secretos y se siente superior, es algo que no aguanto.

Nota de Glynis:

Tanto Margaret como Mary Anne son buenos ejemplos de lo que la Trayectoria de la Vida 3 quiere y necesita. El Trayectoria de la Vida 3 debe expresar lo que siente, y necesita una pareja que pueda responder y decirle qué sucede entre ellos. Si en la relación no existe comunicación, puede provocar gran infelicidad en el o la Trayectoria de la Vida 3. Debes hablar y explicarle tus pensamientos. Si no puede obtener ningún tipo de respuesta de ti, hablará y hablará e intentará que haya interacción. Si a pesar de ello no lo consigue, buscará una nueva relación con otra persona.

Wes, un Trayectoria de la Vida 3, escribe:
Atractivos:

Me estimula alguien abierto mental, espiritual, física y sexualmente.

Rechazos:

No soporto a una mujer injusta, exigente, manipuladora, controladora y que en general resulte difícil vivir con ella. Lo que realmente rechazo es una mujer que se cierre sexualmente y lo utilice como una especie de moneda de cambio. Ese comportamiento me ha frustrado mucho y ha provocado que dejase mi matrimonio, que es algo que no le gustaría hacer a todo el mundo. Ahora que estoy fuera de esa relación, sé que no puedo dejar que vuelva a suceder. No vale la pena.

Norman, un Trayectoria de la Vida 3, escribe:
Atractivos:

Me gusta una mujer con belleza, encanto, clase, inteligencia, y que sepa cómo llevar una buena conversación. Alguien que vista bien y te haga sentir especial cuando no te sientas precisamente así. Algo que a la mayoría de los hombres nos gusta en una mujer es que te enseñe algo que no sabías hacer. Y una mujer que actúa como si se interesase por lo mismo que te interesa a ti, como jugar a golf, ir de pesca, etc.

Rechazos:

No me gustan las mujeres pesadas e infieles, o las mujeres que se sienten de maravilla gastando tu dinero, y que cuando no tienes dinero, desaparecen para irse con alguien que lo tiene. No me gustan las mujeres que beben demasiado y que no saben comportarse como señoras.

Nota de Glynis:

Si te has fijado, tanto Wes como Norman hablan de lo que quieren de una mujer a un nivel sexual. Cuando se trata de amor, ambos desean a alguien sexualmente fiel, y también que no use la sexualidad como una forma de manipulación. Los Trayectoria de la Vida 3 son grandes conversadores, pero también son gente muy apasionada. Si desean ser espontáneos y hacerle el amor a su pareja, les duele muchísimo ser rechazados.

Un Trayectoria de la Vida 3 saludable es alguien que abre su corazón por completo. Por eso le sorprende enormemente que su pareja sea infiel. Es mejor que abandone esa relación porque su nivel de confianza ha sido violado. Para el Trayectoria de la Vida 3 siempre es difícil volver a abrir su corazón a alguien que le ha herido tanto.

Leslie, una Trayectoria de la Vida 3, escribe:

Atractivos:

Lo que más me gusta es un apodo dulce. También cosas especiales, como que un hombre se interese por una canción romántica y diga que es nuestra canción. Me atraen los hombres que me llaman por teléfono «sólo para decirme» lo especial que soy para ellos.

Rechazos:

No soporto a un hombre que me miente, y no puedo pasarlo por alto ni siquiera una vez. No hay necesidad de seguir con esa relación. Para mí, es la máxima traición.

Nicolette, una Trayectoria de la Vida 3, escribe:

Atractivos:

Me gusta el tipo de hombre que llama sólo para decir «hola» en mitad de la jornada, sin razón aparente. Puede que se acabe de marchar, pero hace el esfuerzo de decir: «Te echo de menos», sólo para hacerme sentir especial.

Rechazos:

Me repele cualquiera que tenga demasiados secretos. No puedes hacer demasiadas preguntas sin que se sientan que invades su privacidad. No vale la pena.

Nota de Glynis:

Me hacía cosquillas el hecho de que tanto Leslie como Nicolette hablasen sobre lo mucho que les importa que la persona a la que aman llame por teléfono sin venir a cuento, sólo por llamar, o decirles que les quieren. Soy Trayectoria de la Vida 3, y cuando Charlie, mi marido, me llama durante el día para saludar, siempre me hace muy feliz. Al Trayectoria de la Vida 3 le importa mucho saber que le quieren y que su pareja piensa en él o ella. Se trata de mantener las líneas de comunicación totalmente abiertas entre ambos. Es crucial hacerlo si quieres tener una relación con un Trayectoria de la Vida 3.

ATRACTIVOS Y RECHAZOS PARA TRAYECTORIA DE LA VIDA 4

Sharon, una Trayectoria de la Vida 4, escribe:

Atractivos:

Me gusta cuando mi pareja me manda flores y se asegura de que comeremos juntos, tanto si es al desayunar, almorzar o cenar. Me importa mucho disponer de tiempo para conectar cada día.

Rechazos:

Lo que me disgusta es tener que repetirme porque mi pareja no me escucha. Es muy grave cuando me entero de que alguien me ha mentido. Si alguien huele mal, como a comida rancia, no me gusta.

Alicia, un Trayectoria de la Vida 4, escribe:

Atractivos:

Lo que me encanta de mi pareja es que me escribe mensajes de amor. Me llega al corazón saber que dispondrá de tiempo para hacer eso. También disfruto cuando he tenido un día duro en el trabajo, y él me masajea los pies y prepara la cena cuando no llego a casa a tiempo para hacerlo yo.

Rechazos:

Me saca de quicio cuando no mantiene una promesa. Aunque sea un detalle nimio, como lavar los platos o pagar una cuenta a tiempo. Es algo que puede conmigo.

Nota de Glynis:

Esta carta me hace pensar en mi amiga Karen, que es Trayectoria de la Vida 4, y está casada con un Trayectoria de la Vida 3. Me contaba que cuando trabajaba y llegaba a casa dolorida, se metía en la bañera y se relajaba. Su marido se sentaba a su lado y le leía distintos tipos de libros, como *Sopa de pollo para el alma...* Palabras maravillosas que escuchaba mientras soltaba la tensión.

Cuando leo a Alicia, pienso en lo cierto que es eso para mi amiga. Así que si estás leyendo esto y eres un hombre, y mantienes una relación con una mujer Trayectoria de la Vida 4, no te olvides de mimarla. Hará maravillas.

Tom, un Trayectoria de la Vida 4, escribe:

Atractivos:

Lo que más aprecio en una mujer es que sea buena oyente, y también que cuide su salud y se automotive.

Rechazos:

Me desconecta una mujer que es negativa acerca de su propia vida, crítica con los demás y que no le guste nada. No funcionará conmigo. Necesito creer que también hay cosas que están bien, y espero mucho de una pareja en ese sentido.

Jeff, un Trayectoria de la Vida 4, escribe:

Atractivos:

Mi esposa y yo llevamos casados casi veinte años. Ha sido la época más maravillosa de mi vida. Es amable, considerada y comprensiva. No tenemos secretos entre nosotros y hablamos de todo. Es una madre maravillosa para nuestros hijos. No podría imaginar a nadie mejor. Ella es y siempre será la mujer de mis sueños.

Nota de Glynis:

Pongo la nota de Jeff aquí a causa de sus pensamientos respecto a sus 20 años de matrimonio y a lo que gustaría a la mayoría de las mujeres. Creo que estos pensamientos acerca de por qué está tan enamorado de su mujer son pistas valiosas para cualquiera interesada en un Trayectoria de la Vida 4 masculino.

Pam, una Trayectoria de la Vida 4, escribe:

Atractivos:

Lo primero que digo sobre un hombre que me importe es que tenga buena pinta. No tiene que ser guapo; en cierto modo me gustan los hombres de rasgos duros. Si puede hacerme reír, me sentiré muy bien en esa relación. No tiene por qué ser inteligente, basta con que sea listo. Me gustaría ser puesta un poco a prueba por alguien que supiera más que yo, de manera que pudiera aprender de él.

Rechazos:

Si no tiene sentido del humor, será perder el tiempo. Y si hace callar a una mujer, no se lo toleraré. Es importante que un hombre sea honesto con la relación. Engañar en una relación no es aceptable de ninguna de las maneras.

Nota de Glynis:

Lo que extraigo de aquí es que Pam es un ejemplo perfecto de mujer Trayectoria de la Vida 4. Está claro que sabe exactamente lo que quiere y lo que no le gusta. No tolerará a nadie que se queje o gima, o a un hombre que se le pegue demasiado. Para una mujer Trayectoria de la Vida 4, es más de lo que puede soportar.

Ingrid, una Trayectoria de la Vida 4, escribe:

Atractivos:

Quiero un hombre que sea inteligente, espiritual y que se preocupe por el medio ambiente. Admiro a un hombre con conciencia social, alguien que sea fuerte física y espiritualmente. Si tiene hijos, debe dedicarles una parte justa de su tiempo y no obstante disponer también de tiempo para mí.

Rechazos:

No soporto a alguien que no huela bien o a quien no le importe su apariencia, o que sea inconsciente o desconsiderado.

Nota de Glynis:

Ya te digo que lo del «olor» es algo que les importa mucho a los Trayectorias de la Vida 4. Así que no te olvides si quieres hacer feliz a su Vibración.

Atractivos y rechazos para Trayectoria de la Vida 5

Linda, una Trayectoria de la Vida 5, escribe:

Atractivos:

Me gusta la generosidad. Ahora hay un hombre en mi vida increíblemente generoso. No sólo me consiente a mí, sino a todo el mundo que participa en mi vida, lo cual resulta muy refrescante.

Rechazos:

Me pone de los nervios cuando un hombre no se expresa a sí mismo si llega el momento en que necesitamos hablar, porque no sabe qué decir. Se cierra, y eso es muy incómodo.

Entonces resulta que soy yo la que ha de hablar para llenar el vacío, y luego me resiento.

Nota de Glynis:

Lo que echa para atrás a Linda como Trayectoria de la Vida 5 es muy típico de esta Vibración. Los hombres y mujeres Trayectoria de la Vida 5 que he orientado son espontáneos y rápidos mentalmente. Si existe algún problema, quieren hablar de ello y resolverlo. Si tienen una pareja que no quiere discutir el asunto y que se cierra, sentirán ansiedad. Así que si eres alguien que está considerando el amor con un Trayectoria de la Vida 5, y ya sabes que cuando las cosas se ponen mal si tu respuesta es dejar de hablar, deberías reconsiderarlo. Si también eres espontáneo y te gusta hablar, decir lo que piensas y sientes en ese momento, no puede haber una elección mejor como pareja de tu vida que Trayectoria de la Vida 5.

Debbie, una Trayectoria de la Vida 5, escribe:
Atractivos:

Lo que más valoro en una pareja es ser apreciada. Cuando mi pareja me da las gracias y me felicita, me siento realmente feliz y querida.

Rechazos:

Me provoca rechazo una pareja que siempre hable sobre sí misma. Esas personas son agotadoras. No me gusta una pareja que sexualmente sólo se preocupe de sí misma, de sus necesidades y que ni siquiera considere las mías.

Nota de Glynis:

A todos los que intentan amar a una persona con Trayectoria de la Vida 5: los 5 pueden ser muy emocionantes y tener ese aura de inalcanzable que te hace desearlos. Sin embargo, el 5 no es una conquista, y no hay nada que pueda molestarlos más que alguien que no se interesa por ellos como personas. El Trayectoria de la Vida 5 puede que no verbalice su desagrado, pero se cerrará sexualmente. Has de invertir tiempo en hacerlos sentir especiales y queridos. Debes hacer esas cosas que los seduzcan y exciten. ¡Entonces el Trayectoria de la Vida 5 será tuyo!

Dari, un Trayectoria de la Vida 5, escribe:
Atractivos:

Esforzarse por parecer atractiva y tener una mente potente son las dos cosas que más me atraen. Quiero una mujer cariñosa, pero no quiero sentirme atrapado ni asfixiado. No quiero que tenga pelos en la lengua pero al mismo tiempo que no sea controladora.

Rechazos:

Las mujeres dominantes me producen rechazo. Quiero una mujer que sea amiga y confidente apasionada, y una compañera de exploración.

Nota de Glynis:

Un mensaje especial para las mujeres que quieran amar a un hombre Trayectoria de la Vida 5: no intentéis controlarlo. Dari expresa su opinión muy bien cuando dice que no puede soportar a una mujer «dominante». Muchas mujeres odian esa expresión, pero en realidad significa hacer preguntas tipo: «¿Dónde estás? ¿Qué haces? ¿A qué hora volverás? ¿En qué piensas? ¿Qué sientes?». No se lo hagas a un Trayectoria de la Vida 5. ¡Saldrá tan rápidamente por la puerta que la cabeza te dará vueltas! Antes de que eso suceda, permíteles que vayan a su aire, sabiendo que volverán. He visto a hombres Trayectoria de la Vida 5 fieles y felices con sus mujeres que también tenían sus propias y animadas vidas. Así que si quieres que sigan siendo fieles, ¡afloja un tanto las riendas!

Mark, un Trayectoria de la Vida 5, escribe:
Atractivos:

Quiero una mujer a la que le guste viajar y que sea una gran conversadora. Debe ser generosa de mente y espíritu, no alguien que me meta en un asilo para pobres.

Rechazos:

No me gustan las mujeres aburridas, y por mujeres aburridas me estoy refiriendo a las que sólo hablan de sus cosas y no les interesa para nada lo mío. Las mujeres sin un interés real en lo que sucede en el dormitorio, alguien sin pasión, no son para mí.

Nina, una Trayectoria de la Vida 5, escribe:
Atractivos:

Lo que más valoro en una pareja es que sea alguien dispuesto a ocuparse de los niños durante el día, de manera que yo pueda disfrutar de cierta libertad. De todas todas, he de poder disponer de tiempo para mí misma en una relación. Una pareja consciente de ello es una auténtica bendición.

Rechazos:

Lo que me parece inaceptable es que, si tenemos hijos y mi pareja tiene que viajar, que regrese y eche por la borda todo el orden que he creado en su ausencia. Los niños conocen las reglas, y de repente empiezan a manipular al padre que ha estado ausente y a poner a uno contra el otro. Eso me saca de mis casillas.

Nota de Glynis:

Nina es alguien que sabe aceptar que un hombre disponga de vida propia. Pero si tienen hijos, él no debe cambiar las reglas cuando vuelve a casa. Si uno de los dos es el que se ocupa de los hijos, el que está fuera debe comprender las reglas que ambos han aceptado y consentido. Una de las principales causas de divorcio se presenta cuando los hijos deciden manipular a los padres. Así que ambos debéis estar decididos a que no os suceda a vosotros.

Deanna, una Trayectoria de la Vida 5, escribe:

Atractivos:

Me gusta un hombre que comunique claramente lo que piensa, que disfrute viajando y también de la compañía en casa. También ha de saber cuándo necesito yo tiempo para mí misma, que no necesite saber qué estoy haciendo, lo que pienso o siento a cada momento. Y que confíe en mí cuando necesito tiempo libre.

Rechazos:

Un hombre que no gusta de la familia y no quiere saber nada de los niños, nietos ni de todas esas personas que están en nuestras vidas. Un hombre al que no le gustan las vacaciones, los regalos ni las reuniones. Si sólo quiere estar conmigo y con nadie más, no me siento cómoda.

ATRACTIVOS Y RECHAZOS PARA TRAYECTORIA DE LA VIDA 6

Gina, una Trayectoria de la Vida 6, escribe:

Atractivos:

Quiero que sea un líder. Me gusta un hombre que quiera estar al mando. Ha de encargarse de la situación, y que yo pueda contar con él para ayudarme. Me gusta que sea cariñoso y que sea alguien en quien sienta que puedo confiar. Si es cariñoso, compasivo, comprensivo y tierno, sobre todo sexualmente, entonces lo tiene todo para mí. La química es muy importante.

Rechazos:

Un hombre que no sabe lo que piensa o siente sobre las cosas importantes, me provoca rechazo. No quiero una persona que se queda mirándome con una expresión en blanco en lugar de responder a mi pregunta. Quiero a alguien que no se sienta cómodo si yo me ocupo de todas las cosas importantes. No me importa ocuparme de la casa. Me gusta que mi casa esté bien, pero no quiero a nadie que espere que yo me encargue de todo y que no mueva un dedo. Y que no contribuya a que mejoren las cosas entre nosotros, que no haga su parte. Eso me provoca un gran rechazo.

Nota de Glynis:

Gina saca a colación una cuestión importante respecto a un Trayectoria de la Vida 6. La verdad es que los 6 pueden hacer todo y lo harán todo. Son multifuncionales. Su temor es que si ellos no lo hacen, se quedará sin hacer. Y no obstante, y al mismo tiempo, desean una pareja que se ofrezca a ayudar y que intente mejorar sus vidas. Ayudar en las tareas del hogar es algo que le importa mucho al Trayectoria de la Vida 6. Verás la gratitud reflejada en su cara, y un 6 feliz hace feliz a todos los que le rodean.

Down, una Trayectoria de la Vida 6, escribe:

Atractivos:

Un hombre que me importe me pondrá un apodo cariñoso y me hará sentir como si yo fuese alguien que le hace sentirse realmente feliz. Flores por sorpresa, no necesariamente en una ocasión especial, sino «porque sí». Compartir una puesta de sol, cenas románticas preparadas juntos, y risas histéricas mientras hacemos el amor. Sabiendo que hay ocasiones en las que no hace falta decir nada, sólo estar juntos, porque el amor se comunica a través del corazón.

Rechazos:

Me repele un hombre rudo. La necesidad de tener siempre razón, de no dar su brazo a torcer, de pelear por cualquier cosa, con un ego enorme y jactándose constantemente de él mismo. Todo eso me repele.

Paul, un Trayectoria de la Vida 6, escribe:

Atractivos:

Quiero una mujer que sea independiente, que esté segura de sí misma y en la que pueda confiar. Busco una mujer que se lleve bien con su familia. Debe tener un corazón amable y confiado.

Rechazos:

No me gustan las mujeres que son adictas a cualquier tipo de drogas. Los celos y la desconfianza tampoco me gustan. Sobre todo quiero a alguien que crea en mí, y entonces creeré en ella.

Nota de Glynis:

Paul saca a la palestra una cuestión interesante. Cuando una mujer le dice a un hombre Trayectoria de la Vida 6 que cree en él, no hay nada que ese hombre no pueda conseguir. El hombre 6 puede ser el príncipe azul que rescata a la damisela en peligro. Ella se siente agradecida y le tiene en muy alta estima. Una mujer crítica y que no se muestra agradecida no tiene sitio junto a un hombre Trayectoria de la Vida 6. En esas circunstancia, la relación no tardará en amargarse.

Mike, un Trayectoria de la Vida 6, escribe:

Atractivos:

Me gustan las mujeres afectuosas, inteligentes y con sentido del humor.

Rechazos:

Me echan para atrás las mujeres mandonas, agresivas y dominantes. Los buenos modales son una condición.

Carol, una Trayectoria de la Vida 6, escribe:

Atractivos:

Alguien que me ama totalmente y se siente cómodo diciendo que siente que soy su Alma Gemela. Que no tiene miedo a abandonarse en el amor que compartes. Me gusta un hombre que es sexi, encantador, inteligente y con apariencia cuidada. Un hombre que es generoso y hace lo que sea para que la mujer de su vida se sienta como la reina de este mundo.

Rechazos:

Me repugnan los hombres que beben demasiado; que sean insultantes y ni siquiera se den cuenta de lo groseros que están siendo. No me gusta nada ese tipo de hombre al que no le importa su aspecto, que es un dejado y cree que eso es aceptable. Para mí significa mucho que un hombre se cuide física, espiritual y mentalmente... a todos los niveles. Mi misión es justo la misma. Cuando conozco a un gran hombre, me siento una mujer mejor.

Nota de Glynis:

Cuando Carol utiliza la frase de que le gusta un hombre que le hace sentirse como la «reina de este mundo», me hizo sonreír porque la Vibración 6 se da como ciertos aires de realeza. Los 6 parecen reyes y reinas. Se atraen entre sí, mostrando respeto instantáneo. Así que si vas a amar a un Trayectoria de la Vida 6, has de saber que necesita sentirse valorado, adorado y que es especial para ti.

Loretta, una Trayectoria de la Vida 6, escribe:

Atractivos:

Realmente me gusta cuando alguien está lo suficientemente atento como para anticipar mis necesidades. Por ejemplo, si no me siento bien, no tendría que decírselo, se daría cuenta y me compraría mi helado o tableta de chocolate favoritos para intentar que me sienta mejor. Esfuerzos de ese tipo hacen que me sienta cálida y cariñosa y lo cierto es que es de mucha ayuda cuando nos ponemos íntimos. Me gusta un hombre que quiere satisfacerme en la cama.

Cuando lo hace, ¡puedes estar segura de que yo le correspondo!

Rechazos:

No me gusta cuando al hacer el amor actúan como si me estuvieran haciendo un favor, o se llevan la parte buena y se olvidan de lo demás. O bien cuando me insultan y dicen barbaridades como parte del acto sexual. No soy ninguna puta y eso hace que sienta como si lo fuese.

ATRACTIVOS Y RECHAZOS PARA LA TRAYECTORIA DE LA VIDA 7

Kathy, una Trayectoria de la Vida 7, escribe:

Atractivos:

Aprecio a alguien espiritual, y que quiera ayudar al mundo o a la gente. Debe ser sensible, cariñoso y disfrutar de los demás, y que le encante también estar conmigo. Debe saber escuchar bien y ser emocionalmente maduro. Me gusta un hombre que sea capaz de sentarse en silencio y se encuentre cómodo así. Un hombre al que le gusten los niños y los animales, que tenga confianza en sí mismo y buena autoestima.

Rechazos:

No me gusta la agresividad, sobre todo un comportamiento pasivo-agresivo. Tampoco me gusta la grosería, la intolerancia, la falta de fe, ni alguien que no lea o aprenda y que no obstante intente dominar a los demás, sobre todo a mí.

Alison, una Trayectoria de la Vida 7, escribe:

Atractivos:

Lo que me atrae de una pareja es que respete mi espacio y mi tiempo para estar tranquila. También es importante que sean fieles y de confianza. Quiero a alguien con orientación espiritual, que comprenda y respete mi creatividad. La necesidad de un intenso afecto también significa mucho para mí.

Rechazos

Un compañero que sea deshonesto, que le guste manipular, o que sea infiel. Eso no lo quiero. No me siento cómoda con alguien que depende demasiado de mí, que es exigente e inmaduro. Necesito mucho romanticismo, pero no me gusta tener que pedirlo. Quiero que él sea consciente.

Terry, un Trayectoria de la Vida 7, escribe:

Atractivos:

Disfruto con una mujer consciente de su propia sexualidad, que sea lista y tenga buen sentido del humor. Aprecio a la mujer que se ocupa de su cuerpo y sabe cómo utilizarlo. Me encanta la calidez y la inteligencia. En lo tocante a la política, no me gusta que me metan a la fuerza sus opiniones. Deben escuchar abiertamente a ambas partes. Me encantan las mujeres inteligentes; disfruto de unas buenas risas y de las mujeres a las que les guste comer bien pero que no se abandonen.

Me gustan las mujeres en las que se puede confiar, que saben que estaré ahí para lo que necesiten y que saben que las amo. Si estoy tranquilo, que no me pregunta qué pienso o siento; y si elijo no hacer nada, que ella me respete. Sabe que la quiero y se mantiene ocupada mientras yo hago lo que tengo que hacer. Valoro mucho ese tipo de comprensión en una mujer: hace que la quiera mucho más.

Rechazos:

No puedo soportar a una mujer gruñona. A una mujer que se muestra tan crítica con su propio cuerpo que tengo que repetirle, una y otra vez, que está muy bien. Eso resulta agotador. Me gusta la mujer que es consciente que quien es. No me gusta la mujer que necesita que la valoren constantemente y la hagan sentirse especial, o que dependa demasiado de mí. Si estoy ocupado trabajando, eso es exactamente lo que hago. Me rebelo si una mujer me pone en causa a consecuencia de sus propias inseguridades.

Nota de Glynis:

Terry, un Trayectoria de la Vida 7, es como la mayoría de los Trayectoria de la Vida 7. Cuando están ocupados trabajando o pasando un rato con los amigos, no quieren que se dude de ellos. Quieren una pareja que tenga fe en lo que él les dice. Necesitan confianza en la relación, porque quieren creer que pueden confiar en las personas que les rodean. El Trayectoria de la Vida 7 no tiene tiempo que perder a causa de las inseguridades ajenas. Un 7 es honesto y directo. Te dirá lo que piensa, para que así no imagines ni te preocupes de si te está diciendo la verdad. En ocasiones, el Trayectoria de la Vida 7 es tranquilo, pero cuando habla, siempre dice la verdad.

Kurt, un Trayectoria de la Vida 7, escribe:

Atractivos:

Me gusta una mujer que tenga mucha confianza. Eso le da más chispa y aumenta su atractivo. Me chifla cuando una mujer se esfuerza en mantenerse en buena forma, porque a mí me gusta estar ocupado y necesito que esté a mi altura. Una mujer que sea desprendida, que en realidad ponga a los demás primero y que lo considere una prioridad. No es que ella tenga que abandonarse, sino que siempre sabe cuándo alguien necesita que le echen una mano.

Rechazos:

Cuando una mujer es neurótica. Pero me he dado cuenta de que si posee todo eso que he explicado antes, ¡podré vivir con su neurosis!

Gloria, una Trayectoria de la Vida 7, escribe:
Atractivos:

Estoy felizmente casada y lo que aprecio realmente de mi marido, y siento que una mujer Trayectoria de la Vida 7 apreciará en un hombre, es la lealtad, la honradez y que haga lo que sea para hacer que me sienta especial. Mi marido me escribe notas en las que me cuenta todo lo que le importo, y siempre está pendiente de lo que quiero o no quiero. Siempre se asegura de que me siento cuidada.

Nota de Glynis:

Gloria no nos cuenta lo que rechaza, pero es evidente que sería lo contrario de lo que le encanta. Un hombre infiel, o un hombre que no tiene en cuenta sus necesidades no consigue hacerla sentir que es especial. Eso sería la verdad para una Trayectoria de la Vida 7.

Laura, una Trayectoria de la Vida 7, escribe:
Atractivos:

Me gusta pasar tiempo con un hombre buen conversador. Amo al hombre que sabe un poco más que yo, que cree en mí, ¡pero han sido tan pocos! También disfruto con un hombre que me deje hacer mis cosas, y que si llego un poco tarde no me aplica el tercer grado al llegar a casa. La naturaleza es una parte muy importante de mi vida, así que un hombre al que le guste navegar, volar o sea un poco aventurero, ¡me haría muy feliz!

Rechazos:

No me gustan los hombres que abusan del alcohol o de cualquier droga, porque entonces nunca acabas de conocerlos de verdad. Tampoco un hombre perezoso, que no intenta progresar en la vida, pero no obstante quiere que yo lo mantenga. Al menos debe estar a mi altura, si no, no me interesa.

Nota de Glynis:

Los Trayectoria de la Vida 7, tanto hombres como mujeres, aprecian una buena mente más que cualquier otro atributo. Aceptan las perspicacias de alguien que posee un conocimiento y una sabiduría que a ellos se les escapa.

Si estás pensando amar un Trayectoria de la Vida 7, o estar con uno, y sientes que en comparación tus conocimientos son limitados, asiste a clases, lee libros, instrúyete, porque tu pareja Trayectoria de la Vida 7 apreciará tus esfuerzos. El intelecto importa mucho cuando estás con un Trayectoria de la Vida 7.

ATRACTIVOS Y RECHAZOS PARA LA PERSONA CON TRAYECTORIA DE LA VIDA 8

Mary, una Trayectoria de la Vida 8, escribe:

Atractivos:

Me gusta un hombre cuando se ocupa de su cuerpo, porque la apariencia importa, y entonces yo hago lo mismo. Me ejercito cada día, me ocupo de mi cabello y maquillaje para estar segura de resultar presentable en cualquier momento. Me parece que no es pedirle mucho al hombre de mi vida. Para mí significa mucho que un hombre pueda ser de fiar, honesto y fiel. Me gusta el hombre que pueda preparar una comida maravillosa de vez en cuando. Si no cocina, puede llevarme a un restaurante con ambiente y flirtear conmigo, por mucho tiempo que llevemos juntos.

Rechazos:

Me echa para atrás un hombre malhumorado, que no mide sus palabras y que se muestra insensible para con mis sentimientos. Si resulta que me esfuerzo en preparar una buena cena y arreglar la casa de cierta manera, me gusta sentir cierta gratitud, elogios y una retroinformación positiva. Me saca de quicio que se aproveche de mi cariño o que no le dé importancia.

Respecto a la sexualidad, no me gusta el hombre que tiene necesidades y quiere satisfacerlas sin querer jugar. Los preliminares son muy importantes, y cuando el hombre se esfuerza en ser romántico y sexi, llego con unas ganas locas.

Nota de Glynis:

Al igual que le sucede a Mary, todo hombre o mujer Trayectoria de la Vida 8 habla o dice de que la apariencia le importa. Cuando los 8 te conocen puede que tengas un buen cuerpo o una cara bonita, o que te cuides. Pero cuando te casas, tal vez bajes el nivel y te abandones. Eso puede dañar tu relación con un Trayectoria de la Vida 8. Les gusta sentirse orgullosos de su pareja. Quieren alardear de ti. Así que si eliges amar a un Trayectoria de la Vida 8, has de saber que cada vez que te ven aprecian tu esfuerzo a la hora de mantener tu aspecto. Puede que no te lo digan siempre, pero créeme, ¡es verdad!

Carrie, una Trayectoria de la Vida 8, escribe:

Atractivos:

Me gusta el hombre que es cariñoso, amable y que sabe compartir, que confía, comprende y me ama incondicionalmente.

Rechazos:

Siento rechazo ante un hombre que menosprecia a las mujeres. Cree que resulta gracioso con sus comentarios y espera que pilles el chiste cuando en realidad lo que hace con sus bromas es menospreciarte como persona. Un hombre que tiene la necesidad de hundirte y que intenta que sientas que no lo mereces, que es mejor que tú, me provoca el mayor de los rechazos.

Nota de Glynis:

Carrie también sentiría rechazo por un hombre que no valora su opinión. La persona Trayectoria de la Vida 8 quiere que escuches lo que tiene que decir, y un hombre que no está dispuesto a hacer eso la reventaría, igual que sucede con cualquier mujer Trayectoria de la Vida 8.

Guy, un Trayectoria de la Vida 8, escribe:

Atractivos:

Me gusta la mujer que respeta el dinero y no lo derrocha. También me gusta una mujer que es considerada conmigo como pareja, y que si alguna vez tuviésemos hijos, tendría que saber que me gustaría participar en todas las grandes decisiones.

Cuando llego a casa del trabajo, quiero encontrar a una mujer que respete que he estado trabajando todo el día y que me permita un momento de descanso antes de que hablemos de nuestras respectivas jornadas.

Rechazos:

Lo que menos me gusta es que me salten encima nada más acabar de trabajar, porque soy de ese tipo de personas que trabaja mucho y mi empleo implica mucha tensión. Me gustaría una pareja que lo entendiese y que fuese cariñosa y paciente.

Rick, un Trayectoria de la Vida 8, escribe:

Atractivos:

Me gusta la mujer que es compañera, alguien que quiere trabajar con su marido en pos de un objetivo común, incluyendo la economía del hogar. Que sea buena comunicadora y se esté a gusto con ella. Alguien que cuide su apariencia, con un interés común, que crea en una fuerza superior y sea generosa. Alguien que disfrute de la intimidad/sexualidad.

Que actúe como una mujer, no como un hombre atrapado en un cuerpo de mujer. A una mujer le diría «te quiero» si está dispuesta a llevarse bien y que sabe decir «me equivoqué» cuando le toque decirlo. Me gusta la mujer que es amable, comprensiva y que sabe escuchar.

Rechazos:

Siento rechazo hacia una mujer que actúa sin madurez y se pone de mal humor porque no puede conseguir lo que desea. Cuando grita y se vuelve detestable con frecuencia. ¡Es importante el tono en que se dicen las cosas! Una mujer que no es sincera, que no se cuida, y que actúa a la defensiva cuando lo mencionas, o se torna insegura porque tú te esfuerzas por estar en forma.

Tengo problemas con una mujer que se enoja, o una mujer que no está dispuesta a trabajar cuando la familia dispone de poco dinero y los hijos pueden pasarlo mal. Una mujer terca, o de esas que lo guarda todo sin poder tirar nada, o que espera que todo sea como ella quiere y si no, se pone de mal humor.

Nota de Glynis:

Tanto Guy como Rick hablan de lo importante que es una pareja que les ayude en lo económico. Con muy pocas excepciones, vivimos en una sociedad en la que ambas personas en una relación han de trabajar. Si al hombre le resulta difícil llegar a final de mes, y la mujer no ayuda económicamente, puede ser motivo de frustración en la relación. Así que si estás en proceso de amar a un Trayectoria de la Vida 8, deberás descubrir qué es exactamente lo que espera de ti. Puede que lo que quiera sea una esposa que se quede en casa, ocupándose de la familia. O quizá que también contribuyas económicamente. Asegúrate de tener esa conversación antes de comprometerte con un Trayectoria de la Vida 8.

Lorain, una Trayectoria de la Vida 8, escribe:
Atractivos:

Mi esposo murió hará un año, y lo que amo en un hombre, y desde luego lo que amé en él, fue su inteligencia. Era hombre de conversaciones profundas y a mí siempre me intrigaba qué diría hoy, y eso es algo que me gusta en cualquier hombre. También tenía un gran sentido del humor, y eso es algo que buscaría igualmente. Lo que me gusta es que alguien haga el esfuerzo de vestir pantalones en lugar de tejanos. Me gusta el hombre al que le gusta arreglarse cuando sale en una cita romántica, a un restaurante donde hay que ir arreglado. Ese esfuerzo suplementario significa mucho para mí.

Rechazos:

Un hombre que fuma, dice palabrotas y que tiene adicción a mirar deportes o apostar en ellos: nada de todo eso me resulta atractivo. Me hace sentir sucia.

Nota de Glynis:

Los pensamientos de Lorain tienen mucho sentido para un Trayectoria de la Vida 8, porque como dije ya antes, les preocupa mucho el aspecto de las cosas. Alguien que es intelectual y puede enseñarles algo nuevo también les resulta muy atractivo.

Robin, un Trayectoria de la Vida 8, escribe:
Atractivos:

Lo que me gusta en un hombre es que sea un manitas, alguien que tenga la capacidad y la habilidad de mejorar la casa o arreglar el coche. Cualquier habilidad que yo no tenga y que descubra en un hombre me gusta.

Rechazos:

Cuando un hombre hace una promesa que no mantiene. Cosas sencillas como decir que arreglará el calentador y luego no lo hace. O al quedarnos sin electricidad, decir que lo arreglará y no hacerlo. Son esas cosas que yo solía hacer de soltera, pero para las que ahora cuento con él porque tenemos una relación, y resulta que no cumple lo que promete. Cuando eso sucede provoca en mí un gran rechazo.

ATRACTIVOS Y RECHAZOS PARA LA PERSONA
TRAYECTORIA DE LA VIDA 9

Judy, una Trayectoria de la Vida 9, escribe:
Atractivos:

Me encantan las cenas íntimas y las noches agradables y acogedoras, y alguien que esté loco por mí y se tome el tiempo para hacerme el regalo perfecto. Me chifla que me sorprendan y disfruto con alguien espontáneo, que quiera sacarme para pasar una noche divertida en la ciudad, con cena y entradas para un espectáculo. Esto hace que me cante el corazón.

Rechazos:

Lo que no me gusta en una relación es que un hombre no tenga en cuenta mis sentimientos, cuando carece de espontaneidad y espera que se me ocurran a mí las ideas sobre lo que podemos hacer juntos. Un hombre falto de imaginación es un gran no.

Rita, un Trayectoria de la Vida 9, escribe:
Atractivos:

Lo que más me atrae es la confianza y la honradez. Con esas características, se que podría confiar en mi pareja. Y en cuanto a mí, si no hay confianza en una relación, pienso que esta se basa en arenas movedizas. El humor y el optimismo también significan mucho para mí, porque por muy difícil que pudiera ponerse la vida, con humor y optimismo es posible superarlo todo.

Rechazos:

Un hombre que se siente cómodo mintiendo, que no cuenta la verdad, que no quiere hablar sobre lo que siente o sobre sus necesidades y espera que yo le lea la mente. Me gusta saber dónde estoy con una pareja, para así poder expresar lo mejor de nosotros mismos, y ciertamente me gustaría una pareja que esperase lo mejor de mí, pero que me pregunte qué quiero en una relación y qué puede hacer para conseguir que eso suceda. Un hombre que no se preocupa de eso y sólo quiere que satisfaga sus necesidades, especialmente sexuales, me echa para atrás.

Nota de Glynis:

Rita expone algunas importantes cuestiones que preocuparían a cualquier Trayectoria de la Vida 9. Un Trayectoria de la Vida 9 hará todo lo posible por ocuparse de las tareas cotidianas pendientes. Realizará las tareas, pero al igual que el Trayectoria de la Vida 6, tal vez desearía secretamente que su pareja se interesase lo suficiente como para preguntarle si está bien y qué puede hacer para facilitarle la vida.

Si amas a un Trayectoria de la Vida 9, no te conformes con dar por descontado que como pueden hacer tantas cosas, se sienten siempre felices haciéndolo todo ellos. No es así. Ese tipo de insensibilidad puede hacer que se retraigan y acumulen resentimiento. De pronto, no querrán estar contigo, ni estarán dispuestos a tener intimidad porque emocionalmente se habrán cerrado. Puedes evitar ese deterioro de la relación con un Trayectoria de la Vida 9, con ¡sólo ayudar!

Aaron, un Trayectoria de la Vida 9, escribe:

Atractivos:

Me siento atraído hacia mujeres de personalidad explosiva. No quiero una esposa años 50: «Sí, cariño. Todo lo que tú digas, cariño». Ni una mujer sumisa: «¿Cómo puedo servirte?». Quiero una mujer con confianza en sí misma que diga lo que piensa. Cuando salimos me gustaría que sea ella la que llevase la voz cantante, al menos la mitad del tiempo. En el dormitorio me gustaría que me dijese si lo hago bien. Si la quiere «una pizca a la izquierda», no tiene más que decirlo.

Rechazos:

Me alejan los juegos mentales y la falta de sinceridad respecto a mi papel en su vida. No quiero que me utilicen.

Jay, un Trayectoria de la Vida 9, escribe:

Atractivos:

Lo que buscaría en una mujer son unas buenas capacidades comunicativas. Me gustaría alguien que compartiese mis intereses y valores, que mirase a la vida con realismo pero de manera optimista. La intimidad sexual es muy importante, y por ello quisiera que fuese cálida y cariñosa.

Rechazos:

Una mujer que carezca de los atributos explicados antes.

Nota de Glynis:

Te habrás dado cuenta de que tanto Aaron como Jay hablan de lo que quisieran en el dormitorio. No les gustan las sorpresas. Quieren que su pareja les diga qué es lo que les gusta sexualmente para así poder satisfacerlas. Creo que eso es así tanto para el Trayectoria de la Vida 9 hombre como mujer. Tenlo en cuenta: les gustaría satisfacer todas tus necesidades. Asegúrate de que ellos obtienen lo mismo de ti.

Beverley, una Trayectoria de la Vida 9, escribe:

Atractivos:

Lo que me gusta en una pareja es el reflejo en un espejo de lo que me gusta sobre mí misma. Es decir: entusiasmo por la vida, la capacidad de reírme de mí misma y del mundo, compasión por la gente y un profundo amor y respeto por la tierra y todos los aspectos de la naturaleza. Quiero a alguien que le guste ser quien es y el camino que ha elegido.

Rechazos:

Lo que realmente me aleja son todas las cosas que no toleraría en mí misma. No soportaría a un hombre que se hace la víctima y se oculta en la oscuridad de la vida. Ni siquiera puedo estar cerca de alguien quejica, paranoico o rabioso contra el mundo. Ese tipo de comportamiento saca lo peor de mí misma. Así que no, gracias.

Nota de Glynis:

Beverly expresa una importante cuestión aplicable a todos los Trayectoria de la Vida 9 a los que he orientado. Creen que están aquí para mejorar el mundo y ayudar a los menos afortunados. Así que es importante que sus parejas sientan el mismo nivel de compasión y respeto por todo en la vida, incluyendo la naturaleza.

Si eres alguien que mantiene muchos pensamientos negativos, o que siente que la vida ha sido injusta contigo, lo más conveniente sería que no te unieses a un Trayectoria de la Vida 9. Al principio te aconsejarán y harán todo lo posible por animarte. Pero a continuación, también se deprimirán y se amargarán.

Si ya mantienes una relación con un Trayectoria de la Vida 9, y os está sucediendo eso como pareja, sugiero que acudáis a un psicólogo y utilicéis la información de vuestro Cuadro Numerológico Comparativo para ayudaros a recuperar una relación amorosa que sea buena para ambos.

Nancy, una Trayectoria de la Vida 9, escribe:

Atractivos:

Me atrae el hombre que se interesa por cómo me va, y si no me va bien, que encuentra la manera de ayudarme a lidiar con el estrés cotidiano. Soy alguien que siempre trata de agradar a los demás, así que acabo agotada. De modo que cuando llego a casa, lo que quiero es un hombre que me pregunte cómo me ha ido el día, que desee abrazarme y mostrarse afectuoso. También me gusta hacer cosas juntos y compartir muchos intereses.

Rechazos:

Nada me saca más de quicio que un hombre que se aprovecha de mi buena voluntad y quiere que le haga todos los recados, como llevarle la ropa a la tintorería, reservar las cenas, planear las vacaciones, etc... Lo haría en piloto automático, pero subconscientemente empezaría a generar resentimiento contra él, y luego, cuando él quisiera hacer el amor, ¡yo no estaría interesada! Tampoco me gusta que mi pareja me pregunte cómo ha ido el día y que cuando le conteste empiece a hacer otra cosa. ¡Eso me pone de los nervios!

***

Te recomiendo que tomes notas de las diversas sugerencias hechas por cada uno de los Números de la Trayectoria de la Vida en este capítulo. Creo que te ayudará a amar al Número de la Trayectoria de la Vida que te interesa «de la manera en que le gustaría». Y si tu pareja no te hace feliz, asegúrate de que lea todas las ideas acerca de tu Número de la Trayectoria de la Vida.

16

Sexualidad y Numerología: ¿influyen los números?

El amor es el deseo irresistible de
ser irresistiblemente deseado.

ROBERT FROST

En el Capítulo 3, escribí acerca de que algunos Números pueden ser un Desafío entre sí. La relación con el Número de Desafío suele empezar apasionadamente, llena de deseo y excitación sin fin. Pero ese tipo de «amor» puede quemarse con rapidez, como en la letra de la vieja canción de Cole Porter: «Nuestro amor era demasiado caliente para enfriarse». Por eso, estar en una relación con alguien que tiene muchos Números de Desafío respecto a ti, puede resultar muy *tóxico*.

Y esto nos plantea dos preguntas: cuando buscamos información sobre sexo en la Numerología, ¿está realmente presente en los Números? Mi respuesta es un convencido *sí*. Hay ciertas Vibraciones que se llevan de maravilla, y otras que requieren un esfuerzo. En este capítulo compartiré algunas de las cosas que sé que funcionan en las relaciones amorosas, incluyendo consejos para cada Trayectoria de la Vida, de los Números 1 al 9. Si eres un Número Maestro 11 o 22, te remito a las notas del 2 y el 4, respectivamente.

NÚMEROS REPETIDOS

Es importante fijarse en un número que se repita en tu Patrón Numerológico, sobre todo si no es tu Número de la Trayectoria de la Vida. Ese número influirá mucho en quién eres.

Por ejemplo, digamos que tu Patrón Numerológico se parece a esto:

59554*/5 Actitud

En este caso, aunque seas **Trayectoria de la Vida 4**, también debes fijarte en los 5 de tu Patrón Numerológico. Tampoco deberás por alto la información tanto del **Trayectoria de la Vida 5** como del **Trayectoria de la Vida 4**, porque ambas serán aplicables.

COMBINACIONES DE PAREJA NATURAL

Hablemos primero sobre las combinaciones de Pareja Natural, y cómo influyen en nuestras vidas sexuales. Tal y como dijimos en el Capítulo 3, existen tres conjuntos de números que concuerdan de manera natural: los Números mentales, los Números orientados a los negocios y los Números creativos. Los Trayectoria de la Vida 1, 5 y 7 son Números mentales, lo cual significa que viven en sus cabezas. Los Trayectoria de la Vida 2, 4 y 8 son Números orientados a los negocios, y los Trayectoria de la Vida 3, 6 y 9 son las Vibraciones creativas. Puedes contar con varios de esos números en tu Patrón Numerológico, pero en este capítulo nos concentraremos únicamente en los Números de la

Trayectoria de la Vida. Pues la Trayectoria de la Vida es la clave esencial de una persona, el número más revelador para examinar su vida sexual.

TRAYECTORIAS DE LA VIDA 1, 5 Y 7

Como las Trayectorias de la Vida 1, 5 y 7 son muy cerebrales, la fantasía ocupa un lugar muy importante en sus vidas sexuales. Claro, podrías leer esto y pensar: «Vaya, soy un 3 y las fantasías también juegan un papel en mi vida sexual», o «Soy un Trayectoria de la Vida 4 y la fantasía me interesa». Pero recuerda que también es posible que tengas un 1, 5 o 7 en algún lugar de tu Patrón Numerológico, y por ello también te habla a ti.

Si eres una Trayectoria de la Vida 1, 5 o 7, tu imaginación juega un papel muy importante en la relación sexual con tu pareja. Si tu pareja te susurra un poco de lenguaje sexual, podrías añadirlo a la fantasía. A las 5 les gusta hacer un poco de teatro al hacer el amor. Puede que disfruten poniéndose una prenda especial, como una *negligée* sexi, que les haga sentirse atractivas y en situación. Si se trata de un hombre, al menos se pondrá la colonia que sabe que les gusta a las mujeres. La mujer 5 quiere tener aspecto «de estar lista» para el amor.

El Trayectoria de la Vida 5 está sintonizado con los cinco sentidos. Tiene un intenso sentido del tacto, olfato, gusto, vista y oído... Todos ellos son igualmente importantes para el Trayectoria de la Vida 5. Así que llevarlos a un buen restaurante con una atmósfera encantadora y buena comida, incluye todo lo básico y les proporciona un gran placer.

Si amas a un 7, permítele que haga todo lo que tiene que hacer en su vida y regresará a ti cuando esté dispuesto. Átale demasiado corto y aunque estará presente físicamente, no lo estará emocional ni mentalmente para ti. Se sentirá mucho más cariñoso al regresar, porque apreciará el hecho de que comprendas su profunda necesidad de libertad.

La categoría 1, 5 y 7 es espontánea y para ellos, las mejores relaciones sexuales tienen lugar en el momento. Has de entender que, si tu Número de la Trayectoria de la Vida representa un Desafío para ellos –tal vez seas un Trayectoria de la Vida 2 con una Trayectoria de la Vida 5– deberás tomarte el tiempo necesario para darle a entender cuáles son tus necesidades. Sé muy concreto, te escuchará, pero no puedes esperar que automáticamente sepa cuáles son tus necesidades.

TRAYECTORIAS DE LA VIDA 2, 4 Y 8

La Vibración 2 es una persona sensual. Si masajeas la espalda a los Números 2, 4 y 8, será como si estuvieran en el cielo. Claro está, no estoy diciendo que al resto de nosotros no nos lo parecería. Pero los Números de la Trayectoria de la Vida 2, 4 y 8 necesitan realmente atención física. Para un 2 es muy importante sentirse amado y cuidado físicamente. Los preliminares son muy importantes para el Trayectoria de la Vida 2. Si no hay, y la relación sexual se parece más a «aquí te pillo y aquí te mano», entonces podría cerrarse física y emocionalmente hasta el punto de no querer relaciones sexuales nunca más. Si eres su pareja, has de mantener esa intimidad a todos los niveles.

Al Trayectoria de la Vida 8 le afecta mucho la apariencia. Si un 8 considera que te has vestido de determinada manera o has realizado un esfuerzo para crear una atmósfera romántica, como poner velas en la habitación y elegir un incienso que sabes que le gusta, dichos esfuerzos significan mucho a la hora de poner en situación a este Trayectoria de la Vida 8. Si eres una mujer con un hombre Trayectoria de la Vida 8, haberte ocupado de tu cuerpo, o llevar el peinado y el maquillaje de moda no le pasará desapercibido. Eso también podría decirse del hombre Trayectoria de la Vida 4. El 4 valora el esfuerzo que haces para mantenerte físicamente en forma y tener el mejor aspecto posible para él.

Mensaje especial para los hombres Trayectoria de la Vida 4 y 8:

Tras realizar varios miles de lecturas, son muchísimas las mujeres que han intentado mejorar su apariencia de cara a esos dos Números de la Trayectoria de la Vida, y que me cuentan que nunca recibieron un reconocimiento verbal. Es como si los 4 y 8 se imaginaran que esas mujeres podían leerles el pensamiento o adivinar el reconocimiento en sus miradas y que bastaba con eso. *Pues bien, no es así.* Los hombres Trayectoria de la Vida 4 y 8 podéis mejorar muchísimo vuestras relaciones con sólo reconocer verbalmente los románticos esfuerzos llevados a cabo por las mujeres para vosotros. Si eres un hombre, estás leyendo esto, y tienes un 4 o un 8 en algún lugar de tu Cuadro y puedes aplicarte lo dicho, acepta mi consejo. Puede transformar tu relación de la noche a la mañana.

TRAYECTORIAS DE LA VIDA 3, 6 Y 9

Reconocer el esfuerzo que realizan esos Números por sus parejas ayudaría mucho. Si estás enamorado de una Trayectoria de la Vida 3, pudieras decir algo como: «¡Me encanta tu sonrisa! (Qué guapa estás(Tienes un aspecto muy sexi, hueles muy bien, te veo muy bien». Eso pondrá a las mujeres 3 en situación de hacer el amor. La mujer 3 sabe por lo general cómo inflar el ego masculino, así que mi único consejo es: «Todo vuestro, chicas». Los preliminares son importantes, pero si realmente los elogiáis en el dormitorio antes de empezar, eso puede ser todos los preliminares que tu Trayectoria de la Vida 3 necesite.

Como los 6 son una energía cariñosa, les resultará natural atender a todas tus necesidades y asegurarse de que quedas sexualmente satisfecha. Sin embargo, si te acostumbras a no corresponder, crearás resentimiento en el Trayectoria de la Vida 6. Recuerda que el Trayectoria de la Vida 6 coloca en un pedestal a quienes ama, pero la gente en un pedestal tiende a caerse, así que ándate con ojo. Por muy bien que te sientas con tu

Trayectoria de la Vida 6 ocupándose de todas tus necesidades y deseos en el dormitorio, debes también tener en cuenta los suyos.

En cuanto a los Trayectoria de la Vida 9, si hay algo que les preocupa, les resulta difícil hacer el amor. Habrás de hallar alguna manera de relajar su mente. Puede que quieras susurrarles cariños en la oreja, o darles friegas en la espalda y las piernas con algunos aceites especiales y así irles trabajando. Si ves que a tu pareja Trayectoria de la Vida 9 le preocupan algunos temas no resueltos, sería buena idea hablar de ello antes de ir al dormitorio. Debería ser una norma que a la hora de acostarse soltéis las tensiones cotidianas, y perdonéis cualquier cosa que os preocupe. Es un consejo viejo pero que sigue en vigor: «Nunca te acuestes enfadado».

CONSEJOS PARA MANTENER EL AMOR VIVO PARA TODAS LAS TRAYECTORIAS DE LA VIDA

¡SI ESTÁIS CASADOS, SALIR DE NOCHE ES NECESARIO!

Por muy estupenda que fuera la relación cuando os conocisteis, y por mucho que hagáis el amor de casados, podéis quedar atrapados en vuestro programa cotidiano y ello puede hacer que sufra vuestra sexualidad. Si tenéis hijos, os preocuparéis por ellos y cuando lleguéis al dormitorio, estaréis tan cansados que no os quedará energía para nada. Esa es, con toda seguridad, la fórmula para destruir un matrimonio. Lo que ocurre cuando una persona tiene necesidades y se siente rechazada, es que busque compensación en otra parte. Si quieres mantener el matrimonio vivo, salid al menos una noche por semana.

Cuando mi marido y yo salimos, suele ser la noche del miércoles o el jueves, cuando no hay tanta gente por ahí. Vamos a cenar, y elegimos un sitio romántico y sexi donde podemos volver a flirtear en lugar de hablar y preocuparnos demasiado por nuestros trabajos, por el futuro o lo que sea que nos preocupe.

Intentamos recordarnos a nosotros mismos por qué nos queremos tanto y por qué disfrutamos tanto de la compañía mutua. Sé que es una de las principales razones por las que nuestro matrimonio va viento en popa.

Si estáis casados o mantenéis una relación y no habéis hecho el amor en años, el vuestro no es un matrimonio activo, es como si fueseis compañeros de habitación. Si queréis volver a estar realmente casados, debéis miraros y decir: «Es hora de que volvamos a encontrar el camino que nos lleva a los brazos del otro». Sugiero que hagáis una escapada a un hotel local durante el fin de semana. Todo pudiera comenzar con conversaciones íntimas, masajes mutuos, besos y estar de un humor romántico. Luego volved a hacer realmente el amor.

La vida es demasiado corta como para estar casado y sentirse solo en el matrimonio. Cuando decides casarte con alguien, debes estar seguro de que esa persona te ama y que le preocupan tus necesidades. Los hombres y las mujeres se tornan demasiado autocríticos. Claro está, cuando una mujer tiene hijos y aumenta algo de peso, se autocrítica duramente, y cuando el cabello de un hombre empieza a clarear, tampoco es que le encante. Sea cual fuere la situación, deberás descubrir la manera de que tu pareja se sienta mejor. Eso creará una relación amorosa que siga viva y sea vibrante. Tened una cita para ser románticos e íntimos entre vosotros y descubriréis que es estupendo haberlo hecho.

HACER QUE VUELVA A VALER LA PENA

En todos mis años como consejera en Numerología, casi siempre escucho decir a las mujeres que los hombres son insensibles y que no se enteran. Pero no estoy de acuerdo con ellas. Los hombres que se me han abierto tienen corazones tan grandes como cualquier mujer. Tienen mucho amor que ofrecer y quieren compartir su vida con alguien. Si estás casado o sales con alguien ahora mismo y no hay sexualidad, entonces has de saber que hay maneras de revivirla. Sólo has de estar dispuesto a realizar el esfuerzo.

Primero reaviva el espíritu y el cuerpo le seguirá. Ha habido algo que ha apagado el deseo. Vuelve a encenderlo mediante cambios sutiles: el enfoque del martillo perforador no lo conseguirá. Una sugerencia es que ofrezcas a tu pareja una tarjeta escrita a mano muy atenta. Hay cierta energía en el hecho de pasarse notas escritas. A veces escribo el nombre de Charlie y le mando una carta y le digo qué es lo que me parece maravilloso de él, utilizando las letras de su nombre para asociarlas a una cualidad: C de cariñoso, H de honrado, A de amoroso... y demás. Le pone de muy buen humor y le hace sentirse bien consigo mismo. No me importa cuáles son vuestros números: a todo el mundo le gustan los elogios. Todos necesitamos sentir confianza, y tu pareja puede ayudarte o hundirte en esa cuestión.

UN DÍA SIN CRÍTICAS

Elige un día y ofrece a tu pareja únicamente amor incondicional, eliminando cualquier negatividad. Ya habrá, desde luego, oportunidad de sacar eso que te preocupa; después de todo, ninguna relación es perfecta. Pero hay cosas que puedes hacer para mejorarla, y ésta es una de ellas.

NO TE QUEJES, ¡HAZLO!

De soltera, si tenía un problema –tipo que algunas luces no funcionaban en casa y necesitaba un electricista, o que el grifo de la bañera tenía un escape y necesitaba un fontanero– automáticamente llamaba a uno. Ya casada, mi marido se ofrecía: «Ya lo arreglaré yo», que es algo que los hombres acostumbran a decir, tanto si disponen de tiempo como si no. Cuando resulta que no se arregla, empezaba a resentirme.

Así es como resolví el problema: me di cuenta de que no tenía por qué depender de mi marido, y que podía seguir llamando a un profesional como hacía antes. Lo bueno es que solucionando el problema, desapareció el resentimiento. Como consejera en Numerología, sé muy bien que muchas mujeres se resienten con sus maridos porque estos hacen promesas que no cumplen.

Así que, chicas, os lo digo en serio: si no tenéis el dedo roto, coged el teléfono y ocuparos vosotras mismas. Os sentiréis mucho mejor, y ese asunto no se convertirá en un tema delicado que pudiera empezar a destruir la relación.

ELOGIA

Tanto si sales con alguien como si estás casada, aplaude alto y claro cuando hagan algo especial por ti. Exprésales cuanto aprecias cualquier cualidad positiva que él o ella posea. Si hay algo maravilloso en tu pareja, hazle saber en cuánto lo valoras y cómo amas esa cualidad. Eso ayudará a que la relación florezca, para que incluso en situaciones de desacuerdo tu pareja pueda pensar en las cosas maravillosas que le dijiste sobre él o ella.

ADICCIONES

Si tu pareja bebe, consume drogas o es adicto al sexo, es jugador compulsivo o adicto al trabajo, todo ello puede interferir con lo que de otro modo sería una relación saludable y cariñosa, a pesar de lo que los números pudieran indicar. Has de sentar unos límites bien claros, y aunque ames a tu pareja con todo tu corazón, deberíais separaros hasta que obtenga ayuda adecuada.

Aguantar un matrimonio enfermizo sólo por los hijos no es hacerles ningún favor a éstos. Si tu esposo es un alcohólico, es frecuente que los niños imiten los hábitos que ven en casa. El maltrato es inaceptable. Si tienes un marido que considera que está bien pegarte cada vez que se enfada, has de responder con un NO incondicional y salir de esa situación peligrosa. El maltrato físico no es nunca aceptable.

La Numerología puede ayudarte a entender qué haces en una relación malsana y por qué realizas continuamente malas elecciones amorosas. Sólo puedes atraer lo que esperas atraer. Las «Afirmaciones de Amor» del Capítulo 21 también pueden ayudarte a elegir mejor. Igualmente podrías trabajar más en ti misma, pero siempre es posible cambiar tu relación. A parejas casadas que han perdido el rumbo, convirtiéndose en compañeros de cuarto, las he visto volver a encontrar el camino de regreso a una relación activa, cariñosa y enriquecedora. Si estás dispuesto o dispuesta a invertir el tiempo necesario, puedes lograr que tu relación funcione de manera muy positiva.

EL CIELO EN LA CAMA Y EL RESTO DEL DÍA TÓXICO

Los Números Tóxicos son lujuriosos. Cuando en vuestro Cuadro Comparativo aparecen Números de Desafío, puede ser fantástico en la cama porque vuestra manera de hacer el amor está llena de pasión. Pero en realidad no os comunicáis. Se parece más a: «Lo que tú digas. Cierra el pico y vamos a lo nuestro». Esa sexualidad alucinante puede llevarte a pensar, equivocadamente: «Dios mío, este tipo es un miserable conmigo, pero me tiene loca», o «Todo lo que sabe hacer es gritarme, pero su cuerpo me pone a mil».

Puedes estar físicamente loca por esa persona, pero la lujuria en sí misma no permitirá esa relación a largo plazo que tanto deseas. Un día, después de casada y haber tenido hijos, te darás cuenta de que estás atrapada en algo que no quieres de ninguna manera. Entonces, tanto si te quedas como si no, todo el mundo perderá, sobre todo los hijos.

ÉL NO ES ESO QUE CREES

Me resulta imposible contar cuántas han sido las mujeres que han empezado a salir con un tipo y que han creído que era «él», pero que él sólo se ha mantenido en contacto a través de

SMS. No se preocupa de llamar, ni siquiera de enviar correos electrónicos, y a veces, cuando le parece, acaba concertando una cita. A las mujeres que están atrapadas en una relación insatisfactoria de ese tipo, les recomiendo el libro *¿Qué les pasa a los hombres?*, escrito por Greg Behrendt y Liz Tuccillo.

Aprenderte tu Patrón Numerológico y comprobar tu compatibilidad potencial con alguien es una herramienta notable. Pero como cada Número cuenta con un lado Positivo y otro Negativo, a veces la potencial pareja que conoces *no es lo que crees*. No importa, ya que al final es él quien se lo pierde, ¿no es cierto, chicas?

Encontré ese libro después de casarme con Charlie, pero me hubiera gustado leerlo mientras todavía salíamos. Hay tantos hombres a los que habría apartado de mi camino, en caso de haber conocido los consejos de los autores. Si estás casada o metida en una relación satisfactoria, entonces escribir SMS está muy bien. Pero si eso es todo lo que recibes, no te conformes con migajas. Te mereces la galleta entera.

Las lectoras que están todavía en la fase de salir con alguien, deben saber que cuentan con una maravillosa oportunidad de conseguir el amor desde el principio. Cuando conoces a alguien por el que te sientes atraída, puedes avanzar con los ojos bien abiertos. Aquellas de vosotras ya casadas y que vuestras relaciones han descarrilado, utilizad las sugerencia de este capítulo y remitiros a «Afirmaciones» en los Capítulos 21-22 para llevar a cabo esa tan necesitada curación.

Este es un maravilloso ejemplo de lo que debería ser el amor:

Missy Levy   FDN: 9-2-1961 14591*/2

Allen Carrol   FDN: 5-12-1952 48357*/8

La historia de Missy:

Allen y yo estuvimos cinco años juntos. Mantuvimos el idilio vivo comprándonos regalitos el uno al otro. Él me compraba flores; yo le regalaba ropa, comida y objetos personales. Salíamos. Cocinábamos juntos; él se ocupaba del guiso y yo le ayudaba. Íbamos a clase juntos. Me abría la puerta del coche y me ayudaba en las tareas de casa. Nos besábamos y nos cogíamos de la mano a diario cuando estábamos juntos. Me daba masajes y me sentaba en su regazo. Hacíamos cositas, pero las hacíamos a diario. Nos parecía que poder estar juntos era una bendición.

Respuesta de Glynis:

Mientras lees esta preciosa descripción sobre la relación de Missy con Allen, te das cuenta de que tenía totalmente sentido. En primer lugar, sus Números de la Trayectoria de la Vida eran una Pareja Natural: ella es Trayectoria de la Vida 1, y él un Trayectoria de la Vida 7, lo que es estupendo. Sus Números de la Actitud también son una Pareja Natural. El Número de la Actitud de Missy es un 2, y el de Allen es un 8. Los Números de la Actitud y de la Trayectoria de la Vida son muy importantes en Numerología.

Técnicamente, si tus Números de la Fecha de Nacimiento son una Pareja Natural, ello también beneficia a la relación. Pudieras tener un Desafío en vuestros Números del Nombre, pero eso no importa mucho porque un nombre es un añadido a quien realmente eres, y como esos Números proceden del nombre que utilizas, siempre pueden cambiarse. Resulta interesante que Missy y Allen acudiesen juntos a clase, porque ambos son una Vibración 4, que alienta en ellos una intensa necesidad de saber y aprender. Ambos son románticos y considerados con el otro, haciéndose regalitos. El 7 en él explica su sensibilidad y el espíritu suave que hace que no sea sólo un cocinero, sino más bien, muy buen cocinero. Si Missy y Allen deciden casarse, les sugeriría que ella mantuviese el nombre que tiene ahora. Después de todo, ¡si funciona, no lo arregles! Se trata de una relación estupenda que potencialmente podría durar muchos años.

Observa que Missy no menciona ninguna frustración relativa a que ella y Allen no estén casados y que se limiten a salir. Los Números de la Trayectoria de la Vida 1, 5 y 7 no se sienten incómodos por esa cuestión. Les gusta la idea del compromiso, pero no necesitan sentir el anillo en el dedo. Vuelve a leer lo que ha escrito sobre su relación. Es como si ya estuvieran casados. Suena exactamente igual que si fuesen una pareja encantadora y comprometida. Felicidades.

CONSEJO ESPECIAL PARA LAS MUJERES

El libro *Getting to «I Do»*, de la Dra. Patricia Allen, describe el escenario tan familiar de la mujer moderna, que conoce a alguien que parece adecuado, con una química arrolladora, ella toma unas copas de más y... Bueno, lo siguiente que comprende es que está en la cama con él. El tipo se marcha y ahí queda ella mareada de alegría y pensando que ha sido la mejor noche de su vida, y luego... él no vuelve a llamarla nunca más. Ella queda destrozada. La Dra. Allen trata ese tema perfectamente; se trata de un libro muy sabio y habla sobre el hecho de que todos tenemos rasgos masculinos y femeninos en nuestro interior. Aunque vuestros Cuadros Numerológicos sean muy compatibles, llegar demasiado pronto al dormitorio puede acabar con las oportunidades de lo que hubiera podido ser una relación a largo plazo.

Por eso es mejor no intimar físicamente demasiado pronto. En realidad, primero necesitáis conoceros uno al otro. Así era antiguamente, y créeme, si eres mujer, es mejor así. Si hay química, puedes estar segura de que la relación florecerá. Luego, cuando tenga lugar esa relación sexual maravillosa, formará parte de una situación más amplia, y las probabilidades de que tu amor dure serán mucho mayores. Vale la pena esperar.

17

Cómo elegir la fecha perfecta para la boda

Un matrimonio feliz es una larga conversación que siempre parece demasiado corta.

ANDRÉ MAUROIS

La fecha de tu boda pudiera ser el día más importante de tu vida que tienes opción de elegir, así que ¿por qué no elegirlo mediante los Números? Saber qué Vibraciones llegan de los números que rodean una potencial fecha de moda te proporciona una enorme cantidad de información que pudiera ayudarte a decidir la mejor fecha para ti y tu compañero.

En ese capítulo repasaremos ejemplos de fechas de boda que fueron un sueño hecho realidad, y también unas cuantas fechas que convirtieron bodas en desastres. Te mostraré la Numerología que lo explica.

El primer ejemplo será una fecha de boda que ayudé a elegir:

Mi amiga Michelle me llamó y me contó que intentaba elegir la fecha de boda perfecta para su hija, Laurel. Ésta nació el

6-5-1978, lo que la convierte en una Trayectoria de la Vida 9, y su prometido Jared nació el 10-5-1980, y eso lo convierte en un Trayectoria de la Vida 6. Así que la primera cosa de la que quise asegurarme era de que ese día especial era compatible con sus Números de la Trayectoria de la Vida 9 y 6. Me dio un par de opciones, pero había una fecha que destacaba. Esa fecha era 20-9-2008, y conociendo los Número de la Trayectoria de la Vida de Laurel y su prometido, estuve segura de que no podían elegir otra fecha.

Utilizaré el 20-9-2008 como ejemplo de cómo hallar los tres Números que componen una fecha, y explicar exactamente por qué esta era la fecha perfecta para la boda de esa joven pareja:

Primero, tomaremos el día y el mes, reduciéndolo a un único dígito:

Fecha: 20-9

$$2+0+9 = 11$$
$$= 1+1 = 2$$

Luego hay que reducir el día a un único dígito:

Fecha: 20-9

$$= 2+0 = 2$$

Luego reducir toda la fecha a un dígito:

Fecha 20-9-2008

$$= 2+0+9+2+0+0+8 = 21$$
$$= 2+1 = 3$$

Así que los tres Números que componen 20-9-2008 son 2-2-3.

Esto es lo que significa esa fecha en Numerología: el día propiamente dicho se reduce a 2, que es amor e idilio. La Actitud del día era un 2, que alienta todavía más amor y romance, y finalmente, toda la fecha se reduce a 3, que tiene que ver con risas, comunicación y celebración.

Tal y como aprendimos en el Capítulo 3, las Vibraciones 3, 6 y 9 pertenecen a la misma Categoría de Pareja Natural. Laurel, la novia, es Trayectoria de la Vida 9 y Jared, el novio, es Trayectoria de la Vida 6. Sus Números de Trayectoria de la Vida son una Pareja Natural, y eligieron una fecha que se reduce a 3, el número restante en su Categoría de Pareja Natural. Son unas noticias estupendas para una pareja.

Además, Laurel también tiene Actitud 2, y por ello es romántica; ese día con el 2 doble hizo que manifestara esa parte de su personalidad. Es una bella rubia, y estuvo deslumbrante con su vestido de novia. De hecho, todo el mundo estaba guapísimo. La boda fue un asunto de corbata negra y la ocasión, festiva, provocó lágrimas de alegría y risas en todo el mundo. Los invitados bailaron toda la noche, y nunca vi a una pareja más feliz. Ese es el tipo de fecha de boda que me hace llorar de alegría, y sí, elegir la fecha perfecta de la boda, *importa*.

CÓMO ELEGIR LA FECHA DE TU BODA

En primer lugar, echa un vistazo a tu Patrón Numerológico y al de tu pareja. Imaginemos que es Trayectoria de la Vida 5 y tú eres Trayectoria de la Vida 7. Deberías querer completar la Categoría de Pareja Natural 1, 5 y 7. Así que, de ser posible, deberías elegir una fecha que se desglosase hasta dar un día 1, o al menos una fecha que tuviera un 1 en los tres Números.

Si sois Trayectoria de la Vida 2 y Trayectoria de la Vida 8, querréis completar la Categoría de Pareja Natural de 2, 4 y 8. Debéis buscar una fecha que tenga un 4, y así.

Pero a veces, vuestros Números de la Trayectoria de la Vida son un Desafío, como en el caso de mi marido y yo. De ser así, deberás ser algo más creativa. Como mencioné al principio de este libro, yo soy Trayectoria de la Vida 3 y nos casamos el 30 (3+0 = 3), y esa fue mi fecha. El Número de la Actitud del día fue 30 de octubre, $(3+0+1+0+2+0+0+4 = 10 = 1+0 = 1)$. Así que, muy contenta, me dije a mí misma: «30-10-2004 es la fecha, de manera que el 3 y el 4 se convierten en 1».

Los números de los días y sus significados

El 1 está relacionado con Independencia, pero como vosotros también pasáis a ser «uno», no impide que aparezca en la fecha de la boda.

El 2 está relacionado con el Amor.

El 3 está relacionado con la Risa.

El 4 está relacionado con la Seguridad, y como estáis comprometiéndoos a permanecer juntos, es un buen número para que forme parte de vuestros tres números.

El 5 está relacionado con la Celebración, y con esta Vibración, nunca te aburrirás.

El 6 está relacionado con Cuidar y Criar, así que si tener hijos te importa, te ayudará contar con un 6.

El 7 está relacionado con la Espiritualidad; si los novios cuentan con una sólida base religiosa, el número espiritual 7 será estupendo en una fecha de boda.

El 8 está relacionado con el Éxito en Asuntos de Dinero, y es una excelente Vibración si lo que quieres es una boda elegante, porque el 8 también está relacionado con las apariencias. Asegúrate de que la Vibración 8 no es un Desafío para ninguno de vuestros Números de la Trayectoria de la Vida, si queréis usarlo.

El 9 está relacionado con la Familia. Si lo que quieres es mucha familia, el 9 será un Número estupendo para formar parte de los tres Números que componen la fecha de tu boda.

LA FECHA DE LA BODA

Los números de la fecha de la boda deben ser tan compatibles como tú y tu pareja. La clave para descubrir una fecha de boda compatible es, en primer lugar considerar vuestros seis números. Luego deberéis hallar algunos Números que componen la fecha y que sean Compatibles con ambos. Si en vuestro Cuadro hay algunos Números que compartís, entonces os conviene una fecha que contenga esos números.

EJEMPLOS DE FECHA DE BODA:
LO BUENO Y LO MALO

LA HISTORIA DE GAT

Números Personales de su Cuadro

Gat Slor	23-8-1959	74251*/4 Actitud
Eddie Warner	23-5-1952	79759*/1 Actitud
Fecha de la boda:	7-9-2003, que se descompone a 7-7-3	
	Día y mes:	7-9
		$= 7+9 = 16 = 1+6 = $ **7**
	Fecha:	7-9
	Fecha completa:	7-9-2003
	$= 7+9+2+0+0+3 = 21$	
		$= 2+1 = $ **3**

Los tres Números que conforman **7-9-2003 son 7-7-3.**

Gat escribe:

Hola Glynis:

¡Hemos disfrutado de la boca más mágica, espiritual y conmovedora que puedas imaginarte! La ceremonia empezó a eso de la 16:30 en un precioso parque con un gran estanque y una fuente. El tiempo era perfecto. Tuvimos unos 200 invitados, y tras la ceremonia ofrecimos una cena informal al aire libre. Un amigo llegado de Nueva York hizo las fotos de la boda y la recepción, y todas salieron estupendamente.

Mi familia está dispersa por todo el mundo, y para mi felicidad, todos ellos asistieron a nuestra boda. Nuestro presupuesto era ajustado, así que mi familia y los amigos nos ayudaron con la comida, la decoración e incluso con el precio de la propia boda.

Ofrecimos la recepción en el club donde nos conocimos en 11-10-1997. La orquesta que tocó la noche que nos conocimos también lo hizo en la recepción. Todo el mundo lo pasó fenomenal celebrando la boda, y mucha gente nos dijo que la nuestra era la mejor a la que habían asistido. Incluso cinco años más tarde, la gente sigue hablando de nuestra boda.

Respuesta de Glynis:

La fecha de la boda correcta es personal de cada pareja. Por ejemplo, vuestro día elegido puede no convenirle a todo el mundo, pero no obstante, cuando repaso vuestra Numerología, veo por qué funcionó para vosotros como pareja. Volvamos a repasar los números.

Números Personales de su Cuadro

Gat Slor	23-8-1959	74251*/4 Actitud
Eddie Warner	23-5-1952	79759*/1 Actitud
Fecha de la boda:	7-9-2003, que se descompone a 7-7-3	

En primer lugar, el Número 7 ocupa un importante papel en vuestra relación. Tu marido tiene un Número de la Personalidad 7 en su nombre, y ambos sois Número del Alma 7, así que miradlo de la siguiente manera: en 7-9-2003, el día propiamente dicho es un 7; la Actitud del día es un 7, también. Así que un 7 doble ese día está relacionado con Dios y espiritualidad.

A juzgar por vuestra historia sobre la boda, da la impresión de que ambos estabais muy sintonizados con la espiritualidad de tan maravillosa ocasión. Ese día en particular, vuestras almas estaban satisfechas, porque el Número del Alma de ambos es un 7. Y luego el día se reduce a una Vibración 3. Cuando busco el Número de ese día, quiero saber si es compatible con vuestras Trayectorias de la Vida. Desde luego, tu esposo es Trayectoria de la Vida 9, y 3 es una Pareja Natural con el 9, y el 3 también es Compatible con tu Trayectoria de la Vida 1. Por eso esa fecha demostró ser tan buena para vosotros. Gracias por compartir vuestra historia.

Estos dos eligieron la fecha correcta de manera intuitiva. Los 7 aparecían en sus Patrones Numerológicos, un 7 doble en el de él, y un 7 en el de ella, y también hay un 7 doble en la fecha que eligieron. A juzgar por la carta de Gat, ese día fue muy espiritual para todos los que participaron. El hecho de que se trate de una feliz ocasión con baile, música y risas pudiera atribuirse a la Vibración 3 de ese día. El 3 alienta la celebración absoluta de la vida, y de cada uno.

LA HISTORIA DE VANESSA

Números Personales de su Cuadro

Vanessa Hamm:	12-1-1978	89832*/4 Actitud
Michael Hamm:	7-4-1973	77574*/2 Actitud
Fecha de la boda:	**4-5-2002**, que se descompone a **9-4-4**	
	Día y mes:	4-5
		= 4+5 = **9**
	Fecha:	4-5 = **4**
	Fecha completa:	4-5-2002
	= 4+5+2+0+0+2 = 13	
		= 1+3 = **4**

Los tres Números que conforman **4-5-2002 son 9-4-4.**

Vanessa escribe:

Planteé una boda al aire libre, en el campo de manzanas de mis padres. No tenía plan B en caso de mal tiempo. Esperaba el mejor de los mejores. Pero mira por dónde, había nevado mucho hacía un mes. No tuve que preocuparme: el día de mi boda brilló el sol y sopló una suave brisa. Muy buen tiempo para ser primeros de mayo.

Mi esposo y yo residimos en Illinois y toda su familia condujo más de nueve horas para asistir a la boda. Las damas de honor iban vestidas con colores de distintos tipos de manzanas: delicioso rojo para mi hermana gemela; golden sabrosa... marrón y verde cazador para representar también los árboles. Los chicos llevaban esmoquin negro y camisa negra, con corbatas que combinaban con el color de los vestidos de las chicas.

Las damas de honor con las flores (primas gemelas) llevaban vestidos blancos con mandiles bordados con manzanos. El padrino llevaba nuestros anillos en cojines de color manzana, y soltaron palomas blancas al pronunciar nuestros votos. Una vez que nos declararon marido y mujer, tiraron fuegos artificiales. Todo fue de maravilla. Creo que lo planteé muy bien.

Respuesta de Glynis:

Números Personales de su Cuadro

Vanessa Hamm: 12-1-1978 89832*/4 Actitud
Michael Hamm: 7-4-1973 77574*/2 Actitud
Fecha de la boda: **4-5-2002**, que se descompone a **9-4-4**

Vanessa, la fecha de tu boda me hace sonreír. La Vibración 9, que era el Número de la Actitud de ese día, habla sobre la familia, y parece que se reunió toda tu familia, así que tal vez todos rezaron antes para que hiciera ese buen tiempo.

Resulta interesante fijarse en que el día es una Pareja Natural para ti y tu esposo. Tu Trayectoria de la Vida 2 y su

Trayectoria de la Vida 4 son totalmente compatibles con ese día, porque era un 4, y cuando reduces la fecha completa a un dígito, se convierte también en 4. Su Número de la Actitud es un 2 y tu Número de la Actitud es un 4. Si tu Número de la Actitud es el mismo que el Número de la Trayectoria de la Vida de tu pareja, es que existe una conexión muy especial. Tú tienes una Trayectoria de la Vida 2, él una Actitud 2; él tienes una Trayectoria de la Vida 4, tú tienes una Actitud 4. Una combinación maravillosa para una pareja. ¡Felicidades!

LA HISTORIA DE SANDY

Números Personales de su Cuadro

Sandy Shaw: 27-7-1954   96698*/7 Actitud
Jimmy England: 8-10-1949   46185*/9 Actitud
Fecha de la boda: **14-12-1996**, que se descompone a **8-5-6**
                    Día y mes: 14-12
                                     = 1+2+1+4 = **8**
Luego reducir el día a un dígito:
                    Fecha: 14-12
                                     1+4 = **5**
Luego reducir toda la fecha a un dígito:
                    Fecha completa: 14-12-1996
                    = 1+4+1+2+1+9+9+6 = 33
                    = 3+3 = **6**
Los tres Números que conforman **14-12-1996 son 8-5-6.**

Sandy escribe:

El día que me casé no las tenía todas conmigo, pero decidí no dar marcha atrás porque mi madre se había esforzado muchísimo para poder celebrar la boda en su casa. El pastor llegó casi media hora tarde, y amigas mías presentes sólo había unas pocas, junto con mi familia más próxima y un hijo de mi futuro marido.

De repente había algo que no sonaba bien. El pastor pasó dos páginas en lugar de una y le escuchamos predicando ¡para un funeral!

El pastor se dio cuenta de su error, se disculpó y volvió a la página de las bodas, pero había arruinado el ambiente. Estaba tan pasmada que quise decir: «¡NO, DE NINGUNA MANERA!», y echar a correr. Fue como un presagio al que no hice caso. En cuanto el pastor dijo: «Ahora puede besar a la novia», mi marido hizo algo que no había hecho nunca antes. Me agarró y me abrazó con demasiada fuerza. Sentí que era como un beso de propiedad. Intenté apartarme y él continuó agarrándome más fuerte, hasta que casi no pude respirar. Estaba asustada.

Más tarde salimos a comer fuera y luego regresamos a casa para estar un tiempo solos. Sonó el teléfono y era el hijo mayor de mi marido, que quería saber si podía pasar a saludarnos. Su padre dijo: «Claro, pásate por aquí». Así que se sentó con su hijo, que se comió una bolsa de comida basura mientras su padre se durmió en el sofá, dejando que fuese yo la que se ocupase de mi hijastro. ¡No me lo podía creer!

Finalmente miré a mi marido y dije: «Bueno, estoy cansada. Me voy a la cama». Su hijo se marchó y él se despertó lo suficiente como para llegar a la cama. No podía creerme que eso era lo que estaba pasando el día de mi boda, y mi marido se pasó sólo en la cama la mayor parte de la noche porque yo estuve subiéndome por las paredes hasta bien entrada la madrugada.

Al día siguiente, mi nuevo marido se quedó todo el día en la cama, pendiente de no despertarme mientras miraba el vídeo de nuestra boda que estuvo grabando todo el día. Me sentía tan enfadada con él que cuando me desperté podía haberlo matado, y sí, arruinó nuestra noche de bodas.

Respuesta de Glynis

Números Personales de su Cuadro

Sandy Shaw:	27-7-1954	96698*/7 Actitud
Jimmy England:	8-10-1949	46185*/9 Actitud
Fecha de la boda:	**14-12-1996,** que se descompone a **8-5-6**	

¡Caray! Sandy, el 14-12-1996 no fue, desde luego, un buen día para que os casaseis. Esa fecha es un Día 5 con un Número de la Actitud 8 y toda la fecha se reduce a 6. Es interesante fijarse en la Fecha de Nacimiento de Jimmy: nació un Día 8 y es Trayectoria de la Vida 5, por lo que, técnicamente, ese día le iba mejor a él que a ti. Cuando un hombre con una Vibración 8 vive en el lado Negativo del número, no es inusual que sienta que su pareja es alguien al que puede poseer. Un hombre Vibración 8 quiere saber que tiene una esposa y está orgulloso de ella, así que cuando te besó, tuviste una sensación de control.

Tú eres Trayectoria de la Vida 8. Cuando dices que sentiste que te poseía al besarte, él estaba uniéndose a la mujer que amaba y le pareció que todo estaba bien. Fue un día ideal para él. El mensaje que podemos recoger de tus números es que un Trayectoria de la Vida 8 debe poner cuidado en no culpar a los demás cuando las cosas salen mal, ni interiorizar la culpa y sentirse como un mártir.

El 9 tuyo me dice que eres alguien que se siente súper responsable acerca de tu familia original, y has dicho que no quisiste hacerle una faena a tu madre. No lo tenías claro, pero elegiste seguir adelante. Como dejaste que eso sucediese, ahora estás en un matrimonio que empezaste con el pie equivocado.

La Vibración 6, el tercer número de la fecha de tu matrimonio desglosado, representa la familia. Eso pudiera explicar por qué a tu marido no le pareció mal que se pasase su hijo en vuestra noche de bodas. No es un buen principio, pero elegir bien la fecha podría haberte evitado todo ese jaleo.

A partir de tu carta no puedo deducir si las cosas han mejorado, pero la fecha de la boda fue parte del problema. Podías haber elegido una fecha más compatible contigo: el Número 2 debería aparecer por algún lado, porque la Energía 2 hubiera aportado algo de amor y armonía. Una Vibración 3 hubiera estado bien para aportar algo de humor, porque no da la impresión de que nadie se divirtiera. El pastor y la página equivocada, leyendo lo que diría en un funeral resultó macabro, por decir algo, y sí, yo también lo hubiera tomado por un mal presagio.

Un desglose de los números en los nombres de Jimmy England y Sandy Shaw produce cinco números Tóxicos de un total de seis, así que me aparece que la fecha de tu boda resume exactamente qué son los Números Tóxicos con mucha precisión. Siento mucho lo de la fecha de tu boda; has de saber que esta relación siempre requerirá compromiso, y te sugiero que repases todos los números del Cuadro de vuestros Nombres y Fechas de Nacimiento, y comprobéis qué puede hacerse para coexistir de manera más amistosa. Buena suerte y gracias por compartir tu historia.

LA HISTORIA DE TAREN

Números Personales de su Cuadro

Taren Gubman:	5-8-1956	17857*/4 Actitud
Larree Baglor:	3-12-1946	96638*/6 Actitud
Fecha de la boda:	**6-9-2002**, que se descompone a **6-6-1**	
	Día y mes:	6-9
		= 9+6 = 15
		= 1+5 = **6**
	Fecha: 6-9	= **6**
	Fecha completa:	6-9-2002
	= 6+9+2+0+0+2 = 19	
	=1+9=10=1+0=**1**	

Los tres Números que conforman **6-9-2002 son 6-6-1.**

Taren escribe:

Cuando nos casamos, no adopté el apellido de mi marido ni lo escribí con guión, y desde entonces ha sido como si él tuviera clavada una espina. Pensé en adoptar su nombre y en el guión, pero con mi apellido al final. Cuando nos pidieron que firmásemos el certificado de matrimonio, no miré nada y firmé.

Esto sucedió después de que una caravana de cuatro coches nos llevase al sitio donde se suponía que nos casarían. Mi esposo iba en otro coche con su hija. Conducía muy rápido y se equivocó de camino, tomó la ruta «panorámica». Intenté alcanzarle para explicarle que se había equivocado de camino pero me resultó imposible.

Tampoco parecía que tuviera el móvil encendido. Como ya íbamos con una hora de retraso, llamé a la oficina del juez de paz para advertirles del retraso. Me dijeron que estaría abierto hasta que llegásemos allí. No es necesario que diga que me sentía muy contrariada y alterada.

Respuesta de Glynis:

Números Personales de su Cuadro

Taren Gubman:	5-8-1956	17857*/4 Actitud
Larree Baglor:	12-3-1946	96638*/6 Actitud
Fecha de la boda:	**6-9-2002**, que se descompone a **6-6-1**	

Hola Taren, gracias por compartir tu historia conmigo. Lo cierto es que la fecha elegida no os ayudó ni a ti ni a tu esposo. En todo caso, sacó a relucir un defecto en vuestra relación, que puede convertirse en una lucha de poder. Tu esposo tiene un 6 doble en su Cuadro. La fecha de tu boda, 6-9-2002, es un 6-6-1. Las Vibraciones 6 y 1 no se llevan bien, sobre todo si se trata de un 6 doble. Los números están enfrentados, y en este caso puso de manifiesto la lucha de poder.

Un día 4 hubiera sido ideal, o una fecha que acaba reducida a 4, porque el 4 se considera compatible con el Trayectoria de la Vida 7 y Trayectoria de la Vida 8. Tenéis 3 Desafíos de 6 Números, y la verdad es que hiciste bien en no adoptar su nombre. Hacerlo no hubiera ayudado a vuestra relación.

El nombre Taren Baglor se desglosa en 4, 1 y 5 –Números completamente Tóxicos para los Números del Nombre de tu esposo: 9, 6 y 6–, y por ello adoptar su nombre no hubiera sido buena idea. La relación requiere una cierta voluntad de compromiso. Lo que tenéis en común es el Número 8, que es necesidad de seguridad económica.

En tu Alma tienes un 1, y cuando llegaste al lugar de la boda, te sentiste saboteada y furiosa. No obstante, estuviste dispuesta a decir: «Sí, quiero». Igual que sucedió en el día de vuestra boda, la relación también requerirá mucho esfuerzo. Asimismo tienes un 7 doble, por lo que debes trabajar el lado espiritual. *Confiar en la presencia de Dios* deber ser algo así como tu mantra personal. Repítelo una y otra vez. Tu esposo también necesita sentir que le respetas, así que al tanto con el lenguaje al hablar con él. Eso significará una diferencia positiva en tu relación y estoy segura que la aceptarás de buena gana.

18

¿Debes adoptar su nombre?

Dos almas con un solo pensamiento,
dos corazones que laten al unísono.

JOHN KEATS

El nombre que adoptas en tu matrimonio tiene el potencial de alterar tu Patrón Numerológico. Mientras que los números procedentes de tu fecha de nacimiento son permanentes y vivirás con ellos toda tu vida, *puedes* cambiar los tres Números que componen la Energía del nombre que utilizas. La clave está en cambiarte el nombre para mejorar, no para perjudicar, tu vida.

En este capítulo nos fijaremos en algunas personas que se casaron y adoptaron el nombre de la pareja, y la relación fue de mal de peor. También incluiremos un ejemplo en que adoptar el nombre del prometido fue todo un éxito.

Digamos que sales con alguien, y que al elaborar el Cuadro Numerológico os lleváis una sorpresa: tenéis una Conexión de Alma Gemela. Entonces decidís casaros y quieres cambiarte el apellido. ¡No tan deprisa! Si no sabes lo que haces, puedes perder esa intensa conexión numérica de la que has disfrutado mientras salíais, o incluso podrías crear algunos Desafíos entre vosotros a través de las Vibraciones alteradas de un nuevo nombre. Si eso es lo que sucedería en caso de adoptar el nombre de casada, ¡no lo hagas!

Lo bueno de ello es que vivimos en unos tiempos en que no es necesario que una mujer adopte el apellido del marido. De hecho, el marido de mi hermana adoptó el apellido de ésta. Fue él quien abandonó su apellido, porque era el de su padrastro y porque se sentía muy orgulloso de casarse con mi hermana. Amaba realmente a nuestra familia. Aquí lo importante es saber si disponemos de opciones. Algunas parejas incluso crean un apellido nuevo cambiando partes de sus apellidos.

Es importante elegir un apellido que cuente con la Energía adecuada para ambos integrantes de la pareja. Tal vez estés comprometida o pensando en casarte, y te preguntes: «¿Debería cambiarme el apellido?», o si estás casada y adoptaste el apellido, y la relación fue mal, tal vez te preguntes si debieras volver a tu apellido de soltera. «Cuando me casé con ella, cambió por completo», es algo que puede resultar totalmente cierto y ahora ya sabes por qué. Este capítulo te enseñará a descomponer tu apellido de soltera y a comprobar si un cambio de apellido ayudará o perjudicará a la relación.

Algunos ejemplos:

Este capítulo ilustrará el poder implícito en un cambio de nombre y en cómo afectará a la vida amorosa. Puedes utilizar esos ejemplos para ayudarte a decidir si deberías adoptar el apellido de tu pareja, o si mantener un apellido de un matrimonio anterior, o decidir si debieras recuperar tu apellido de soltera.

PAMELA ANDERSON Y TOMMY LEE

Nombre de soltera: Pamela Anderson   12314*/8 Actitud
Nombre de casada: Pamela Anderson Lee   25714*/8 Actitud
Fecha de nacimiento de Pamela: 1-7-1967
Nombre del ex marido: Tommy Lee   54934*/4 Actitud
Fecha de nacimiento de Tommy: 3-10-1962

Cuadro Comparativo que utiliza el Nombre se Soltera de Pam, Pamela Anderson:

CUADRO COMPARATIVO	Números de Pam	Números de Tommy	Conexión numérica
NÚMERO DEL ALMA	1	5	Pareja Natural
NÚMERO DE LA PERSONALIDAD	2	4	Pareja Natural
NÚMERO DEL PODER DEL NOMBRE	3	9	Pareja Natural
DÍA DE NACIMIENTO	1	3	Compatible
TRAYECTORIA DE LA VIDA	4	4	Pareja Natural
NÚMERO DE LA ACTITUD	8	4	Pareja Natural

Cuadro Comparativo que utiliza el Nombre se Soltera de Pam, Pamela Anderson Lee:

CUADRO COMPARATIVO	Números de Pam	Números de Tommy	Conexión numérica
NÚMERO DEL ALMA	2	5	Desafío
NÚMERO DE LA PERSONALIDAD	5	4	Desafío
NÚMERO DEL PODER DEL NOMBRE	7	9	Desafío
DÍA DE NACIMIENTO	1	3	Compatible
TRAYECTORIA DE LA VIDA	4	4	Pareja Natural
NÚMERO DE LA ACTITUD	8	4	Pareja Natural

Pamela Anderson es uno de mis ejemplos favoritos de alguien que ha cambiado su nombre con malos resultados. Se casó con Tommy Lee y pasó a ser Pamela Anderson Lee. El nombre de Pamela Anderson se desglosa en 1, 2 y 3, una maravillosa Combinación Numérica que puede resultar muy positiva. El 1 es el Número del Alma, y esa Vibración tiene que ver con la ambición y te ayuda a esforzarte para dar lo mejor de ti misma El Número de la Personalidad es el 2, que trata de amor y romance. El 2 es una energía amorosa. El 3 es el de la expresión, grandes sonrisas, ojos enormes, risas, comunicación, todo muy bien.

Cuando Pamela adoptó el apellido de Tommy Lee, fue como si ella fuese el sol y apareciese un nubarrón negrísimo para taparlo. Adoptó un Número del Alma 2, un Número de la Personalidad 5, y un Número del Poder del Nombre 7, todos ellos Números de Desafío para el apellido de Tommy Lee, y por lo tanto malos para el matrimonio. El lado Negativo de las Vibraciones 5 y 7 es escapar a través de adicciones dañinas. Pamela dijo que cuando se casó con Tommy lee, empezó a beber y a salir de juerga más que nunca. La Vibración 5 puede aportar dramatismo a tu vida, y el escenario subsiguiente es el tipo de drama que a nadie le gusta. La historia trata de cuando se estaban tatuando. El tatuador preguntó: «¿Alguno de los dos tiene hepatitis C o alguna otra cosa?», y Tommy Lee contestó: «No», pero en realidad se sentía demasiado avergonzado como para admitir que sí, y no quería que Pamela se enterase. El resultado es que ella contrajo la hepatitis C a través de la aguja compartida, y pasaría mucho tiempo antes de que pudiera recuperar una pequeña parte de su anterior buena salud.

En el matrimonio también hubo violencia física, una violencia que en cierto momento, le envió a él a la cárcel. Es muy probable que teniendo ella una sensible Vibración 2 como Número del Alma, vertiese muchas lágrimas en su matrimonio. Cuando Pamela decidió que ya era suficiente, y se divorció de él, recuperó su nombre original.

Al hacerlo, su carisma volvió a hacerse patente. Se trata de un ejemplo estelar de cómo los Números del Nombre Personal provocan una diferencia en la vida de una persona. Al recuperar su nombre original, regresaron todos esos Números de Pareja Natural que compartieron antes de casarse. Eso explica el que a pesar de todos los amores que tuvieron después, acabarían regresando juntos.

Otra razón para ello es que ambos son Trayectoria de la Vida 4 y los Trayectoria de la Vida 4 son soldados del amor. Si se comprometen, ha de ser para siempre. Cuando hay niños de por medio, esa necesidad de compromiso es incluso mayor. Todavía tienen relación, pero Pamela Anderson ha vuelto a ser ella misma. Creo que siempre amará a Tommy Lee, pero pase lo que pase, nunca más deberá adoptar el nombre de Pamela Anderson Lee.

HISTORIA DE UNA CLIENTE

Jan escribe:

Hola Glynis, me acabo de comprometer con Dan. Nos hemos estado viendo durante un par de años, y estamos listos para dar el gran paso, pero no estoy segura de si debería mantener mi nombre de soltera, o adoptar su apellido. Por favor, comunícame tu opinión.

Me gustaría poner un guión a mi apellido, o bien dejarlo, dependiendo de lo que te parezca.

Nombre de soltera: Jan Thommas   87664*/6 Actitud
Nombre potencial de casada: Jan Smith   13464*/6 Actitud
Fecha de nacimiento de Jan: 24-9-1978
Nombre del prometido: Dan Smith   16764*/8 Actitud
Fecha de nacimiento de Dan: 6-2-1976

Cuadro Comparativo que utiliza el Nombre de Soltera de Jan:

CUADRO COMPARATIVO	Números de Jan	Números de Dan	Conexión numérica
NÚMERO DEL ALMA	8	1	Neutral
NÚMERO DE LA PERSONALIDAD	7	6	Desafío
NÚMERO DEL PODER DEL NOMBRE	6	7	Desafío
DÍA DE NACIMIENTO	6	6	Pareja Natural
TRAYECTORIA DE LA VIDA	4	4	Pareja Natural
NÚMERO DE LA ACTITUD	6	8	Compatible

Cuadro Comparativo si Jan cambiase su nombre a Jan Smith:

CUADRO COMPARATIVO	Números de Jan	Números de Dan	Conexión numérica
NÚMERO DEL ALMA	1	1	Pareja Natural
NÚMERO DE LA PERSONALIDAD	3	6	Pareja Natural
NÚMERO DEL PODER DEL NOMBRE	4	7	Compatible
DÍA DE NACIMIENTO	6	6	Pareja Natural
TRAYECTORIA DE LA VIDA	4	4	Pareja Natural
NÚMERO DE LA ACTITUD	6	8	Compatible

Respuesta de Glynis:

Hola Jan:

Me alegré mucho cuando vi vuestro Cuadro. Ambos formáis una pareja impresionante. Tú naciste el 24-9-1978, lo que hace que seas un Número de la Fecha de Nacimiento 6, Trayectoria de la Vida 4 y un Actitud 6. Dan nació el 6-2-1976, y eso lo convierte en Número de la Fecha de Nacimiento 6, Trayectoria de la Vida 4 y una Actitud 8. Esos tres números se consideran Compatible, Pareja Natural y Pareja Natural. Así que estoy realmente emocionada con vuestros Números de Nacimiento porque esos números tienen la influencia mayor sobre vosotros como pareja y no pueden cambiar.

Respeto a tu nombre de soltera, Jan Thommas, tiene un Número Neutro y dos Números de Desafío al compararlos con el nombre Dan Smith. No obstante, si adoptas su apellido y abandonas el tuyo, convirtiéndote en Jan Smith, tus tres Números del nombre serán Pareja Natural, Pareja Natural y Compatible. Hacerlo te permitirá descartar cualquier elemento Tóxico de tu relación. ¿Qué te parece? Eres un ejemplo estupendo acerca de alguien que acierta al cambiar su nombre.

También compartís el Número 6. El 6 es el número paternal, así que si decidís ser padres, vuestros hijos tendrán mucha suerte.

Vuestro Trayectoria de la Vida 4 mutuo significa que comprendéis qué es lo que cada uno de vosotros quiere de cara al futuro. ¡Será estupendo!

Ahora un ejemplo de un cambio de nombre que *no* sería beneficioso.

HISTORIA DE COLLEEN

Colleen escribe:
He recuperado mi nombre de soltera, Colleen Thompson. Cuando me casé, hace un par de años, cambié mi nombre por Colleen Stansel, y nuestras vidas se vinieron abajo. Sentí un estrés tan enorme en mi vida que casi me da un ataque de nervios. Nos divorciamos hace poco y mi vida vuelve a ser estupenda. El estrés ha desaparecido, y mi ex y yo nos llevamos bien. No es que vaya a volver a casarme con él ni ninguna tontería por el estilo. ¿Realmente fue mi nombre de casada la causa de toda esta confusión?

Nombre de soltera: Colleen Thompson   15631*/6 Actitud
Nombre potencial de casada: Colleen Stansel   48331*/6 Actitud
Fecha de nacimiento de Colleen: 21-12-1966
Nombre del ex marido: Jerry Stansel   94494*/1 Actitud
Fecha de nacimiento de Jerry: 9-1-1947

Cuadro Comparativo que utiliza el nombre de soltera de Colleen:

CUADRO COMPARATIVO	Números de Colleen	Números de Jerry	Conexión numérica
NÚMERO DEL ALMA	1	9	Compatible
NÚMERO DE LA PERSONALIDAD	5	4	Desafío
NÚMERO DEL PODER DEL NOMBRE	6	4	Compatible
DÍA DE NACIMIENTO	3	9	Pareja Natural
TRAYECTORIA DE LA VIDA	1	4	Desafío
NÚMERO DE LA ACTITUD	6	1	Desafío

Cuadro Comparativo con Colleen adoptando el nombre de Jerry:

CUADRO COMPARATIVO	Números de Colleen	Números de Jerry	Conexión numérica
NÚMERO DEL ALMA	4	9	Desafío
NÚMERO DE LA PERSONALIDAD	8	4	Pareja Natural
NÚMERO DEL PODER DEL NOMBRE	3	4	Desafñio
DÍA DE NACIMIENTO	3	9	Pareja Natural
TRAYECTORIA DE LA VIDA	1	4	Desafío
NÚMERO DE LA ACTITUD	6	1	Desafío

Respuesta de Glynis:

Hola Colleen:

De haberme llamado antes de casarte te hubiera mirado los Números y te habría dicho: «No adoptes ese nombre». Incluso con tu nombre de soltera, Colleen Thompson, en tu Cuadro Comparativo aparecen tres Desafíos, lo que significa que la relación siempre hubiera costado. Pero no obstante, sería posible capear la tormenta. Cuando adoptaste el apellido de Jerry, también te cargaste con cuatro Números de Desafío. Tal y como he explicado en el Capítulo 3, cuando tienes tres o cuatro Desafíos, has de decirte a ti misma: «¿Vale la pena?». La relación puede ser increíblemente difícil, que es exactamente lo que me dio a entender tu corta nota.

Una de las razones por las que hallaste tanta dificultad fue el resultado de tu energía más ligera. En tu Alma tienes un 1, compatible con tu Trayectoria de la Vida 1. Hace que sigas adelante. Tienes un 5 que le da emoción a tu vida y un 6 que te da cualidades maternales. No mencionas si tenéis hijos, pero a juzgar por el 6 doble, es posible que sí. Tal vez esa sea una de las razones por las que formaste pareja con Jerry.

Cuando miro sus seis números, veo enseguida todos los 4 en su Patrón Numerológico y pienso que debe ser alguien muy constante, no necesariamente alguien que pueda mantenerse a la altura de tu energía o que sepa cómo divertirse como tú. Cuando adoptas su apellido, te llevas el 4 y el 8, que son Vibraciones muy intensas en Numerología, en las que el dinero puede representar un problema. Así que tal vez la economía se puso fea para vosotros como pareja.

La cuestión es, que nunca te habría sugerido que adoptases su apellido. Ahora que te has divorciado y has recuperado el nombre que utilizabas antes, no me sorprende que volváis a llevaros bien, como cuando erais novios.

En realidad, tienes dos desafíos en tus Números de nacimiento, los números que salen de la fecha de nacimiento y que nunca cambiarán. Sólo hay una Pareja Natural, que corresponde al día que nacisteis. No es una relación ideal para casarse. Pero resulta interesante que digas: «Nos divorciamos hace poco y mi vida vuelve a ser estupenda». Antes de casaros erais más felices que tras hacerlo, y esos 1 y 5 de tu Patrón Numerológico me dicen que el control de los sentimientos o carecer de la libertad de la que normalmente gozas, puede hacer que te sientas asfixiada. No creo que fuese la intención de Jerry, pero no me sorprendería que así lo sintieras en el matrimonio. Sois un gran ejemplo no sólo de haber mantenido una relación que no era ideal, sino de que al casaros y adoptar el apellido, empeorase todavía más.

ADOPTAR UN NÚMERO

Adoptar el nombre de alguien tiene que ver con Vibraciones. Así que la cuestión es si adoptar el nombre mejorará o empeorará las cosas. Y si estás dispuesta a aceptar los cambios que las Vibraciones te causarán como persona.

Por ejemplo, si adoptas el apellido de tu marido y en tu Patrón Numerológico aparece un 6 que no estaba antes, ¿qué efecto tendrá? El 6 puede animarte a tener familia, así que deberías preguntarte: «¿De verdad quiero familia? ¿Me estoy casando para tener un hijo?». Si la respuesta es positiva, deberás adoptar el nombre que te proporciona un 6. Si no, ¡piénsate mucho lo de adoptar el apellido!

Fijémonos ahora en cada Vibración potencial que pudieras aceptar si cambias tu nombre debido a una relación. La regla general es que si ese nuevo nombre te carga con más números de Desafío con tu pareja de los que tenías con tu nombre anterior, lo más conveniente es no cambiarse de nombre.

ADOPTAR UNA VIBRACIÓN 1

Puede que descubras que antes del matrimonio no te sentías muy motivada y ahora sí. Es porque ha aparecido un 1 en tu Cuadro. Si contar con más energía sería algo que beneficiaría tu matrimonio, entonces adelante.

ADOPTAR UNA VIBRACIÓN 2

La 2 trata de amor y conexión, y puede ser estupendo en una pareja. Si ya tienes una Vibración 2 en tu Cuadro, adoptar otra puede hacer que te sientas demasiado dependiente de tu pareja.

Adoptar una Vibración 3

Esta Vibración añadirá diversión y facilidad para conversar. El 3 es una muy buena Vibración para entenderse entre sí. Sin embargo, si tu pareja es 4 o 7 y le gusta la tranquilidad, habérselas con el 3 puede provocar frustración en la relación porque el 3 siempre tiene algo que decir.

Adoptar una Vibración 4

Una Vibración 4 significa sentar la cabeza juntos contando con una sólida base. Suele ser bueno para la relación. La pega es que el 4 es bastante terco.

Adoptar una Vibración 5

El 5 significa que va a existir aventura y emoción. Si ahora mantienes una relación suave, y te gusta así, tal vez no te interese adoptar esta Vibración.

Adoptar una Vibración 6

El 6 posee una Vibración parental. Si tener hijos es una parte importante de porqué os casasteis, entonces este es un buen Número que te ayudará a ser una madre responsable. Si la persona con la que te casas ya tiene hijos, adoptar el 6 puede ayudarte a responsabilizarte de ese hijo.

Adoptar una Vibración 7

El 7 es el número que abraza la espiritualidad. ¿Trabajaríais juntos en tu fe con esa persona con la que te casarás? Al 7 también le gusta tener tiempo para estar a solas. Pregúntate si sería de ayuda para la relación que mantienes, sobre todo si sois una pareja a la que siempre les gusta estar juntos.

Adoptar una Vibración 8

El 8 tiene que ver con el dinero. ¿Te preocupa mucho el dinero? Si no eres buena con la economía, entonces tal vez pudieras no querer la Vibración 8 porque es una de sus lecciones. El 8 también puede implicar otras difíciles lecciones. Así que a menos que te proporcione una conexión de Pareja Natural o de Número Compatible con tu pareja, no la adoptes.

ADOPTAR UNA VIBRACIÓN 9

El 9 tiene que ver con dirigir a otros para crear una diferencia positiva. Pero si adoptas un 9 que antes no aparecía en tu nombre, podrías de repente verte obligada a escarbar en tu pasado, algo que puede provocar que reaparezcan viejas cicatrices emocionales que deberías resolver. Así que adopta el 9 sólo si es una Pareja Natural o Número Compatible con el apellido que adoptes de tu marido.

19

Casas, apartamentos y hoteles: ¿puede un número sobre una puerta arruinar una relación?

Allí donde amamos está nuestro hogar,
que tal vez nuestros pies abandonen,
pero no nuestros corazones.

OLIVER WENDELL HOLMES

Es curioso cómo la Vibración del Número que aparece en la puerta puede hacer una diferencia en tu vida. Me ha ocurrido al viajar. Un hotel que reservé me ofreció una habitación que daba 5. El número era el $509 = 5+0+9 = \mathbf{14} = 1+4 = 5$. Pensé: «Bueno, aunque un cinco puede alentar el drama y la emoción, puedo manejarlo». Así que me llevaron a la habitación, y pongo a Dios por testigo, que ¡en la alfombra había un charco de sangre seca! No hace falta que mencione que les pedí otra habitación.

En otra ocasión me ofrecieron una habitación de hotel que daba el Número 8. El 8 puede ser un Desafío para mi Trayectoria de la Vida 3, así que me tuvo un poco preocupada, pero decidí aceptarla. Se oía el tráfico toda la noche y no pude dormir.

Me reí para mí misma, pensando: «Otra vez». A la mañana siguiente me trasladé a una habitación con un Número Compatible para mí en la puerta, y todo fue bien.

Cuando viajas con compañía es necesario que te asegures de que el número de la puerta os conviene como pareja. Considera el propósito de tu viaje y decide si el Número de la puerta puede ayudarte a lograr ese objetivo. Cuando mi esposo y yo nos vamos de vacaciones, me aseguro que la habitación acabe dando un Número 2. El 2 representa amor e intimidad, tanto física como romántica. Los otros números que fomentan esa sensación amatoria son los Números 6 y 9. Me he dado cuenta que si estoy en una habitación que es un Número de Desafío, acabamos no relacionándonos muy bien y podemos incluso acabar teniendo algún tipo de tonta discusión. Me ha pasado las veces suficientes como para saberlo: *el Número de la puerta implica una diferencia.*

DESCRIPCIONES DE NÚMEROS EN LAS PUERTAS

Si vais de viaje juntos, aseguraros de que los Números de vuestras habitaciones os dirigirán a una estancia feliz y divertida para ambos. Estos son los desgloses básicos:

HABITACIÓN NÚMERO 1

Si vais juntos en un viaje de negocios, y cada uno de vosotros tiene citas y objetivos diferentes, el Número 1 reforzará vuestra independencia. Si vais juntos de viaje y cada uno tenéis que hacer vuestras cosas –digamos, por ejemplo que uno ha de acudir a una reunión y el otro va a una exposición– entonces el 1 es estupendo. Podéis aceptar y estar en la habitación, porque el 1 no trata de idilio.

HABITACIÓN NÚMERO 2

El Número 2 está relacionado con estar conectados y relación física. Es el número perfecto para la luna de miel, o una segunda luna de miel, o un fin de semana romántico lejos de los niños y el trabajo.

HABITACIÓN NÚMERO 3

Esta es una habitación para divertirse, socializar, compartir risas y expresar tu lado juguetón. Un buen número para toda la familia. Si tú y tu pareja no os habéis comunicado últimamente, esta Vibración os ayudará a volver a hacerlo.

HABITACIÓN NÚMERO 4

El Número 4 tiene que ver con aprender. Tal vez visites museos o asistas a conferencias. O tal vez se trate de un viaje relacionado con la familia. El Número 4 tiene que ver también con la familia, así que es un número estupendo si la familia va contigo. Si necesitas asistir a un congreso para aprender algo, entonces la Habitación 4 es un sitio perfecto para repasar la información implicada.

HABITACIÓN NÚMERO 5

El Número 5 significa no aburrirse nunca y estar siempre muy ocupado. Decide si eso es lo que quieres. El 5 también puede reportar un caos no deseado. Sin embargo, si tú y tu pareja os aburrís y queréis añadir sabor a vuestra vida sexual, entonces la Habitación 5 puede ayudaros en el empeño.

HABITACIÓN NÚMERO 6

La Habitación Número 6 debería desprender una cómoda sensación. Si has intentado quedarte embarazada, ocupar la habitación 6 podría convertirse en tu número de la suerte para concebir. La 6 también es una Vibración intensa para reuniones de negocios, permitiéndote estar al mando de la situación.

Habitación Número 7

La Habitación Número 7 alienta los momentos serenos, es un lugar donde reflexionar sobre tu vida. Así que tal vez ambos os sintáis cercanos y os relajéis, porque cuando estáis en casa os apretáis demasiado. Ahora finalmente vais de viaje y podéis descansar serenamente en brazos del otro. Tal vez confeccionéis una lista de cosas que pueden mejorar vuestra vida en común. Y también podréis quizá volver a sintonizar entre vosotros.

Habitación Número 8

La Habitación Número 8 es cuestión de negocios. A veces debes realizar un viaje de negocios y quieres que tu pareja te acompañe. No es fácil combinar negocios y placer, y habrás de decidir cuál acaba ganando. Si el 8 es una Vibración compatible con vuestros Números Trayectoria de la Vida, entonces puede ser la habitación perfecta para vosotros como pareja.

Habitación Número 9

El 9 es el Número en el que todo el mundo se siente bienvenido. Un gran número para una reunión familiar. También, si pasas por problemas familiares, pasar un tiempo en una habitación 9 puede ayudar a resolver conflictos.

Elegir la habitación perfecta

Te interesa asegurarte de que el número de habitación de hotel que eliges es compatible o que concuerda de manera natural con una o ambas de vuestras Trayectorias de la Vida.

Mi esposo es Trayectoria de la Vida 4, y yo soy Trayectoria de la Vida 3, lo cual representa un desafío para nosotros como pareja. Pero resulta que los dos Números que se consideran compatibles para los dos son el Número 2 y el Número 6. Así que a menudo elijo una habitación que tenga alguno de esos

Números cuando viajamos juntos como pareja. Si tus Números de la Trayectoria de la Vida son un Desafío, intenta descubrir la Vibración que es Compatible para ambos. Ten en cuenta estas definiciones básicas.

Pudieras encontrarte en una situación en la que verdaderamente no puedes cambiar de habitación. Imaginemos que tu empresa te ha reservado habitación en un hotel y resulta que es la única que queda libre. No pasa nada. La madre de una clienta estaba en una habitación de hospital que daba 8. A mí me preocupaba porque sé que la vibración negativa del 8 puede resultar en que alguien sea víctima. Ella también estaba preocupada porque su madre no se recuperaba.

Mi clienta puso el Número 3 en la parte de dentro de la habitación de su madre. La Vibración de la habitación era ahora un 2 ($8+3 = 11 = 1+1 = 2$). En una semana y media, su madre se recuperó con mayor rapidez de la esperada. Así que lleva unos cuantos números contigo; pueden ser magnéticos o incluso hechos con cinta; puedes pegar un número magnético o disponer de algo de cinta que puedas utilizar para crear un número. Algunas personas incluso utilizan esmalte de uñas para pintar el Número en la puerta. Hagas lo que hagas, alterar la Energía puede reportar resultados positivos.

ENERGÍA EN EL HOGAR Y LOS APARTAMENTOS

Es de sentido común pensar que la Vibración que eliges para tu casa, o apartamento permanente, será de vital importancia.

Estas son las Vibraciones.

Recuerda el significado básico de los Números al elegir el de tu casa.

– El 1 fomenta la independencia.
– El 2 alienta el amor.

- El 3 anima la conversación.
- El 4 es la casa de estudio y crea seguridad.
- El 5 puede ser caótico, pero proporciona emociones sin fin.
- El 6 es una Energía casera que habla de familia.
- El 7 tiene que ver con la espiritualidad y una casa de estudio.
- El 8 es para la gestión económica, y aprender a escuchar lo que los demás tienen que decir.
- El 9 es donde todo el mundo es bienvenido, y donde aprendes a perdonar las transgresiones pasadas de miembros de la familia.

Si estáis casados, el Número 1 en la casa puede ser un problema, porque os animará a que cada uno vaya a lo suyo y a no trabajar en equipo. He observado eso cuando las mujeres se divorcian, a menudo se mudan inconscientemente a un apartamento o casa Número 1, de manera que puedan ser por sí mismas y afirmar su independencia.

Cuando están listas para volver a amar, les aconsejo que alteren el Número en la puerta cambiando a uno que posea la Vibración para la que ahora están dispuestas. Siempre tienes una opción. Puedes comprobar la dirección de tu casa ahora mismo y darte cuenta de que tu casa es un 7, el hogar de un solitario, así como una casa de estudio y espiritualidad. Tal vez, mientras vives ahí, no has encontrado a nadie que forme parte de tu vida. En ese caso, no tienes más que cambiar el número. Repasa la lista de números Compatibles, Parejas Naturales o de Desafío para tu Trayectoria de la Vida tal y como aparecen descritos en el Capítulo 3 y toma la decisión adecuada por ti misma.

MEJORAR LA VIBRACIÓN DE TU HOGAR

En mis estudios me he dado cuenta de que las direcciones de esos grandes complejos de apartamentos sobre todo para solteros acostumbran a sumar 5. Imagina que el número de la calle es el 500, que queda reducido a 5 (5+0+0 = 5). El 5 es diversión y juegos, que parecen formar parte de esa manera de vivir y no representan un problema. Pero tal vez vosotros sois una pareja con hijos y vivís en una casa de 5. Estáis en un mundo un poco loco, caótico y descontrolado. Así es como podéis mitigar la Vibración: poned un Número 6 en la parte de dentro de vuestra puerta (5+6 = 11 = 1+1 = 2). La Vibración 2, armoniosa y cariñosa deberá lograrlo.

Uno de mis hermanos tiene una casa que era demasiado para él. La dirección era el 800 de una calle, que se reduce a un 8 (8+0+0 = 8). Parecía tener siempre problemas de dinero, así que alteró la Vibración colocando un número 4 en la parte de dentro de la puerta, y entonces se convirtió en una casa de 3 (8+4 = 12 = 1+2 = 3). La Vibración de la casa se aligeró de inmediato, y pudo encontrar el trabajo que antes le había esquivado. Todo el mundo que llegó a su casa notó la diferencia.

Otra cliente vivía en una casita en la parte de atrás de su propiedad, lo que también es coherente con la Vibración 8. El dinero no era ningún problema (recuerda que el lado Positivo de esta Vibración invita a la seguridad económica.). Era Trayectoria de la Vida 2, compatible con el 8, sin embargo, en cuanto entraba por la puerta se sentía inmediatamente sola. Le sugerí que pusiese un 3 (8+3 = 11 = 1+1 = 2) detrás de la puerta, lo que cambió la casa a una Vibración 2. La sensación de soledad se desvaneció casi inmediatamente. Estaba tan emocionada que me llamó pocos días más tarde para contármelo. Por otra parte, no se niega el lado Positivo de la Vibración 8. Recuerda, la Numerología es como una cebolla –tiene muchas capas– de manera que ahora esta mujer disfruta de las ventajas de ambas Vibraciones.

Tanto si se trata de la Vibración de una casa, apartamento u hotel, tengamos sobre la puerta el número que tengamos, afectará de alguna manera a tu vida. Has de decidir qué quieres hacer con esa Energía. Pregúntate a ti mismo: «¿Soy realmente feliz aquí?». Si estás solo y vives en una casa de 1, 5 o 7, has de saber que se trata de números que te animan a ser tú mismo; así que si lo deseas, puedes alterar el número. Todo se reduce a hacer unas operaciones muy sencillas.

Puedes elegir un número para tu casa en Ikea o en cualquier ferretería de tu barrio. Coloca el número en la parte interior de la puerta y cambiarás la Vibración. Algunas personas sienten el cambio de ambiente inmediatamente; otras experimentan el cambio al cabo de unas semanas.

Cuando Charlie y yo nos trasladamos a nuestra casa nueva, el número era 556, que se desglosa en 7 ($5+5+6 = 16 = 6+1 = 7$). La razón por la que me sentí atraída a ella es porque nací en 421 Jade Cove Way ($4+2+1 = 7$). Así que la Vibración me hacía sentir como en casa. El 7 también se considera el Número Espiritual, de modo que también fue una razón que me atrajo. Años antes, cuando me fui de casa de mis padres, viví en un apartamento Número 7. Mi siguiente apartamento también fue un 7. Eso me hizo pensar: «Qué interesante; vaya donde vaya, acabo en una Casa de 7». Conozco y me encanta la energía, pero ahora que estoy casada, prefería sentirme conectada a mi marido todo lo posible.

Mi nueva casa con Charlie era bastante grande y yo me sentía separada de él. Así que coloqué los Números 3 y 1 por dentro de la puerta. Elegí esos Números porque suman 4 (no es que el Número 4 me gustase en esa puerta porque es un Desafío para mí). Con el 3 y un 1 por dentro de la puerta, esos números se añadían al 7 ya presente: $1+3+7 = 11 = 1+1 = 2$. Mi casa de 7 se convirtió en una casa 2. La casa de 2 representa amor y armonía, tener a alguien con quien comprometerse. De repente, la casa no parecía tan grande. Podía sentir a mi esposo en cada habitación.

Si pasas por dificultades en tu relación, descubre qué Número es el mejor para la pareja y utiliza las más simples de las matemáticas para elegir el otro Número que alterará la energía de tu hogar. O si estás soltera, puedes poner una Vibración en la puerta para atraer el amor a tu vida. ¡Funciona!

20

Ciclos anuales personales: eso también pasará

La armonía es puro amor,
pues el amor es un concierto.

LOPE DE VEGA

De vez en cuando un cliente o clienta me expresa lo frustrado que se ha sentido recientemente con su pareja, preguntándose incluso si el matrimonio debería continuar. Cuando escucho algo así, inmediatamente compruebo los Ciclos Anuales Personales de los dos, porque existen muchas probabilidades de que hayan entrado en conflicto.

DESCUBRIR EL CICLO ANUAL PERSONAL

Para descubrir tu Ciclo Anual Personal, toma el día y el mes, y redúcelos a un dígito. Luego añade el Número Mundial, que es el año reducido a un dígito.

Utilicemos 2009 como ejemplo.

Reducimos el año a un dígito para descubrir el Número Mundial: $2+0+0+9 = 11; 1+1 = 2$. El Número Mundial es 2

Digamos que naciste el 2 de enero. Reduce el día y el mes a un dígito: $2+1 = 3$

Añade a eso el Número Mundial 2: $2+3 = 5$.

Así pues, estarás en el Ciclo Anual Personal del 5.

Ahora, vayamos a por el Ciclo Anual Personal de tu pareja.

Digamos que él o ella nació el 8 de diciembre: $8+1+2 = 11 = 1+1 = 2$.

Añade a eso el Número Mundial: $2+2 = 4$.

En Numerología el 4 y 5 se consideran un Desafío. Como descubrirás más adelante en este mismo capítulo, el Ciclo 5 significa que la vida va muy deprisa y parece estar fuera de control. Resulta difícil saber si tu vida es lo que quieres que sea. De repente, nada parece adecuado, aunque lo pareciese antes. Tu pareja está en el Ciclo del 4 puede preocuparse por la casa y la familia, pero como tú estás en el Ciclo del 5, parece que nada marcha como debería ser.

Cuando te hace una pregunta, te pones a la defensiva. Sientes que tu pareja del Ciclo Anual Personal 4 te controla. Esas incómodas sensaciones suceden porque estáis en Ciclos Anuales Personales que son Tóxicos entre sí.

Como resultado, alguien en el Ciclo Anual Personal de 5 debe sentir que quieren que su relación acabe. Desanimo a la gente a que abandone su relación mientras están en un Ciclo Anual Personal del 5. Les animo a esperar un año y ver qué sucede al siguiente. Al cabo de ese tiempo pudieras encontrarte en el ciclo personal 6 y decir: «Vaya, gracias a Dios que se acabó», porque la manera en que sentías tu vida estaba distorsionada por el Ciclo Anual Personal en que estabas.

Descripciones de ciclos anuales personales

A continuación doy unas breves descripciones de cada Ciclo Anual Personal, para que te hagas una idea de en qué Ciclo Anual estáis tú y tu pareja en la actualidad y qué podéis esperar de ellos. Tras las descripciones explicaré algunos de los Ciclos de Desafío más difíciles, dando sugerencias sobre cómo lidiar con ellos cuando tú y tu pareja os halláis inmersos en uno. Has de saber que es algo temporal, y que el conocimiento es poder. Sabiendo que estáis en Ciclos Anuales Personales que chocan, no os lo tenéis que tomar a la tremenda. Una vez que pase ese año, os daréis cuenta de que estaréis mucho mejor como pareja.

Ciclo Anual Personal del 1

Si la persona que te interesa está en un Ciclo Anual Personal 1, descubrirás que está realmente concentrada en lograr sus metas y en buscar el éxito personal. Podéis sentiros algo desconectados como pareja, porque tu compañero o compañera no parece, en este momento, concentrarse mucho en ti o en la relación. Se trata de algo temporal, un Ciclo donde deberás fijarte en todas las cosas que pueden mejorar en su vida. Al hacerse consciente de ello, no se lo tomará a pecho. No es nada personal. Anímale a hacer cosas que le ayude a sentir que está lográndolo. Debe iniciar un programa de ejercicios, bien en un gimnasio o en un lugar de su propia elección. Proporciónale libros de autoayuda, de manera que pueda trabajar en su crecimiento espiritual y mental. Puede mejorar sus dietas, poniendo el énfasis en alimentos naturales y buena nutrición. Si fuma, es tiempo de dejar el vicio. Al empezar a tener mejor aspecto y sentirse mejor, estará encantado/a de estar en este Ciclo del 1.

Ciclo Anual Personal del 2

Si la persona que te interesa está en un Ciclo Anual Personal 2, descubrirás que está más sensible de lo normal. Pudiera ponerse a la defensiva o enfadarse, de una manera que hasta entonces desconocías. Como pareja, intenta ser comprensivo. Si te das cuenta de que estás demasiado ocupado con tu propia vida, tómate tiempo para invitarle a cenar o a una escapada de fin de semana. Tu pareja necesita sentirse muy conectada a ti, así que debes intentar poner lo que esté de tu parte para enfilar en la dirección correcta.

Ciclo Anual Personal del 3

Si la persona que te interesa está en un Ciclo Anual Personal 3, va a querer expresarse a sí misma. Puede que estés acostumbrado a una pareja tranquila y reservada, y de repente ves que quiere hablar. Ábrete a eso por el bien de vuestra relación. Has de saber que en este Ciclo necesita expresarse; puede tornarse algo tímido y querer salir más por ahí con sus amigos, o hacerse más sociable. Puede recibir clases o hacer cosas que no estabas acostumbrado a verle hacer. Ten en cuenta que está entrando en contacto con su ser interior. Anímale a seguir adelante.

Ciclo Anual Personal del 4

Si la persona que te interesa está en un Ciclo Anual Personal 4, esta es una época buena para aprender algo nuevo. Puedes ayudarle. Tal vez esté en un trabajo sin futuro. Anímale a asistir a clase para acabar una licenciatura o un curso en el que pueda obtener un certificado mediante el que aumentar sus ingresos.

El Ciclo Anual Personal de 4 trata de interesarse en los ingresos, descubrir maneras de aumentar la seguridad y también de hacer cosas en la naturaleza. Ambos debéis hacer viajes en los que experimentéis la belleza del mundo. En este ciclo, la belleza natural tiene un profundo efecto en una persona. Y os hará bien compartirlo juntos.

Ciclo Anual Personal del 5

Si la persona que te interesa está en un Ciclo Anual Personal 5, puedes percibir que de repente parece dispersa, o no tan centrada como solía estar en el pasado, sobre todo si es una Trayectoria de la Vida organizada, como una Trayectoria de la Vida 4 u 8. Puede que observes que su vida está fuera de control. Comprende que es algo por lo que pasa y que acabará. Si sientes emocionalmente que no conecta contigo, o que parece malinterpretar todo lo que dices, será como si intentas vivir tu vida en medio de un tsunami. Respira hondo y serénate.

Lo más conveniente es que te muestres comprensivo con las personas en un Ciclo Anual Personal del 5, sobre todo si la suya es una Vibración que solía estar al mando. De repente se sienten desamparados, y si puedes hacer algo para ayudar a su autoestima, o para ayudarles a sentirse con más fuerza, es lo mejor que podrás hacer por ellos en este Ciclo. Una cosa excelente sería ir de vacaciones juntos. Que sean tranquilas y románticas. Eso lograría maravillas.

Ciclo Anual Personal del 6

Si la persona que te interesa está en un Ciclo Anual Personal 6, es hora de que esa persona se interese en la familia. Tal vez seas el esposo, y de repente tu mujer dice que quiere quedarse embarazada de todas todas. El Ciclo del 6 incluye la necesidad y el deseo de quedarse embarazada. Si ya tenías en vuestros planes la posibilidad de tener hijos, animaría a la pareja a crear una familia en este Ciclo. Este Ciclo también alienta el deseo de trasladarse. Tal vez no podáis hacerlo por motivos económicos. Pero podéis reformar la cocina o el salón. Se trata de un buen Ciclo para avanzar en la carrera profesional. Si tu pareja está en un Ciclo del 6, anímale a esforzarse por un puesto de dirección o a abrir un negocio. Pon mucha atención a cualquier contrato firmado en el Ciclo Anual Personal del 6.

CICLO ANUAL PERSONAL DEL 7

Si la persona que te interesa está en un Ciclo Anual Personal 7, descubrirás que está más tranquila de lo habitual. Tal vez por lo general sea sociable y guste de hablar con la gente, mientras que ahora lo que quiere es estar a solas. Eso te hace sentir incómodo porque no tienes costumbre. Sé consciente de su Ciclo Anual Personal. Este Ciclo tiene que ver con las preguntas importantes de la vida. Puedes proporcionarle algunos libros de espiritualidad que le ayuden en esta búsqueda, como *El profeta*, de Khalil Gibran, o *Donde hay luz*, de Yogananda. No le obligues a contestarte cuando está tranquilo. Se trata de que consideres que se está tomando cierto tipo de paréntesis. Hacia finales de año se sentirá mejor consigo mismo, porque poseerá más conocimientos sobre el propósito de su vida. El Ciclo Anual Personal del 7 también es buen momento para viajar.

CICLO ANUAL PERSONAL DEL 8

Si la persona que te interesa está en un Ciclo Anual Personal 8, se trata de un buen Ciclo para que se concentre en cuestiones económicas. En los Capítulos 21-22, hay Afirmaciones para las Vibraciones 8. La salud física también puede convertirse en un problema. Convence a tu pareja para que se haga un chequeo. Observa cómo conduce porque en un Año Personal del 8, si no pone atención, es posible que sufra un accidente. Si la persona que amas está en un Ciclo Anual Personal del 8, ayúdala a permanecer atenta a los detalles. Te darás cuenta de que se muestra más directa que antes, un poco descarada, pero no tienes por qué contestar. El Ciclo Anual Personal de 8 pudiera causarle cierta frustración. Esto pasará. Con la actitud correcta, en este ciclo pudieran suceder cosas muy positivas.

CICLO ANUAL PERSONAL DEL 9

Si la persona que te interesa está en un Ciclo Anual Personal 9, podrías observar que se involucra más con su familia original y que echa de menos a un hermano, una hermana, a la madre o el padre. Durante este ciclo, pudiera verse procesando el pasado de una manera que no estás acostumbrado. Muéstrate comprensivo y ayúdale a pasar por ello implicándole en su familia actual.

También pudiera pensar sobre vuestra unión y preguntarse qué podríais hacer para mejorarla. Pudiera dar la impresión de que disecciona lo que cada uno significáis para el otro.

Si resulta que trabajas demasiado, o estás casada y demasiado concentrada en los hijos, te sugiero que bajes el ritmo, porque el Año personal del 9 trata de abrir espacio de cara a un nuevo principio. No querrás que la persona que está en el Ciclo 9 sienta que no formas parte del nuevo comienzo. Ayudándole a pasar por esta época de evaluación emocional, se sentirá muy agradecido. Cuando pase al siguiente Ciclo, habréis salido más reforzados como pareja y os sentiréis en una relación más comprometida.

ALGUNOS CICLOS DESAFIANTES

Hay ciertos Ciclos Anuales Personales que parecen mantener una relación inestable. Es muy posible que tú y tu pareja nunca os hayáis enfrentado a esos desafíos juntos. Todo depende de vuestras fechas de nacimiento. Sin embargo, esos ciclos de desafío pudieran afectar a una amistad o familiar, y tú podrías ayudarles a examinar los problemas de relación a los que se enfrentan. He conocido a personas que han abandonado una relación porque pasaban por un Ciclo Anual Personal Tóxico, para luego arrepentirse de su decisión al año siguiente. Si ambos estáis en un Ciclo que no os apasiona, recordad, como siempre, *que eso también pasará.*

Algunas parejas cuentan con un día y mes que se reducen al mismo número. En general, es buena cosa, porque significa que pasáis por el mismo ciclo al mismo tiempo. Por ejemplo:

una pareja nacida un 4-1 (4+1= 5) y un 3-2 (3+2 = 5) compartirán el mismo Ciclo Anual Personal. Sin embargo, hay tres Ciclos Anuales Personales, en particular, que pueden ser difíciles mientras los pasáis juntos. Son: 1, 5 y 8. Estudiad las descripciones de esos Ciclos Anuales Personales, y haced lo posible para evitar su lado Negativo. Si ponéis atención a esos ciclos cuando los atravesáis juntos, saldréis de ellos con una relación intacta y más fuerte que nunca.

Esta es una lista de otros Ciclos Anuales Personales que pueden complicarle la vida a una pareja.

Ciclos Anuales Personales 1 y 6

El 1 puede alentar una lucha de poder, porque un Año Personal del 1 significa que te sientes apasionado acerca de lo que crees y no quieres abandonar dicha pasión. Si estás en un Ciclo Anual Personal 6, tu pareja siente algo parecido. Tiene sensación de autoridad, y quiere que se le respete. Quiere decir la última palabra. Es una lucha de titanes.

Pudiera ser que antes de este Nuevo Ciclo, vuestra relación fuese cariñosa y saludable, tal vez incluso una Conexión de Almas Gemelas como pareja, y de repente se convierte en una pelea constante. Te sientes asustado y deprimido, y piensas: «¿Qué le ha pasado a nuestra relación?».

Si estás en un Año Personal 1, concéntrate en ganar, pero no a tu pareja, sino algo en la vida. Encuentra una manera de cantar victoria. Tal vez no estés en forma. Trabaja para estar físicamente en forma. Si tu pareja está en un Ciclo Anual Personal del 6, necesita encontrar una manera de mandar en algo. Pudiera ser un proyecto de casa, cualquier cosa, desde pintar un baño a una reforma completa. O quizás es hora de cambiar de trabajos o de montar un negocio propio. Lo más importante es no ser crítico con el otro. En lugar de ello, concentraos en el mundo fuera de casa. Haced algo que os haga sentir victoriosos y mantenga la relación tranquila y en paz.

CICLOS ANUALES PERSONALES 1 Y 8

Cuando estás en un Ciclo Anual Personal del 8, has de tener cuidado con tu salud física. En una ocasión, cuando yo pasaba por un Año Personal del 8, de repente empezaron a dolerme las manos. Tuve que ponerme refuerzos en las muñecas para no desarrollar síndrome de túnel carpiano, y tengo amigas cuyas espaldas han empeorado durante un Año Personal del 8. Los sanadores psíquicos enseñan que el dolor lumbar apunta hacia temas de dinero. Como el dinero forma parte de la lección en la vida de la Vibración 8, en el Año Personal de 8 a veces la espalda puede reflejar lo mismo.

Si estás en un Año Personal de 1 y tu pareja está en un Año Personal de 8, puede resultar frustrante. El 8 empieza a sentir que la vida no es justa, mientras que el 1 intenta avanzar a toda marcha. Te sientes como si tu pareja te retrasase.

Recuerda, quienes están en el Año Personal 8 necesitan concentrarse en su salud. Si se sienten victimizados, ayúdalos a hacerse cargo de la situación, de manera que puedan recuperar la energía. La persona en un Año Personal de 1 debe considerar: «Vale, ahora trabajo en mí mismo. Tal vez me muestre un poco egoísta y sea hora de que me concentre en mi pareja y me muestre más cariñoso».

CICLOS ANUALES PERSONALES 2 Y 5

Si estás en un Año Personal del 2 y tu pareja en un Año Personal de 5, puedes sentirte emocional y necesitar el amor y apoyo de tu pareja. No obstante, como ésta se halla en el Ciclo del 5, todo sucede a una velocidad de vértigo, y no tiene tiempo para intentar comprender lo que te sucede. Esto puede provocarte mucho dolor emocional. He aconsejado a personas en un Año Personal del 2 y me han dicho: «No puedo dejar de llorar», o «Siento muchas emociones hasta ahora desconocidas». Si su pareja está en un Año Personal del 5, y pretende dedicarse a lo suyo, la pareja en el Año Personal del 2 puede sentir mucho dolor durante este ciclo.

¿Qué hacer para prevenir esta situación? El 2 ha de decirse a sí mismo que no pasa nada por experimentar dichas emociones. Cuando pases a tu nuevo Ciclo Anual Personal del 3 al año siguiente, estarás resuelta a reír y divertirte el Año Nuevo.

El 5 ha de comprender que no pasa nada si no lo controla todo. Debe aprender a relajarse. Cuando aconsejo a parejas en un Ciclo Anual Personal del 5, les sugiero que hagan un viaje juntos y se diviertan, porque en ese momento el 5 es un comodín y él o ella no tienen mucho control. No debes romper con alguien o realizar otros cambios importantes en el Ciclo 5. Disfruta de lo que tienes e intenta cuidarte.

CICLOS ANUALES PERSONALES 8 Y 5

Cuando esos Ciclos Anuales Personales se juntan, pueden suceder todo tipo de cosas extrañas. La persona que está en el Año Personal 8 siente que sufre o que la vida es injusta, y la del Año Personal 5 se siente como una mártir. He visto a parejas maravillosas caer en ese Ciclo Anual Personal Tóxico y agotarse. De repente tienes dos tortolitos infelices.

¿Cómo superar este problema? La persona que está en el Año Personal 5 necesita estar ocupada. Debe escribirlo todo para ayudarse a conseguir sus objetivos. De otro modo le llegaría la hora sin haber logrado nada.

La persona que está en el Año Personal 8 se preocupa acerca de la seguridad económica. Es un año de dinero, y en realidad es un buen momento para ocuparse del lado económico de la vida. No te desesperes si pierdes del trabajo. Sigue adelante. Aparecerá algo mejor. No pierdas de vista tu salud física. Mientras ambos tratáis de encarar vuestros Ciclos Anuales Personales, debéis hallar maneras de amaros. Si realizáis el esfuerzo, os hará mucho bien saber que no estáis solos en esta locura.

Ciclos Anuales Personales 3 y 7

El Ciclo Anual Personal del 7 busca un lugar interior sosegado. Quieren saber qué hacer con su vida. Esta persona debe dar largos paseos durante este ciclo, preferiblemente en las inmediaciones de un lago, de un río o del mar. Cuando regrese, debe dispensar una cariñosa atención a su pareja, y escuchar con atención lo que quiera decir.

Si tu pareja es un Ciclo Personal del 3, está en el Ciclo de comunicación, quiere divertirse y hablar contigo. Existe la posibilidad de que alguien que está en el Año Personal 7 pueda de repente sentir que ha dejado de conectar y que no quiere seguir en esa relación. Esto pasará, créeme. Esos dos Ciclos Anuales Personales no reflejan de ninguna manera la verdad de vuestra vida juntos.

Sé positivo. La persona que está en el Año Personal 7 busca una verdad espiritual desde dentro. Si eres alguien que está en un Año Personal 3, encuentra maneras de disfrutar de tu vida mientras tu pareja pasa por un período de introspección. Al final, su autoconsciencia os beneficiará a ambos. No sientas que tu pareja no te ama o no quiere pasar tiempo contigo. Con el año nuevo llegará un gran cambio. Se trata de un ciclo pasajero y conflictivo.

Ciclos Anuales Personales 6 y 7

Puede ser una combinación difícil porque la persona que está en el Año Personal 6 quiere profundizar en su trabajo, en la casa y en todos los aspectos comerciales de la vida mientras la pareja que vive un Año Personal de 7 se ha retirado y está muy metida en sí misma. Se ha sosegado más de lo habitual y no entiende necesariamente tus necesidades. Al igual que en cualquier otro lugar de vuestro Cuadro donde haya una combinación de 6 y 7, esos ciclos vitales juntos pueden aumentar la confusión. Recuerda que eso forma parte de los Ciclos Anuales Personales, y que todo mejorará cuando pase este año. Deja que la persona que está en el Año Personal 7 se concentre en su lado espiritual, y que el 6 trabaje en el lado comercial de la vida.

Ciclos Anuales Personales 5 y 6

Ambos discurren a velocidades distintas. Es como si uno fuese en un bólido y el otro en una berlina de lujo. No están hechos para conducir en equipo. Tu pareja en un Año Personal 5 querrá acelerar y ser más espontánea. La persona que está en un Ciclo Anual Personal 6 querrá saber exactamente dónde está, preguntando: «¿A ti qué te parece esto?», o «¿A ti que te parece lo otro?».

Sea como fuere, si estás en un Año Personal de 5, pon atención a los detalles porque si no lo haces, te parecerá que tu vida se descontrola. Es un momento muy bueno para que el 6 se concentre en la casa, la familia, el trabajo y deje que el 5 se lo pase bien. Hallad una manera de encontraros a solas al menos una vez a la semana. Escuchad lo que el otro tenga que decir. Si estás en el Ciclo Anual Personal del 5, recuérdate: «Este año es un no parar. Me entregaré sin lucha, sabiendo que todo irá bien». Una buena idea es llevarte a tu pareja para un fin de semana romántico y desaparecer.

21
Afirmaciones para un amor saludable

La verdad es verdad;
nosotros apenas la vislumbramos.

JOHN BETH REILLY

A fin de gozar de mucho amor, hemos de trabajar en noso-tros mismos. En Numerología, todo Número tiene un lado Po-sitivo y otro Negativo, y tu Trayectoria de la Vida es el Número en el que has de concentrarte. A fin de preparar tu mente y tu cuerpo para el amor de verdad, son muy importantes las Afir-maciones.

La mente es increíblemente potente, y manifiesta lo que cree. Las afirmaciones te permiten reprogramar el subconscien-te, de manera que puedas lograr vivir la vida que realmente deseas, algo que tiene importancia especialmente cuando se tra-ta del amor. Todo Número de la Trayectoria de la Vida tiene un lado Positivo y otro Negativo. Cuando te descubres a ti mismo viviendo en el lado Negativo, debes empezar a romper las pau-tas interiores que causan ese comportamiento negativo. Las afir-maciones pueden reprogramar el subconsciente.

Por ejemplo, imagina que en tu infancia alguien te dijo que eras un vago. Por muy diligente que seas en la actualidad, subconscientemente podrías estar repitiéndote: «Eres vago, eres vago, eres vago», resultando en que por mucho que trabajes, nunca te parecerá suficiente. Debes sustituir esa frase por una Afirmación positiva: «Soy un trabajador, y acabo los trabajos».

Una afirmación siempre se formula en positivo, nunca en negativo, y siempre en presente, nunca en futuro. No se dice: «Seré una persona mejor», sino que dices: «Soy una persona mejor». Este capítulo está dedicado a observar el lado Tóxico de cada Trayectoria de la Vida y proporciona Afirmaciones para que puedas pasar a una Trayectoria de la Vida positiva.

Debes trabajar con las Afirmaciones 15 minutos diarios. Si no quieres hacerlas todas a la vez, hazlas 5 minutos por la mañana, 5 minutos a lo largo del día y 5 minutos de noche. A algunas personas les gusta escribir las Afirmaciones. A mí, personalmente, me gusta decir mi Afirmación en voz alta cuando conduzco, camino o siempre que tengo un momento. Antes de que mi esposo apareciese en mi vida, realicé una Afirmación de relación durante 15 minutos al día, durante seis semanas. Mi subconsciente estuvo finalmente preparado para aceptar a un buen hombre (sí, solemos mantenerlos alejados), y después de eso, apareció Charlie Youngblood. Partiendo de mi propia experiencia y de los testimonios de miles de clientes, puedo asegurarte que las Afirmaciones funcionan.

He ordenado las Afirmaciones según el Número de la Trayectoria de la Vida. Léelas todas. Tienes seis Números en tu Cuadro Personal, así que si lees una Afirmación que corresponde a un Número de la Trayectoria de la Vida que no es el tuyo, pero que te parece verosímil, úsala. Si descubres que estás viviendo en el lado Negativo de tu Número, te sugiero que realices las Afirmaciones de la categoría de la Trayectoria de la Vida que te corresponde, y te abrirán a una relación amorosa curativa.

TRAYECTORIA DE LA VIDA 1

Un problema de la Trayectoria de la Vida 1 es que puede ser hipercrítica con los demás y también muy crítica consigo misma. Eso puede interferir a la hora de atraer una relación amorosa satisfactoria.

Esta es un Afirmación que equilibra esa mala costumbre:

«Abandono toda crítica y abrazo el amor que hay en todos».

También puede tratarse de adictos al trabajo que están tan ocupados que no pueden parar, ni relacionarse emocionalmente con otra persona.

Esta es una Afirmación para curar esa parte de una Trayectoria de la Vida 1:

«Acepto una pareja cariñosa con la que compartir mi vida. El amor fluye de mí, y atrae amor allí donde va».

TRAYECTORIA DE LA VIDA 2

La Trayectoria de la Vida 2 cuenta con dos escollos. El 2 puede sentirse desamparado y temer que su pareja no le quiera. Se vuelve demasiado dependiente de su pareja, y eso no es saludable; o bien le duele de tal manera un amor fallido que se cierra y no quiere relacionarse con nadie.

Estas son unas Afirmaciones para trabajar en eso:

«Dentro de mí estoy completo, y acojo a una pareja cariñosa».
«El amor siempre es nuevo. Ahora mismo estoy abierto a un amor sano».

TRAYECTORIA DE LA VIDA 3

En el amor, al 3 le interesa compartir sus pensamientos, pero puede decir cosas que después lamente. El 3 expresa verbalmente lo que piensa y siente, y a veces se olvida de escuchar a su pareja.

Esta es una Afirmación para ayudarles:

«Escucho a mi pareja con un corazón abierto y lleno de cariño».

Si el 3 no utiliza su energía creativa y se siente frustrado, puede tomarla con su pareja. Esta Afirmación es para asegurar que proteges tu amor:

«Cada día comparto amor y risas con mi pareja».

TRAYECTORIA DE LA VIDA 4

El inconveniente del 4 es que puede ser crítico con su pareja y a veces creer que si los demás no lo hacen como él cree, están equivocados. Ha de estar más abierto al hecho de que todos diferimos, y debe aprender a soltar.

Afirmación:

«Aprecio a mi pareja, y respeto nuestras diferencias».

Si los 4 se encuentran en una relación infeliz, a veces creen que deben continuar porque han aceptado un compromiso. En ocasiones el precio es demasiado elevado y la relación les destruirá. Estas son dos Afirmaciones que pueden ayudarles a deshacerse de relaciones muy destructivas:

«Confío en la verdad del amor, y acepto el cambio que comporta».

«Te libero, vive tu vida en paz, como yo vivo la mía».

TRAYECTORIA DE LA VIDA 5

El lado Negativo de Trayectoria de la Vida 5 es que tiende a costarle concentrarse. Una buena Afirmación para esa característica sería:

«En este momento estoy donde debo estar; abrazo el aquí y ahora».

En el lado Negativo de la Vibración, suele aburrirse y agitarse. Puede enamorarse locamente y luego superar a esa persona y querer dejarla.

Esta es una Afirmación para acabar con esa mala costumbre:

«Deseo y ofrezco amor incondicional y estoy listo para un amor duradero».

Un 5 es una considerable fuente de luz y puede atraer a gente indeseable a su vidas. Aquí presento una Afirmación para ayudar a evitarlo:

«Soy una persona encantadora y sana, y atraigo una pareja que es mi igual en términos de encanto y salud».

Trayectoria de la Vida 6

El 6 siente la necesidad de controlar y cree que si no lo hace, las cosas no se harán. Eso puede resultarle un tanto incómodo a la pareja.

Esta es una Afirmación para ayudar a romper esa pauta:

«Confío en mi pareja y en mí mismo; nuestro amor es una bendición constante».

El 6 también necesita renunciar a la creencia de que, si la vida fluye sin esfuerzo, es demasiado bueno para creértelo. El 6 también es adepto al ocuparse de todo, no sabiendo cómo relajarse. Esta es una Afirmación para ayudarle a liberar esa programación Negativa y ayudar al 6 a creer que las cosas buenas son posibles y que, en realidad, son el estado normal de la vida:

«Me siento en paz sabiendo que todo está bien. Este es un día perfecto».

Trayectoria de la Vida 7

Si el 7 no encuentra una base espiritual en la que creer, se torna cínico. Estas son dos Afirmaciones que les ayudan a acabar con el cinismo:

«Confío en mi verdad interior. Nunca me falla».

«Mis pensamientos crean la realidad y son una fuerza de cambio positivo».

A veces, el Número 7 se lo pasa mal abriéndose a su pareja. Esta Vibración puede cerrarse emocionalmente, o bien querer que le dejen en paz, algo que hará que la pareja se sienta rechazada.

Esta es una Afirmación para abrir el 7 a una comunicación más eficaz:

«Te amo en mi silencio, y ahora comparto mi amor con palabras».

TRAYECTORIA DE LA VIDA 8

Los 8 han de lidiar con temas económicos. Si ganan dinero pero no se sienten seguros, se convierten en adictos al trabajo y creen que basta con ofrecerse cosas materiales a sí mismos y a los demás. Pero no es así. Estas son dos Afirmaciones para romper esa pauta:

«Comparto mi corazón, cuerpo y alma contigo. Te quiero de todas las maneras».

«Me tomo el tiempo necesario para hablarte de mi amor, y me siento agradecido por todo lo que me has dado».

Cuando un 8 se pone a la defensiva, suele mostrarse muy franco y puede llegar a criticar injustamente a su pareja. Al hacerlo pudiera destruir una relación por otra parte estupenda. Estas son dos Afirmaciones para detener ese comportamiento:

«Suelto el pasado con amor, y en el día de hoy empiezo de nuevo».

«Confío en ti igual que en mí. Estoy lleno de amor, que ahora mismo comparto contigo».

TRAYECTORIA DE LA VIDA 9

Esta Vibración suele establecer una relación con temas de abandono que puede llevarle a pensar que la relación pudiera finalizar. Entonces, o bien no se abren emocionalmente a su pareja, porque temen ser rechazados, o no confían del todo en su pareja. Esta es una Afirmación para ayudarlos a confiar más en su relación y su pareja:

«Doy puro amor, y puro amor recibo».

A los 9 también les cuesta pedir ayuda. Sienten que han de ocuparse de sus cosas por sí mismos. El resultado es que las cosas pueden sobrepasarlos. Si se sienten solos en una relación, aquí tienen Afirmaciones para ayudarlos a desarrollar el coraje de pedir ayuda, y hacer que la relación sea más completa. Repítelas para ti mismo y pronto descubrirás que tus defensas se derrumban:

«Puedo compartir abiertamente mis sentimientos porque confío totalmente en ti».

AFIRMACIONES DE AMOR PARA LAS CATEGORÍAS DE PAREJA NATURAL

TRAYECTORIAS DE LA VIDA 1, 5 Y 7

Las Trayectorias de la Vida 1, 5 y 7 son cerebrales y están siempre procesándolo todo, así que no es inusual que conviertan a sus parejas en un proyecto científico, como si lo observasen a través de un microscopio. Ven todos los fallos en su pareja y luego se los enumeran. Eso puede destruir cualquier relación de amor. Aunque amemos mucho a alguien, es cuestión de naturaleza humana el empezar a cerrarse si ese alguien no hace más que juzgarnos constantemente. Puede llegarse al punto en que la pareja no sea ya afectuosa y cariñosa, sino que esté siempre a la defensiva. Me he dado cuenta de que las Trayectorias de la Vida 1, 5 y 7 deben andarse con cuidado en cómo contestan a sus parejas. Una cosa es tener pensamientos críticos. Después de todo, tus pensamientos te pertenecen. Pero te sugiero que seas consciente de que te pasas demasiado tiempo examinando a tu pareja. Tu ser amado no es un bicho metido en un frasco.

Para quienes son muy mentales y demasiado críticos:

«Te hablo con amor, un amor sin límites».

«Te ofrezco todo lo que soy, y acepto todo lo que tú eres».

TRAYECTORIAS DE LA VIDA 2, 4 Y 8

Crear una base de seguridad sólida es un tema importante para las Trayectorias de la Vida 2, 4 y 8. Por muy acomodados que sean, pueden seguir sintiéndose pobres. Eso es especialmente cierto en el caso de los hombres. A menudo no quieren casarse porque se sienten económicamente inseguros, aunque sean totalmente amados y deseados. Como no se comprometen, pierden lo que podría haber sido un gran amor.

Es importante que las Trayectorias de la Vida 2, 4 y 8 recuerden que la seguridad económica forma parte de sus Números, y que deberán hallar una manera de compartir el dinero y hacer que circule con facilidad. Como les preocupa tanto su futuro, lo meten en el banco o se lo gastan a manos llenas. Han de lograr un equilibrio. Ahorra algo para tus descendientes, da algo a los demás, y diviértete con el resto.

Para los que se preocupan por no tener suficiente:

«Eres el mayor de mis tesoros, y estoy aquí siempre para ti».
«Somos uno con la infinita abundancia de la vida».

TRAYECTORIAS DE LA VIDA 3, 6 Y 9

Las Trayectorias de la Vida 3, 6 y 9 son consejeros naturales. Es raro conocer a Trayectorias de la Vida 3, 6 y 9 que no se sientan llamados a ofrecer consejo o a ayudar a la gente. Deben evitar a una pareja que sea literalmente su paciente. Tienden a atraer una pareja que está quebrada en algún sentido, y creen que pueden mejorar a esa persona. Eso ni es verdad ni es sano. Cuando buscamos amar a alguien, deberíamos atraer a una pareja que es un semejante, alguien a quien podamos respetar y de quien podamos aprender, alguien que se esfuerza por alcanzar sus metas para tener éxito. No un individuo afligido por problemas crónicos o con necesidades infantiles.

El 6 es un cuidador y padre para todos. El 3 quiere asegurarse de que estás bien. El 9 es un alma vieja, que no quiere que la gente crea que necesita algo. Este grupo de Números también ha de estar al tanto para no atraer una pareja que necesita que le salven, porque esa no es una buena y sana relación amorosa.

Para quienes quieren atraer un amante digno:

«Acepto un compañero que me ama y se preocupa por mí».
«Juntos somos fuertes y nuestro amor es incondicional».

22

Afirmaciones para atraer un gran amor

Soy de mi bien amado, y su deseo viene hacia mí.

EL CANTAR DE LOS CANTARES

Si lo que quieres es mejorar una relación amorosa, la Afirmación de abajo puede ayudarte a que la relación que ahora mantienes sea más sana o puede atraer a la persona adecuada a tu vida. ¡Así que no tienes nada que perder diciendo esta Afirmación de amor ahora mismo! Este capítulo es aplicable tanto a personas casadas como a las solteras en busca de amor. La gente me dice que en cuanto empiezan con esta Afirmación se dan cuenta de las cosas positivas que hacen sus parejas y de las que antes no eran conscientes. He subrayado los puntos principales más importantes. Repasa los pros y los contras de tu relación amorosa y personaliza esta Afirmación amorosa según tu caso.

Doy la bienvenida a un compañero que me ama y se preocupa por mí, que es ECONÓMICAMENTE ESTABLE, se ocupa de su SALUD FÍSICA Y ESPIRITUAL, que acepta el COMPROMISO, y que me considera su igual. Juntos somos fuertes y nuestro AMOR INCONDICIONAL ES ILIMITADO.

Abajo aparece la misma Afirmación con espacios en blanco para que los rellenes y personalices.

Doy la bienvenida a un compañero que me ama y se preocupa por mí, que es_____, se ocupa de su _____, que acepta_____, y me considera como su igual. Juntos somos fuertes, y nuestro_____.

Para que una Afirmación de relación funcione y reprograme totalmente tu mente subconsciente, debes encontrar la manera de repetir la Afirmación quince minutos al día, y recuerda, puedes dividir ese tiempo en tres sesiones de cinco minutos.

Estas son algunas Afirmaciones amorosas más para que pruebes. En lugar de agregarlas a un número de la Trayectoria de la Vida en particular, decidí que lo mejor sería que las utilizases dependiendo de su utilidad para ti.

Para los Números a los que les cuesta aceptar a otros:
«Te confío mi Amor, y confío en mi amor por ti».

Para quienes no pueden articular sus necesidades y deseos sexuales:
«Me encanta dar y recibir placer».

Para quienes son tímido/as respecto de su cuerpo:
«Soy guapo/a para mi ser querido y (él/ella) también lo es para mí».

Para quienes sufren de ansiedad a la hora de tener relaciones. **«La sexualidad es una expresión libre. Acepto cada momento tal y como llega».**

Para todo el mundo:
«Igual que mi cuerpo responde a mi amante, nuestras almas responden a nuestro amor».

Para quienes sienten que en sus vidas no hay amor:
«El amor está en mi interior; fluye hacia el universo y regresa a mí reportando abundancia».

ECHANDO UN VISTAZO AL DORMITORIO:

Tu sexualidad es el mayor don que te ha hecho tu Creador. El gozoso abandono del ser en el acto sexual es lo que crea la vida en este planeta, así que debe ser muy bien considerado por el Creador. Somos creados en el gozo, y hemos sido creados para experimentar alegría en el acto sexual. ¿Te pone esto algo nervioso? ¿Sientes que te mueres de vergüenza? Permite que te diga qué es lo que te da vergüenza. No es la sexualidad. Es el abuso de la misma.

Como la sexualidad es tan potente, en realidad es la base de nuestro ser, el abuso de esa misma sexualidad tiene el poder de herirnos muy profundamente. Desde el adulterio hasta la lista completa de dañinas adicciones sexuales, creo de verdad que la gente atrapada en una sexualidad insana es quien piensa en su más profundo interior que la sexualidad es algo malo. Si quieres disfrutar de una relación completa con otro hombre o mujer, esto es algo que tiene que cambiar.

La sexualidad en el matrimonio es la expresión esencial del Amor. Necesitamos todo el contacto que podamos obtener, desde abrazos a masajes y tomarnos de la mano. Pero un matrimonio sin intimidad no es un matrimonio. Tarde o temprano, uno u otro de los integrantes se sentirá tan frustrado que buscará amor en otra parte. Si experimentas algún tipo de problemas físicos con tu pareja, puedes empezar a cambiarlo reprogramando tus creencias internas sobre la sexualidad.

Una potente Afirmación:

«Mi sexualidad es un don que me han hecho y que comparto cariñosamente contigo».

Esta afirmación nos ayuda a aceptar esta verdad. Sin embargo, si tus problemas son más serios, como una auténtica adicción al sexo, entonces deberías obtener ayuda de Adictos al Sexo Anónimos, y empezar con esta Afirmación ahora mismo:

«Mi sexualidad mantiene un sano equilibrio con mi vida».

(Recuerda recitar tus Afirmaciones como si lo que quisieras estuviese ocurriendo ahora mismo).

Recuerda que para obtener resultados, debes repetir la Afirmación no menos de 15 minutos al día. Tal y como dijimos en el capítulo anterior, a través de la repetición reprogramamos nuestra mente subconsciente. ¡Vale la pena! como no tardarás en descubrir.

23

La fascinante Numerología de parejas notables

*El progreso interior del amor entre dos seres humanos
es algo maravilloso; si lo buscamos, o lo deseamos
apasionadamente, no lo hallamos. Es una especie de
accidente divino, y lo más maravilloso de la vida.*

SIR HUGH WALPOLE

BARACK Y MICHELLE OBAMA

Barack Obama	Michelle Obama
FDN: 4-8-1961	**FDN: 17-1-1964**
14542*/3 Actitud	**99982*/9 Actitud**
Número del Destino: 1	**Número del Destino: 7**
Número de la Madurez: 3	**Número de la Madurez: 9**

En 2009, Barack Obama se convirtió en el primer presidente negro de Estados Unidos. Ocupó este puesto en una de las
épocas más difíciles por las que ningún presidente ha debido
pasar. No obstante, cuenta con un pilar de fortaleza con la que realmente puede contar: su esposa, Michelle Obama. Ambos tienen

una conexión inmejorable en términos de Numerología, y estoy segura de que su vínculo desempeñará un papel importante.

Los Números de la Trayectoria de la Vida de ambos son el 2, y la Vibración 2 es el número del amor. Así que cuando se comprometieron, sabían que era a largo plazo. Eso explica por qué son tantos los que comentan acerca de su química y el obvio deleite que se palpa cuando están juntos. Antes de que sus Números de la Trayectoria de la Vida queden reducidos al dígito final 2, ambos tienen el Número Maestro 11 (1+1 = 2), lo cual nos dice que son intelectualmente semejantes. Estoy segura de que se estimulan mentalmente, así como físicamente.

Cuando repaso el Cuadro de Michelle, veo que cuenta con cuatro 9. En Numerología, el 9 es el número de finalización. Se considera un número sabio, y a veces la gente se siente intimidada por ese número. A alguien con una Vibración 9 se le suelen malinterpretar sus palabras, creyendo que son condescendientes, sin serlo. Me parece que sucedió algo así durante la campaña electoral, de manera que Michelle tuvo que retirarse un poco para no desviar la atención de la potencial victoria de su marido. No dejó que los medios la convirtieran en una distracción.

El Número de la Fecha de Nacimiento del Patrón de Michelle, el 8, nos indica que es más dura y franca que su marido. Como Primera Dama, estoy segura de que oiremos hablar de ella, porque no puedes nacer un día 8 y no mantener fuertes convicciones. Es interesante apuntar que Hillary Clinton también nació un día 8, y lo cierto es que no nos pasó desapercibida como primera dama.

Los cuatro 9 en su Patrón Numerológico, también nos dicen que la familia es lo más importante para ella, y que siempre se mostrará extremadamente protectora con ella. Creo que es algo evidente, como ha demostrado cuando alguien ha criticado a su esposo, saliendo a la palestra para defenderlo. Cuando está con sus hijas es fácil percibir sus cariñosos instintos maternales. Todos esos 9 también explicarían su íntima relación con su madre, a la que se llevó a la Casa Blanca para que les ayudase con las niñas.

El Número del Alma 1 en el Patrón Numerológico de Barack Obama muestra su impulso competitivo y cómo llegó a ganar la presidencia. Eso por no mencionar que también tiene un 1 como Número del Destino, que nos dice que siempre ha tenido muy claro que quería llegar a lo más alto. Podría decirse que no hay nada más alto que ser presidente de Estados Unidos. Michelle Obama tiene un 7 como Número del Destino, lo que tiene que ver con encontrar la espiritualidad. Michelle fue la que en principio atrajo a Barack Obama a la Iglesia Unitaria de Chicago. Su fe es muy importante para ella.

Otra bendición para esta pareja son sus Números de la Madurez, y que tienen una conexión de Pareja Natural. El Número de la Madurez de Barack es un 3, lo cual quiere decir que se siente llamado a motivar e inspirar a otros. Esta Vibración resultó bien palmaria cuando motivó a miles de jóvenes para que se involucrasen en su histórica campaña. El Número del Destino de Michelle es un 9, lo que nos permite saber que se siente llamada a realizar algún tipo de importante labor humanitaria que produzca un auténtico cambio. Como primera dama, contará ciertamente con la base para poder hacerlo.

No puedo avanzar lo que Barack Obama logrará como presidente. Pero al repasar su Patrón Numerológico personal, puedo decir que cualquier decisión que tome como presidente, lo hará creyendo sinceramente que es lo mejor para el país. Otra cosa que está bastante clara tras estudiar su Cuadro comparativo es que no es por casualidad que están y seguirán juntos, haciendo historia.

TIM MCGRAW Y FAITH HILL

Tim McGraw	Faith Hill
FDN: 1-5-1967	**FDN: 21-9-1967**
17812*/6 Actitud	**13438*/3 Actitud**
Número del Destino: 3	**Número del Destino: 2**
Número de la Madurez: 5	**Número de la Madurez: 1**

Estos Números de la Actitud de esta pareja se examinan en profundidad en el Capítulo 10, sobre Números de la Actitud. Aquí examinaremos el resto de sus Cuadros Comparativos. El Número del Alma es una Vibración 1 en ambos, y el 1 implica esforzarse para ser el mejor en lo que haces. ¡No hay más que fijarse en este equipo! Batieron todos los récords hace unos años cuando ganaron 80 millones de dólares en un verano, durante una de sus giras juntos.

El Número de la Trayectoria de la Vida de Tim es un 2, lo que le proporciona el suave espíritu de un hombre que realmente valora el amor en su vida. Faith acepta esa sensibilidad y su Trayectoria de la Vida 8 convierte sus Números de la Trayectoria de la Vida en una Pareja Natural. Ella es la más dura de los dos, lo que hace que vuelva a recordar el conocido incidente en que una mujer intentó agarrar a su marido de la entrepierna mientras actuaba; Faith tomó el micro y dijo, frente al auditorio: «Alguien tiene que enseñarte modales, amiguita. No puedes ir por ahí agarrando las pelotas del marido de otra. ¿Entiendes lo que quiero decir? Es muy irrespetuoso».

Mostrarse protectores con su pareja es muy típico de los Trayectoria de la Vida 8, y Tim aprecia esa cualidad. Tal y como ya dijimos en el Capítulo del Número de la Actitud, Tim McGraw tiene una Actitud 6, lo cual le confiere una energía paternal. Ocuparse de sus hijas es un goce para él; tiene tres hijas que dice que son la luz de su vida. Esta Energía 6 también hace que Faith Hill se sienta cuidada y amada. Ella tiene Actitud 3, que es una Pareja Natural con la Actitud 6 de él, pero el 3 también la anima a comunicar sus sentimientos. Faith debe expresarse tanto si canta, actúa o escribe letras. Es lo suficientemente fuerte como para conseguir muchas cosas. Tim es el mejor de los padres para ayudarla y animarla y no sentirse ni remotamente celoso de su éxito.

No es posible obtener nada mejor cuando ya tienes una Pareja Natural, como ocurre con un cariñoso Trayectoria de la Vida 2 y un Trayectoria de la Vida 8. Ambas son Vibraciones orientadas hacia los negocios, que se esfuerzan en crear prosperidad y una base sólida. Los dos cantan juntos y van juntos de gira, y al mismo tiempo son padres cariñosos. Faith dice que a fin de que su matrimonio sea fuerte, han prometido no estar más de tres días seguidos sin el otro.

Cuando te fijas en el Número del Destino de Faith ves que se trata de un 2. El Número de la Trayectoria de la Vida de Tim también es un 2. Cuando esa pauta aparece en el Cuadro Comparativo de una pareja, significa que forman parte del destino del otro. Cuando Faith conoció a Tim, supo instintivamente que ese hombre representaba algo importantísimo y decisivo en su vida. El Número del Destino de Tim es un 3, y la Vibración 3 necesita expresarse a sí misma, algo que puede hacerse a través de las actuaciones. Ella cuenta con un total de tres 3. Sería raro que no pudiera expresarse a sí misma a través de un canal creativo y verbal.

Ahora veamos sus Números de la Madurez. El Número de la Madurez de ella es 1, y de él un 5. También en este caso ambos números se consideran una Pareja Natural. Eso me dice que cuando sean viejecitos, serán capaces de viajar y disfrutar del mundo, fijarse en todas las cosas bellas que contiene y continuar utilizando su energía de una manera potente porque el 1 y el 5 disponen de mucha luz, inteligencia y capacidad para permanecer activos. Realmente se llevaron una buena mano desde la perspectiva de la Numerología, cuando se conocieron. Sólo tienen un

Número de Desafío, y un único Número de Desafío significa que pueden superarlo todo. Se trata de una relación realmente fuerte.

WILL SMITH Y JADA PINKETT SMITH

Will Smith y Jada Pinkett Smith son un fascinante caso de estudio en Numerología. Si utilizamos los Números con los nombres que usan en la actualidad, obtenemos:

Will Smith	Jada Pinkett Smith
FDN: 25-9-1968	**FDN: 18-9-1971**
98874*/7 Actitud	**72999*/9 Actitud**
Número del Destino: 8	**Número del Destino: 3**
Número de la Madurez: 3	**Número de la Madurez: 3**

Ya utilicé a Will y Jada en el ejemplo del Número de la Personalidad. Ahora exploraremos sus Patrones Numerológicos con más detenimiento.

Los Números 4, 7 y 8 son un Desafío para el Número 9. Podemos ver que Will Smith tiene un 4, dos 7 y un Número del Destino 8, lo que demuestra que esta unión requiere algo de trabajo. Sin embargo, el Número del Alma de Will Smith es un 9, y Jada Pinkett Smith tiene cuatro 9 de un total de seis números en su Patrón Numerológico. Eso me está diciendo que cuando Will y Jada se conocieron fue como un gran relámpago. El Número del Alma 9 de Will está contento cada vez que él está con ella, porque esos 9 proceden de su Fecha de Nacimiento, no de su nombre. En realidad, sus Números de la Fecha de Nacimiento fueron los que hicieron que él se fijase en ella. Esos cuatro 9 en el Patrón de ella me dicen que debe ser una gran madre. Will goza así de una bendición que le permite concentrarse en su carrera profesional porque sabe que sus hijos están bien cuidados.

Pero hay más cosas para ella, también. Si te fijas, tiene un 7 en el Alma y nació un día 7, con una Actitud 7. El día 7 es el Número de la apariencia. Y eso significa que cuando mira a Will, su Alma queda satisfecha. Todo el mundo sabe que se trata de una de las parejas más dinámicas de Hollywood y, de hecho, del mundo. Cada vez que Jada Pinkett Smith y Will Smith aparecen juntos, nadie puede quitarles los ojos de encima. Son guapos, desde luego, pero lo que realmente estás viendo son dos personas cuyos Números del Alma se colman a través de su relación. Otra razón por la que Will Smith ama a Jada es porque ella es sincera y descarada. Will Smith ha tenido una actividad increíble, desde ser un rapero de éxito, a su programa de TV, *El príncipe de Bel Air*, a sus increíbles éxitos de taquilla. ¡Ha ganado más de 2.000 millones de dólares en el mundo del espectáculo!

Jada le mantiene con los pies en el suelo, y él cuenta con la fortaleza de ella. En una ocasión en que Will Smith hablaba acerca de la influencia de Jada en su vida, dijo: «Eres mucho más fuerte cuando tu pareja es fuerte. Realmente creo que no hay otra mujer para mí excepto Jada. Todas las mujeres que he conocido, y han sido unas cuantas, no supieron llevarme como hace Jada. Una vez que sientes a alguien en tu interior, deja de haber competencia. Por muy hermosas y sexys que puedan ser otras mujeres, a mí me da igual. Así es. No puedo imaginar que alguien me ofrezca más».

También es típico de Will que en sus películas no se digan palabrotas ni se vean escenas de sexo gratuitas. Es un hombre íntegro. Y eso, me parece a mí, es el resultado de los muchos 7 de su Patrón Numerológico, porque el 7 es el número espiritual. Así que creo que se trata de una relación basada en el respeto mutuo. Y como sus Números son tan distintos y se ven tantos Desafíos, han aprendido a llegar a un compromiso y comprenden totalmente el papel que cada uno tiene en la relación.

En Número 2 en el Patrón Numerológico de Jada me dice lo sensible que es ante Will y sus necesidades. Como comparten el Número 7, creo que su espiritualidad se convertirá en una parte todavía mayor de sus vidas. Will Smith siempre ha hablado de religión. Algunas personas le han preguntado si pertenece a la Cienciología, y él ha contestado que respeta todas las creencias y que intenta aprender y aceptar todo lo posible sobre todas. Eso también tiene mucho sentido a causa del 7 doble de su Patrón. El hecho de que compartan el mismo Número de la Madurez demostrará ser un enorme beneficio para ambos como pareja.

Para obtener el Número de la Madurez, hay que sumar el Número de la Trayectoria de la Vida y el Número del Destino, y luego reducir el resultado a un sólo dígito. En el caso de Will Smith, su Número de la Trayectoria de la Vida es 4 y su Número del Destino un 8 (4+8 = 12 = 1+2 = 3). El Número de la Madurez de Will es un 3. El Número de la Trayectoria de la Vida de Jada Pinkett Smith es un 9 y su Número del Destino un 3 (9+3 = 12 = 1+2 = 3). El Número de la Madurez de Jada es un 3, Así que comparten el Número 3, y los 3 sirven para motivar e inspirar a otras personas. Will Smith ha dicho que quiere hacer lo que sea para ayudar a personas necesitadas, crear campañas benéficas e implicarse, a fin de hacer algo por la gente con problemas. Con Jada no sólo comparte el Número de la Madurez 3, sino que también tiene algo que ver con todos sus 9, que es lo que le hace feliz: saber que ella cambia las vidas de personas que realmente necesitan ayuda.

Una última cosa sobre Jada. El 9 se considera el Número de la Terminación. Jada cuenta con cuatro 9, y tendría sentido que alguien tan exitoso como Will Smith se diese cuenta instantáneamente de que Jada es una mujer muy especial. Su periplo juntos, a pesar de todos los Números de Desafío existentes en su relación, ha valido la pena porque conforman un equipo imbatible, una Pareja Notable que es una inspiración para todos nosotros.

HEIDI KLUM Y SEAL

Heidi Klum	Seal
FDN: 1-6-1973	FDN: 19-2-1963
83219*/7 Actitud	64114*/3 Actitud
Número del Destino: 2	Número del Destino: 4
Número de la Madurez: 2	Número de la Madurez: 8

En 2004, Heidi Klum mantenía una relación con Flavio Briatore, un famoso hombre de negocios internacional. Descubrió que estaba embarazada en otoño de 2003 y anunció orgullosamente al mundo que esperaba un hijo. El mismo día que hizo el anuncio, apareció una foto que mostraba a Briatore besando a Fiona, heredera del imperio joyero Swarovsky. Destrozada, Heidi decidió educar a su hija como madre soltera. Poco después, encontró al amor de su vida, Seal.

Fue a principios de 2004. Empezaron a salir, y a él no le importó que estuviera embarazada. Dijo que al cabo de unas pocas semanas estaba tan enamorado, que decidió que estaría siempre con ella. Siempre ha tratado al hijo de Heidi como si fuera suyo. Un año más tarde, se casaron y ahora tienen dos hijos más. Mientras escribo estas líneas, Heidi ha anunciado ¡que vuelve a estar embarazada! Todo el mundo habla de lo mágica que es esa pareja y de lo enamorados que parecen, algo que expresan sus Números. Les gusta renovar sus votos matrimoniales cada año.

Cuando tu Número de la Fecha de Nacimiento es el mismo que el la persona que conoces, tiene lugar una atracción inmediata. Heidi nació un 1, y también Seal (19 = 1+9 = 10 = 1+0 = 1). Seal dijo que cuando se conocieron se dijo a sí mismo: «Vaya, qué suerte tiene el tipo que esté con esta mujer», sin conocer sus circunstancias. Volvieron a verse pocos meses después de su ruptura con Briatore, y empezaron a salir. Seal es un Trayectoria de la Vida 4, y el 4 es un número muy responsable y de fiar. Heidi no había elegido bien en su anterior relación y necesitaba estabilidad. No pudo elegir a nadie mejor que Seal para que fuese su pareja en la vida.

El nombre de Seal, que es el que utiliza, tiene una Vibración 6 en su Alma, lo que significa que tener hijos completaría su alma, y es evidente que los hijos son muy importantes para él. Heidi tiene un 2 como Número del Destino, significando que a ella lo que más le importa es encontrar una relación amorosa con la que compartir su vida. Como Trayectoria de la Vida 9, no sólo es un Número de alma vieja, sino que ha sido increíblemente exitosa en todo lo que ha emprendido. Es una de las supermodelos más reconocibles del mundo, y también actriz, moderadora de un *reality show* en TV, diseñadora, pintora y suele ser capaz de utilizar todos sus dones. En Seal ha encontrado una pareja que no es celoso ni compite con ella. Él quiere que ella tenga éxito. Heidi tiene un programa de televisión llamado *Project Runway*, que ayuda a jóvenes a entrar en el mundo de la pasarela. Debe ser por su 2, una Vibración a la que le encanta ayudar a todo el mundo. El 2 también es feliz de ser madre, y su Vibración 1 se aseguró de que recuperase pronto la línea para poder regresar a las pasarelas al cabo de ocho semanas de haber dado a luz a su segundo hijo.

Seal dijo: «Me sorprendió cuando la conocí. Pensé que era la mujer más bella que había visto jamás». Y: «Aparte de ser mi esposa, también es mi mejor amiga». Seal es famoso por su espléndida voz. En 2008 creó un álbum que contenía música soul de grandes figuras como Sam Cooke y Otis Redding. Cuando escuchó la canción *A Change is Gonna Come*, lloró de emoción porque es un himno de los derechos civiles, y por ello le pareció muy apropiado que acabásemos de elegir al primer presidente negro.

Seal tiene un Número del Alma 6 y Heidi un 8, compatibles en Numerología. Creo que el que Seal tenga un seis en su Alma le hizo aceptar el hijo todavía no nacido de Heidi cuando se conocieron. Se sintió feliz de convertirse en un padre ya, y ahora que tiene dos hijos más con Heidi y otro de camino, es como un sueño hecho realidad. El 8 del alma de Heidi está orientado hacia los negocios, planificando de cara al futuro, haciendo lo que hay que hacer para obtener la victoria, y Seal le apoya totalmente en su empeño. Ambos tienen una Vibración 3, que refleja risas y comunicación, así que les resulta muy fácil expresar y compartir lo que están consiguiendo en su vida juntos.

En cuanto a Heidi, su motivación es conseguir los ingresos suficientes para lograr un impacto y conseguir que las cosas mejoren en el mundo en que vivimos. Y Seal se une a ella en ese esfuerzo. Su Trayectoria de la Vida 9 la convierte en filántropa. Ha trabajado con la Cruz Roja estadounidense y la Fundación SIDA. Heidi sabe que no existe el auténtico éxito a menos que los demás puedan beneficiarse del mismo. Seal es de la misma manera, y con su Vibración 4 y su necesidad de familia y hogar, se siente muy agradecido de contar con ese amor en su vida. Dice que Heidi es una inspiración para él, y como encaran la vida con la misma filosofía, se sienten felices de haberse conocido, porque esta Pareja de Poder está dando pasos para mejorar el mundo.

BILL CLINTON Y HILLARY CLINTON

Bill Clinton	Hillary Clinton
FDN: 19-8-1946	FDN: 26-10-1947
68512*/9 Actitud	55183*/9 Actitud
Número del Destino: 6	Número del Destino: 6
Número de la Madurez: 8	Número de la Madurez: 9

Ya hablé de Bill y Hillary Clinton en mi primer libro, *El poder de los números,* pero desde entonces han pasado muchas cosas, y creo que su relación justifica una actualización numerológica. Cuando observo el Cuadro de Bill y Hillary Clinton, veo que cuentan con una Conexión de Almas Gemelas en Numerología. Se sabe eso mirando los Seis Números principales del Cuadro: comparten los Números 1, 5 y 8. También tienen el mismo Número de la Actitud, 9, que significa que cuando atraviesan un Ciclo Anual Personal, es el mismo ciclo al mismo tiempo. La Vibración 5 implica que no hay un momento de aburrimiento en sus vidas. La Vibración 8 significa aprender a base de cometer errores.

El 8 también es un Número político. Qué apropiado. Sí, siempre supimos que Bill Clinton era un político, pero Hillary ha sido senadora por Nueva York y ahora es secretaria de estado. Me fijé que durante las primarias de 2008, Bill y Hillary Clinton se convirtieron en un equipo fenomenal mientras Hillary intentaba ganar la nominación demócrata. Eso es porque ambos estaban en un Año Personal 1, que es el Ciclo que fomenta ganar. Hillary apareció en mitin tras mitin y continuó con la campaña, incluso cuando muchos sugirieron que dejase el puesto a Obama. «No soy de las que abandonan», dijo. Ni tampoco Bill Clinton, así que continuaron con la competición. Al final de proceso, Hillary iba por delante en voto popular, pero los superdelegados situaron a Barack Obama en la cima. Se convirtió en candidato y ahora es presidente de Estados Unidos. A lo largo de los años, la gente ha venido comentando: «Es cierto que tienen una conexión, pero, ¿no será un matrimonio de conveniencia?». Yo digo que no. Según los Números, se aman profundamente. Se trata tanto de una conexión intelectual como de Almas Gemelas. Me conmovió muchísimo cuando Hillary subió al podio en la Convención Demócrata, y Bill Clinton la observó con lágrimas en los ojos. Podías verle murmurar las palabras: «Te quiero, te quiero, te quiero». Y lo decía de verdad. Creo que tener que someterse a un triple *bypass* fue un mensaje para que abandonara sus devaneos y comprendiese que ella y su hija Chelsea son una auténtica bendición para él.

Noto la fiera ambición y decisión de los Clinton. No me sorprendería que Hillary Clinton volviese a presentarse a la presidencia. Y si no es ella, tal vez Bill y Hillary estén preparando a Chelsea para el puesto. El Número del Destino de Bill y Hillary es 6, y la Vibración 6 es muy potente. Cuando tienes un Número del Destino 6, automáticamente la gente te busca. El hecho de que ambos tengan un Número del Destino idéntico me dice que permanecerán juntos hasta el final, y que su amor es genuino. Y sí, ¡lo dicen sus Números!

24

¡Glynis revela sus secretos!

Todos nacemos para el amor...
Es el principio de la existencia y su único fin.

BENJAMIN DISRAELI

Cosas que he aprendido que no me enseñó Pitágoras

En mis muchos años asesorando y a través de mis propias observaciones, he comprendido muchas cosas al reconocer pautas numéricas que aparecían una y otra vez. En este capítulo, compartiré contigo algunas de esas ideas.

La luna llena y la Vibración 2

Aunque la mayoría nos damos cuenta de que la luna llena tiene un efecto en nosotros, quienes cuentan con una Vibración 2 en sus Patrones Numerológicos se ven todavía más afectados. Yo tengo una Actitud 2 y en cierto momento, cada mes, me descubro sintiendo como si algo me pesase, sin poder quitármelo de encima. Cuando siento eso miro hacia el cielo y descubro el resplandor de una luna llena, y me digo: «Vale, ya lo he pillado. No es nada real. Sólo la luna llena revolviéndome las emociones».

Si consideras el hecho de que el Número 2 representa el amor, y que es algo que se siente profundamente, no es de extrañar que la luna llena tenga tal impacto. Una y otra vez, personas que son Trayectoria de la Vida 2 –alguien nacido un día 2, alguien con un Número del Poder del nombre 2, y alguien con un Destino 2– me dicen: «Ah, esas lunas llenas me hacen caer en picado». Algunos dicen: «Me siento compulsivo», o «De repente necesito azúcar». O bien: «De repente me pongo a beber alcohol sin poder parar, ¡y eso que normalmente no bebo!».

Si tú o tu pareja tenéis un 2 en el Patrón Numerológico, estad atentos a la llegada de la luna llena, para no caer en la trampa del mal comportamiento. No os culpéis, pensando que vuestra vida no funciona, porque no os pasa nada. Tampoco os permitáis un comportamiento compulsivo sólo porque vuestras emociones estén fuera de control

Digamos que si estás casado con un Trayectoria de la Vida 2, y él o ella actúa de manera extraña –un poco demasiado a la defensiva– o si se molesta contigo más de la cuenta, mira por la ventana y comprueba si hay luna llena. De ser así, no te tomes su comportamiento como una ofensa personal. Pasará. Es un poco como si sucediese algo entre la Vibración 2 y la luna llena.

CUANDO LA TRAYECTORIA DE LA VIDA Y EL NÚMERO DE LA ACTITUD SON UNA PAREJA NATURAL

Me he dado cuenta de que cuando tú y tu pareja tenéis una Trayectoria de la Vida y un Número de la Actitud que son Pareja Natural, significa que vuestras necesidades son muy parecidas. Si esas necesidades se satisfacen, podéis esperar una vida muy agradable.

CUANDO EL NÚMERO DE LA FECHA DE NACIMIENTO Y LOS NÚMEROS DE LA TRAYECTORIA DE LA VIDA SON EL MISMO

Si naces el mismo día que tu Número de la Trayectoria de la Vida –por ejemplo, naces un día 3 y tienes una Trayectoria de la Vida 3– significa que eres como un libro abierto, y le dirás a la gente lo que piensas.

CUANDO UNA PERSONA NACE UN DÍA QUE ES UN DESAFÍO PARA SU NÚMERO DE LA TRAYECTORIA DE LA VIDA

Si alguien nace un día que es un Desafío para su Trayectoria de la Vida, no sabrás exactamente quién es esa persona. Un buen ejemplo de ello puede descubrirse entre las personas nacidas un día 8 que tienen una Trayectoria de la Vida 3. El Día de Nacimiento 8 les hace aparecer como un 8 para los demás, y esa fachada no se parece en nada a su Trayectoria de la Vida 3. Algunas personas pudieran pensar que son gente dedicada a los negocios, y muy estiradas, pero tras su fría fachada hay una Trayectoria de la Vida 3, que disfruta con las cosas animadas y alegres.

Hillary Clinton es un buen ejemplo de una persona nacida en un día que desafía su Número de la Trayectoria de la Vida. Considerada fría y distante, durante su campaña para la nominación demócrata la gente descubrió que tenía un gran sentido del humor. Incluso apareció en el *Saturday Night Live* para reírse de sí misma, consiguiendo una inmensa ovación. El caso es que, aunque nacida un día 6, Número orientado a los negocios, que era el que la gente acostumbraba a percibir, lo cierto es que era Trayectoria de la Vida 3, que es una Vibración conocida por su humor. Si has nacido en un Número de la Fecha de Nacimiento que es un Desafío para tu Número de la Trayectoria de la Vida, permite que los demás sepan quién eres realmente.

LOS NÚMERO ESPEJO

Si tú y tu pareja tenéis el mismo Número de Día de Nacimiento y Número de la Trayectoria de la Vida, pero invertidos, es como mirarse en el espejo. Por ejemplo: has nacido un 4 y tienes un 7 como Trayectoria de la Vida. Tu pareja ha nacido un 7 y es Trayectoria de la Vida 4. Lo bueno es que si discutís, podéis ponerle fin enseguida porque es como el reflejo de un espejo. Es tu propia vibración reflejándose de nuevo hacia ti, y si cambias tu tono, podrás recuperar fácilmente a una cariñosa y pacífica relación.

CONEXIONES DE ALMA GEMELA

Tener en común tres de los Seis Números Principales se considera una Conexión de Alma Gemela (sin contar el Número de la Actitud). Eso significa que tanto si la relación es buena como mala (recuerda que todo Número tiene un lado Positivo y otro Negativo), la conexión es para siempre. Tu Alma Gemela es aquella de la que aprendes. Esta combinación puede resultar en una gran relación, o bien al contrario, cuando acabas diciendo: «Bueno, una y no más».

Sea como fuere, has de comprender que esa persona está en tu vida por alguna razón. Pregúntate: «¿Qué aporto a esta relación y viceversa?». Luego pregúntate: «¿Soy feliz?». Has de decidir si estás en una Conexión de Alma Gemela Positiva o Negativa. Es normal que la gente en una Conexión de Alma Gemela se sienta obligada a mantener la relación, por muy mala que sea. Si le ponen punto final, tienden a reunirse otra vez con esa persona. La información ofrecida te ayudará a romper con esa pauta de una vez para siempre.

COMPARTIR EL MISMO NÚMERO DE LA ACTITUD

Otra cosa estupenda en una relación amorosa es la que sucede cuando vuestros Número de la Actitud son iguales. Por ejemplo, mi querida hermana Vanessa nació el 12 de Octubre $(1+2+1+0 = 4)$, así que tiene un Número de la Actitud 4. Su esposo, Adam, nació el 17 de mayo $(1+7+5 = 13 = 1+3 = 4)$, y él también tiene un 4 como Número de la Actitud. Ambos han pasado por muchos cambios de circunstancias y geográficos. Lo bueno es que cada vez que dos personas con esta configuración pasan a un nuevo Ciclo Anual Personal, comparten el mismo Ciclo al mismo tiempo. Tienen la capacidad de crecer juntos. Vanessa y Adam se sienten muy próximos y llevan veinte años casados.

Los problemas en una pareja pueden aparecer cuando uno está en un Ciclo Anual Personal totalmente opuesto al de tu pareja. Por ejemplo, tú estás en un Ciclo Personal 2, de manera que lo que buscas es amor y más conexión. Digamos que tu pareja está en un Ciclo 5, que quiere decir que necesita más espacio personal de lo normal. La persona en el Ciclo Personal 5 se siente descontrolada. Durante ese Ciclo puede no sentirse feliz. Si no comprendes en qué Ciclo Anual Personal te encuentras, lo cierto es que ello puede perjudicar lo que sería una relación estable.

Has de comprobar en qué Ciclo Anual Personal te encuentras y decirte: «Vamos a superar esta difícil temporada, y al año que viene, volveremos a ponernos al día». Este tema lo trato extensamente en el Capítulo 20.

¿Necesitas ayuda? Llama al 9, 1, 1

Cuando veo que alguien tiene un 9, 1 y 1 en su Patrón Numerológico, o que su número se desglosa en 9, 1, 1, o que 9, 1, 1 está en su Fecha de Nacimiento, los demás acuden a él cuando tienen problemas. La gente con esta pauta numérica atrae a quienes quieren ser rescatados y quieren recibir consejo. Cuando asesoro a personas con la serie 9, 1, 1 en su Patrón Numerológico, he descubierto que se han agotado porque se sienten muy responsables por todo el mundo. Han de aprender a marcar límites. Si tú o tu pareja tenéis un 9, 1, 1 en vuestro Cuadro Numerológico personal, recordad que está bien decir «no». Una anciana muy sabia me dijo en una ocasión: «»No» es una frase completa». ¡Me chifla! No lo olvides.

EXACTAMENTE LOS MISMOS NÚMEROS DEL NOMBRE: ¡VAYA!

Si vuestros nombres y apellidos contienen exactamente los mismos tres Números que la otra persona, puede deberse a la casualidad. Siempre he observado que esas parejas gozan de una maravillosa conexión. Tuve un cliente que me contó que nunca volvería a casarse porque su primera esposa le había roto el corazón. Luego conoció a una mujer que tenía exactamente sus mismos Números del Nombre; él tenía un Número del Alma 3, un Número de la Personalidad 3 y un Número del Poder del Nombre 6, y ella también. Él se esforzó en reunir el coraje necesario para comprometerse con ella. Se casaron y ambos son felices. Él se aseguró de que ella no adoptaría su apellido tras casarse, porque no quería destruir su perfecta Conexión de Números del Nombre. Este resultado me gratificó como numeróloga, porque yo sabía de su lucha con su primer matrimonio y fui testigo de su angustia.

Hablando con claridad, si eres mujer y tienes un nombre y apellido que comparten las mismas tres Vibraciones que tu pareja, *no cambies tu nombre al casarte*. ¿Por qué ibas a querer cambiar algo que es un don tan maravilloso? Mantén el nombre que te proporciona una buena conexión. Nunca alteres una Pareja Natural de tres números. Este tema lo trato ampliamente en el Capítulo 18.

COMPARTIR LOS MISMOS NÚMEROS DEL DÍA DE NACIMIENTO

Tal vez llegues a conocer a alguien que comparte tus Números del Día de Nacimiento. Tal vez naciste un 2 y tienes una Trayectoria de la Vida 2, y conoces a alguien que nació un 2 con otra Trayectoria de la Vida 2. Sentirás atracción por esa persona, porque tendréis un instante de reconocimiento subconsciente. *Pero debo advertirte que el péndulo puede oscilar en ambas direcciones.* Como sabemos, todo Número cuenta con un lado Positivo y otro Negativo. Son como gemelos; a veces oímos hablar del gemelo bueno y el gemelo malo. A veces uno de los gemelos elige el lado Negativo, simplemente como rebelión ante el otro gemelo. Si compartís los Números del Día de Nacimiento con alguien, hay que estudiar su Numerología con atención para descubrir de qué lado de sus Números está viviendo, sobre todo si hay discordancia en los números.

Esto es también útil cuando estudias a personas que poseen cualquiera de los Números que tienes tú. Si observas un fallo en la personalidad, algo que te molesta, pudiera ser un rasgo negativo interno tuyo contra el que luchas. El «gemelo» numérico puede en realidad ayudar a que te conozcas mejor. Y si ambos vivís en el lado Positivo de vuestros Números, os uniréis de por vida.

UTILIZAR 11:11 PARA EL AMOR

Hay que aprovechar el 11:11 cuando lo ves en el reloj. Pueden ser las 11:11 de la mañana o de la noche. Debes estar atento cada día y utilizarlo, pues durante todo ese minuto debes concentrarte en lo que quieres: una persona maravillosa con la que compartir tu vida, la seguridad económica que necesitas, la casa que realmente quieres para tu familia, etc. Si tu relación está en crisis, puedes pasarte ese minuto diciendo: «Que mi pareja y yo empecemos a entendernos mejor y sepamos que nos queremos y que siempre estaremos ahí cuando nos necesitemos». Resulta sorprendente lo bien que funciona cuando te pasas todo un minuto pidiendo lo que quieres cuando el reloj marca las 11:11.

Una de mis clientas me escribió hace un tiempo y me contó que su esposo la había dejado. Ella se había concentrado demasiado en su carrera profesional, y cuando tocaba intimidad estaba demasiado cansada y ni siquiera quería hacer el amor. Así que aprovechó las 11:11. Cada día pasaba ese minuto diciendo: «Mi marido comprende que es mejor volver a intentarlo. Vuelve y nos concede una segunda oportunidad. Cuando estamos juntos nos interesamos el uno en el otro, y soy consciente de sus necesidades y él de las mías». Así estuvo durante varias semanas, y finalmente él llamó y dijo: «Quisiera que nos viésemos para comer y hablar». Claro está, pudieron volver a estar juntos, y ya han pasado casi tres años desde la última vez que supe de ella. Recuerdo lo feliz que estaba, llorando y riendo al mismo tiempo, diciendo que no podía creerse lo bien que funcionara el mantra. Creo que la magia de las 11:11 funcionó, y también que aquello que realmente queremos acabará ocurriendo si nos concentramos en ello.

UN NÚMERO TRIPLE EN TU PATRÓN NUMEROLÓGICO QUE ES DIFERENTE DE TU TRAYECTORIA DE LA VIDA

Siempre que hay una Vibración triple en tu Patrón Numerológico significa que el Número es una parte importante de lo que tú eres. *Pon especial atención si los Números que se repiten son distintos de tu Número de la Trayectoria de la Vida.* Como ya dijera antes, el Número de tu Trayectoria de la Vida es el Número que debes colmar para ser feliz. Cualquier Número triplicado tiene el mismo efecto, ampliando el impacto de esa vibración. Si se repite un Número distinto en tu Patrón o en el de tu pareja, lee acerca de ese Número en particular en este libro para obtener una mejor comprensión. Te doy tres ejemplos: el triple 6, 8 y 9.

Una Configuración 666

Digamos que tienes una Trayectoria de la Vida 4 y que hay tres 6 en tu Cuadro. Es importante que pongas atención a la Vibración 6, porque es una gran parte de lo que eres. A propósito: contrariamente a lo que algunos pudieran pensar, estos números no tienen absolutamente nada que ver con ninguna fuerza maligna. Un 6 es magnético; nos sentimos atraídos a personas que tienen 6 en sus Patrones porque poseen una presencia rotunda.

Un problema de la Vibración 6 es que cuando las cosas van demasiado bien, puede ponerse nervioso, esperando que algo malo ocurra. Sin embargo, cuando todo se viene abajo, te dirán: «Ahora mismo lo arreglo». Esta gente ha de aprender a decir: «Mi vida marcha fenomenal y me alegro».

Una Configuración 888

Son personas demasiado duras consigo mismas. Han de desarrollar una relación sana con el dinero, y sobre todo, aprender a aceptar consejos. Todos esos 8 pueden crear un filón de terquedad que también puede convertirlos en adictos al trabajo. El 8 está orientado hacia los negocios, y esto se amplía cuando se obtiene una Energía triple 8. Esos tres 8 pueden descargar su ira con mucha facilidad. Nunca he conocido a un 8 triple que no se encienda cuando se estresa.

Louise L. Hay y otros autores dicen que aquello con lo que no lidiamos mentalmente acabará atacándonos físicamente. Estoy totalmente de acuerdo.

Así que el 8 triple ha de andarse con cuidado para que su cuerpo no sufra los ataques de la confusión interior no solucionada. Los triple 8 deben sacar al exterior todos sus pensamientos. Es bueno que los escriban, o que los graben, hablando de todo aquello que les perturba. Deben mantenerse en contacto con lo que realmente sienten, hacer avanzar o retroceder la grabación y luego borrarlo. Este sencillo ejercicio libera la confusión interna y obra maravillas para la salud en general.

Una configuración 999

Si amas a alguien cuyo Patrón Numerológico contiene los Números repetidos 9, 9 y 9, deberás estudiar a su familia original. Habrás de comprobar si fue adoptado, se sintió abandonado por su padre y su madre o si se siente demasiado responsable de ellos. Debes enterarte de lo sucedido en el pasado para comprender lo que ocurrirá en el futuro. Si eres tú el que tiene un 9, 9, 9, ello significa que serás tú el que ha de superar su pasado. Sea lo que fuere aquello a lo que te agarras, debes soltarlo. Si te sigues sintiendo demasiado responsable de tu familia original, también en este caso deberás sentar los límites y decir: «No siempre estaré ahí para vosotros. Yo también tengo mi vida». No importa el orden en que naciste. Puedes ser el mayor o ser de los pequeños de la familia. Si tienes un 9, 9, 9 en tu Patrón Numerológico, la gente contará automáticamente contigo más que con otros.

La combinación 5 y 2

Cuando veo un 5 y un 2 en los Números de la Fecha de Nacimiento de alguien, sé que están en conflicto interno. Y es especialmente intenso cuando el 5 y el 2 proceden de sus Números de la Fecha de Nacimiento. Digamos que es una persona con Trayectoria de la Vida 2 y nacida en un día 5, o una Trayectoria de la Vida 5 nacida un día 2, o cualquiera con una Actitud 2, nacida un día 5. Esa combinación en su Patrón Numerológico es algo en lo que me fijo. Lo que significa es que libran una batalla sin fin consigo mismos. Su 2 dice: «Quiero amor. Quiero una relación, quiero a alguien que pueda considerar mío». Pero su 5 dice: «No me controles. Apenas puedo respirar, y necesito salir de aquí». La manera de mantener sus relaciones sanas es que quien lidia con esas vibraciones contradictorias se vaya de vacaciones allí donde pueda estar consigo mismo durante un tiempo. De otro modo, se sentirá atrapado y atascado en una situación insana.

Si cuentas con un 5 y un 2 en tu Patrón o estás enamorado de alguien con un 5 y un 2, debéis viajar juntos siempre que sea posible. Si necesitas estar a solas, puedes tomarte un descanso de 30 minutos para realizar un retiro en la naturaleza cercana, o disfrutar de una matinal en el cine. Eso te permitirá mantener cierto sentido de libertad. De otro modo, podrías sentirte atrapado y agobiado en tu relación.

Si amas a alguien con un 5 y un 2 en su Patrón Numerológico, no te tomes esas «escapadas» a pecho, aunque a veces pudieras sentirte rechazado. Sobre todo porque su parte 2 les hace parecer muy dependientes de ti. Puede que te descubras a ti mismo diciendo: «Pero creí que me querías. Creí que me necesitabas». Eso puede seguir siendo cierto, pero a veces la Vibración 5 domina y dice: «Has de darme espacio». No tiene que ver contigo. Se trata de una lucha interior. Cuando eso sucede con una persona a la que amas, prepárate. Comprende que están librando una batalla consigo mismos a causa de la dualidad que esas dos Vibraciones crean en una persona.

TAN FÁCIL COMO 1, 2 Y 3

Cuando en los Números de Nacimiento de alguien aparecen 1, 2 y 3, tanto en la Fecha de Nacimiento como en los Números del Nombre, esa persona debería proclamar: «¡Mi vida es tan fácil como 1, 2 y 3!». La razón es que el 1 fomenta la ambición; el 2 es la capacidad para amar; y el 3 es la habilidad para expresarse con humor y gracia. Cuando tienes esa combinación ganadora –1, 2 y 3–, ¡para ti no hay límites!

25

Algunas reflexiones finales sobre el amor

El amor es un acto de fe, y quien tiene poca fe también tiene poco amor.

ERICH FROMM

En el episodio final de *Sexo en Nueva York*, hay una escena que me hizo llorar. Resumía exactamente lo que me parece a mí que es cierto sobre el amor, y lo que quiero que todo el mundo tenga en su vida.

La escena se desarrolla en París, donde el personaje de Carrie está con su novio, Aleksandr. Ella ha dejado Nueva York para estar con él. Carrie es escritora, y al entrar en una librería parisina, la gente la reconoce, piensan que es maravillosa y quieren dan una fiesta en su honor. Esa misma noche, Aleksandr da otra fiesta donde expondrá su trabajo artístico. Le dice claramente cuanto representará para él que Carrie asista a la exposición. Así que ella elige la exposición por encima de su fiesta, para darle gusto.

De modo que allí está ella en la exposición, con su vestido de fiesta, sentada en un banco, mientras él habla con todo el mundo menos con ella. De repente, Carrie se da cuenta de lo sola que está y lo que le molesta que él la haya ignorado. Cuando finalmente regresan a la habitación del hotel, ella le dice que la ha ignorado por completo, a pesar de que fue a la galería por él. Mientras hablan, él hace un movimiento con el brazo que parece que vaya a golpearla. Aunque te das cuenta de que no fue esa la intención, ya no importa, porque a ella le hace volver de golpe a la realidad. Le dice que ha comprendido que esa relación no es buena para ella y que le deja.

«Busco amor. Amor de verdad. Ese tipo de amor ridículo, inconveniente y agotador, de ese que no puedes vivir sin la otra persona.»

Esas palabras resumen perfectamente lo que es posible. Algunos de nosotros mantenemos una relación infeliz y básicamente carente de amor porque no podemos soportar quedarnos solos. ¿Por qué conformarnos con una sombra en lugar del original?

Reflexiona en estas bellas palabras de *El profeta*, de Khalil Gibran.

Cuando el amor te llame, síguele,
aunque sus maneras sean difíciles y complicadas.
Y cuando te abrace con sus alas, entrégate a él,
aunque la espada oculta entre las mismas pudiera herirte.

Gibran explica lo difícil que puede ser el amor, y lo bendito que también puede resultar. Conocer el amor es conocer el corazón de Dios.

Si no eliges seguir ese amor profundo, dice:

Pero si a causa del miedo eliges sólo la paz
y el placer del amor, es mejor que cubras

tu desnudez y salgas de la era del amor,
para entrar en un mundo insípido, donde reirás,
pero no con toda tu risa, y llorarás,
pero no con todas tus lágrimas.

Qué ciertas son las palabras de Khalil Gibran. El amor tiene niveles, y algunos de nosotros somos más capaces que otros de entregar nuestro corazón a otra persona. Pero si seguimos a alguien que no puede avenirse con nosotros, nuestra sed no se apagará. Si encuentras a otra persona que sobre todo es una Pareja Natural, o que tiene Números Compatibles con los tuyos, o a quien puedes entender a través de su Patrón Numerológico Personal, entonces podrás disfrutar de este maravilloso amor que todos buscamos y deseamos. *Os deseo suerte en el empeño.*

Apéndice A

Lecturas adicionales

The Five Languages of Love, Dr. Gary Chapman.
The Power of Intention, Dr. Wayne Dyer.
Blink, Malcolm Gladwell.
El poder del ahora, Eckhart Tolle.
Where There is Light, Paramahansa Yogananda.

Apéndice B

Bibliografía

Allen, Dr. Patricia y Sandra Harmon. *Getting to I Do*. Nueva York: Avon Books Trade Paperbacks.

Anderson, Peggy, comp. *Great Quotes from Great Leaders*. Franklin Lakes, NJ: Career Press, 1997.

Behrendt, Greg y Liz Tuccillo. *He's Just Not That Into You*. New York: Spotlight Entertainment, 2004.

Blyth, Laureli. *The Numerology of Names*. Australia: Kangaroo Press Pty Ltd, 1995.

Evers, Rev. Anne Marie y Laurel von Pander, LSI, LSC. *Affirmations, Your Passport to Lasting, Loving Relationships*. North Vancouver, B.C.: Affirmations-International Publishing Company, 2001.

Gibran, Kahlil. *The Prophet*. Nueva York: Borzoi Book, Alfred A Knoph, Inc., 1923.

Gladwell, Malcolm. *The Tipping Point*. Nueva York: Little, Brown and Company, 2002.

Gray, Urna, Marlo Gray. *Numerology for Newlyweds*. Nueva York: St. Martin's Paperbacks, 1997.

Haye, Louise L. *You Can Heal Your Life*. Carlsbad, CA: Hay House Publishing, 1984.

Lerner, Rokelle. *Affirmations for the Inner Child*. Deerfield Beach, FL: Health Communications, Inc. 1990.

Miller, Dan. *The Life You Were Born To Live*. Novato, CA: H.J. Kramer, New World Library, 1993.

Ruiz, Don Miguel. *Prayers: A Communion with our Creator*. San Rafael: Amber-Allen Publishing, 2001.

Apéndice C

Cuadros Comparativos para ti mismo, un amigo o un familiar

Las páginas siguientes son para que practiques la confección de Cuadros. Asegúrate de utilizar el nombre que usas cotidianamente.

Ejemplo:

Michael Smith: a Michael Smith le gusta presentarse como Mike Smith, así que será Mike Smith el que utilizará a crear su Cuadro Comparativo Personal.

Los números *del* amor

CUADRO COMPARATIVO	Nombre	Nombre	Conexión numérica
NÚMERO DEL ALMA			
NÚMERO DE LA PERSONALIDAD			
NÚMERO DEL PODER DEL NOMBRE			
DÍA DE NACIMIENTO			
TRAYECTORIA DE LA VIDA			
NÚMERO DE LA ACTITUD			

Número del Destino: _____   _____

Número de la Madurez: _____   _____

CUADRO COMPARATIVO	Nombre	Nombre	Conexión numérica
NÚMERO DEL ALMA			
NÚMERO DE LA PERSONALIDAD			
NÚMERO DEL PODER DEL NOMBRE			
DÍA DE NACIMIENTO			
TRAYECTORIA DE LA VIDA			
NÚMERO DE LA ACTITUD			

Número del Destino: _____ _____

Número de la Madurez: _____ _____

CUADRO COMPARATIVO	Nombre	Nombre	Conexión numérica
NÚMERO DEL ALMA			
NÚMERO DE LA PERSONALIDAD			
NÚMERO DEL PODER DEL NOMBRE			
DÍA DE NACIMIENTO			
TRAYECTORIA DE LA VIDA			
NÚMERO DE LA ACTITUD			

Número del Destino: _____ _____

Número de la Madurez: _____ _____

CUADRO COMPARATIVO	Nombre	Nombre	Conexión numérica
NÚMERO DEL ALMA			
NÚMERO DE LA PERSONALIDAD			
NÚMERO DEL PODER DEL NOMBRE			
DÍA DE NACIMIENTO			
TRAYECTORIA DE LA VIDA			
NÚMERO DE LA ACTITUD			

Número del Destino: _____ _____

Número de la Madurez: _____ _____

CUADRO COMPARATIVO	Nombre	Nombre	Conexión numérica
NÚMERO DEL ALMA			
NÚMERO DE LA PERSONALIDAD			
NÚMERO DEL PODER DEL NOMBRE			
DÍA DE NACIMIENTO			
TRAYECTORIA DE LA VIDA			
NÚMERO DE LA ACTITUD			

Número del Destino: _____   _____

Número de la Madurez: _____   _____

Cuadros Comparativos

CUADRO COMPARATIVO	Nombre	Nombre	Conexión numérica
NÚMERO DEL ALMA			
NÚMERO DE LA PERSONALIDAD			
NÚMERO DEL PODER DEL NOMBRE			
DÍA DE NACIMIENTO			
TRAYECTORIA DE LA VIDA			
NÚMERO DE LA ACTITUD			

Número del Destino: _____ _____

Número de la Madurez: _____ _____

CUADRO COMPARATIVO	Nombre	Nombre	Conexión numérica
NÚMERO DEL ALMA			
NÚMERO DE LA PERSONALIDAD			
NÚMERO DEL PODER DEL NOMBRE			
DÍA DE NACIMIENTO			
TRAYECTORIA DE LA VIDA			
NÚMERO DE LA ACTITUD			

Número del Destino: _____   _____

Número de la Madurez: _____   _____

CUADRO COMPARATIVO	Nombre	Nombre	Conexión numérica
NÚMERO DEL ALMA			
NÚMERO DE LA PERSONALIDAD			
NÚMERO DEL PODER DEL NOMBRE			
DÍA DE NACIMIENTO			
TRAYECTORIA DE LA VIDA			
NÚMERO DE LA ACTITUD			

Número del Destino: _____ _____

Número de la Madurez: _____ _____

CUADRO COMPARATIVO	Nombre	Nombre	Conexión numérica
NÚMERO DEL ALMA			
NÚMERO DE LA PERSONALIDAD			
NÚMERO DEL PODER DEL NOMBRE			
DÍA DE NACIMIENTO			
TRAYECTORIA DE LA VIDA			
NÚMERO DE LA ACTITUD			

Número del Destino: _____ _____

Número de la Madurez: _____ _____

CUADRO COMPARATIVO	Nombre	Nombre	Conexión numérica
NÚMERO DEL ALMA			
NÚMERO DE LA PERSONALIDAD			
NÚMERO DEL PODER DEL NOMBRE			
DÍA DE NACIMIENTO			
TRAYECTORIA DE LA VIDA			
NÚMERO DE LA ACTITUD			

Número del Destino: _____ _____

Número de la Madurez: _____ _____

CUADRO COMPARATIVO	Nombre	Nombre	Conexión numérica
NÚMERO DEL ALMA			
NÚMERO DE LA PERSONALIDAD			
NÚMERO DEL PODER DEL NOMBRE			
DÍA DE NACIMIENTO			
TRAYECTORIA DE LA VIDA			
NÚMERO DE LA ACTITUD			

Número del Destino: _____   _____

Número de la Madurez: _____   _____

Apéndice D

El sistema numérico
Pitagórico

1	2	3	4	5	6	7	8	9
A	B	C	D	E	F	G	H	I
J	K	L	M	N	O	P	Q	R
S	T	U	V	W	X	Y	Z	

EXCEPCIÓN:

A veces la **Y** es consonante, y a veces es una vocal. Así es como puedes saber cuándo actúa como una u otra:

Si la **Y está junto a una vocal** (A, E, I, O, U) entonces se considera consonante.

Si la **Y está junto a una consonante o entre dos consonantes**, se considera **vocal**.

Ejemplo:

     Lynn: la **Y** es **vocal** porque está **entre las dos consonantes** L y N.

     Judy: la **Y** está **junto a la consonante** D, y por ello se la considera **vocal**.

     Joy: la **Y** está **junto a la vocal** O, y por ello, en este caso, la Y es consonante.

Nota: si tu nombre lleva un sufijo, como Jr., Sr., III, no debes incluirlos al descomponer el nombre.

Ejemplo:

     Si eres John Smith III, sólo descompones John Smith.

NOTAS

NOTAS

NOTAS

NOTAS

NOTAS

NOTAS

NOTAS

NOTAS

NOTAS

Si deseas más información sobre lecturas personales, más libros y grabaciones, o fechas para un taller con Glynis McCants, escribe para que te envíe un folleto:

DIRECCIÓN:	Glynis Has Your Number
	PO Box 81057
	San Marino, CA 91118-1057
	EE.UU.
CORREO ELECTRÓNICO:	numbersladyinfo@aol.com
TEL. OFICINA:	1-877-686-2373
FAX:	626-614-9292
WEBSITE:	www.numberslady.com

Índice